新潮文庫

楽　　単
～楽しく・覚える・英単語～

守　　誠著

はじめに

"額にしわ寄せて"単語を覚えるより、楽しみながら覚えたほうがずっと快適だ！

「一体、単語をいくつ覚えれば、英語ができるようになるんですか」

こんな質問をよく受ける。僕がこれまでに何冊か単語の本を出してきたからだろう。

「何の決まりもありませんよ」

僕が淡々とそう答えると、相手はきまって不服そうな顔をする。

「目標を決めてくださいよ。英語の本を書く者の義務じゃありませんか」

そこまでいわれたのでは、僕としても黙ってはおれない。具体的な数字を出すしかなかった。

「あえていえば、10000語でしょうか」

「なるほど、切りのいい数字ですね。守さんがそうハッキリいってくださったので、頭がスッキリしましたよ」

他愛ない言葉のやり取りだったが、英単語を習得する場合、やはり目標を決めたほ

うがいいと思い知らされた。人によって覚えなければならない単語数は異なってくる。僕なりに目標値を出してみよう。

1) 中学3年間で──1000〜1800語
2) 高校3年間で──5000〜8000語
3) 大学4年間で──10000〜12000語
4) ビジネスパースンなら──12000〜20000語
5) 世界の英字新聞、雑誌や文学作品を自由に読みたい人なら──20000〜30000語

年齢、職業、置かれている立場によって、自分の目標値を決めればよい。本書で扱う単語のレベルも中学英語から、世界で最も難解な英語を理解するための単語までが顔を出す。もちろん全部覚える必要はない。自分のレベルに合わせて〝つまみ食い〟していただければ、それで結構である。

これまで夥しい数の英単語集が世に送り出されてきた。

大学受験で威力を発揮したのは赤尾好夫氏の「豆単」であり、森一郎氏の「しけ単（出る単）」であった。最近でも大学受験用、TOEIC試験対策用の優れた単語集が次々に発売されている。いずれも個性があり、魅力的であり、手にしてわくわくする。僕も数年前に、この英単語集の市場に"参戦"した。「やば単」（「英会話・やっぱり・単語」講談社文庫）である。53万部売れた。ベストセラーになったものの、「豆単」や「しけ単」に比べたら、足元にも及ばない。

これまで世に出された単語集は、内容的には優れていたが、生真面目過ぎて、しばしば読者は途中で放棄してしまうことが多かった。

正直いって、単語の数を確実に増やすには、正攻法が一番よい。威力を発揮する。しかし、それはあくまで理想論であって、現実に求められているのは、「単語を覚える行為」を「楽しく持続させる方法」なのである。

本書の中では遊び感覚で、まず「単語を覚える楽しさ」のようなものをつかんでいただきたい。もちろん《楽単》方式に反対する人も多い。あくまできちんとした英文を読みながら自然に

「単語は単独に覚えるものではない。

「覚えていくべきだ」

この反対論は、まさしく正論である。実は僕自身もそう思う。しかし、理想論が現実に有効とは限らない。

ただし、一つだけ約束事がある。電車の中やトイレの中では読んで覚えるしかないが、喫茶店や書斎、学校、事務所などでは、「単語と訳語」の1字1句を紙に書きながら覚えてほしい。

「指が知っている」

綴りが思い出せないときは、指で机の上に単語を綴ってほしい。あなたの指はきっと正しい綴りを再現してくれるに違いない。

ご成功をお祈りします。

守 誠

目次

はじめに 3

第1編 中学英語の初歩から始めて現代を見つめる英単語

第1章 あなどれない「中学英語の単語」の実力度 18

第2章 アメリカ英語とイギリス英語の単語の世界 30

ちょっと早めに遊び時間〜暇つぶし記憶法〜 49

第3章 中国の英字新聞を読んでみよう 64

第4章 性差別語(sexist language)の使用は避けよう! 78

第5章 「ちょっと英語ができる」と思わせる英単語82語 90

The Human Body (人体) 100

第2編 英字新聞と英語雑誌を読み切る　109
～ニュースに出てくる英単語　名詞・動詞・形容詞＆副詞～

現代英語を読み解くための単語1000語　129

第3編 「ビジネス世界」の中の英単語　161
第6章 ビジネス英語の単語に強くなる　162
第7章 "世界で通用する" TOEICのテストに強くなる　184
第8章 エグゼクティブ（会社役員）が好む気品と香りのある英単語　196

第4編 「現代用語」を分野別に覚える　207
第9章 「大量破壊兵器」「劣化ウラン弾」「サーズ」を英語でいえますか　208
「社会生活」編／事件・事故の場面でよく使われることば／ゴミ問題に関すること
ば／「環境問題」編／労働問題でよく使われることば／「ビジネス用語」編／
「国際貿易用語」編／「国内政治」編／「国際政治」編／「戦争・軍事」編／家族
に関することば／「科学技術」編／コンピューター＆インターネットに関するこ

とば／国内経済・財政・金融・株式に関することば／「宗教」編／テレビに関することば／気象に関することば／日用品・電気製品に関することば／健康・医学に関することば／文房具に関することば／ホテルでよく使われることば／電話に関することば／ちょっと気になる略語／「日本の文化」編／決まり文句／生活の中の様々な音に関することば

もうチョット知りたい現代用語　320

第5編　英単語の盲点　339
第10章　英単語に潜む毒牙に要注意！　340
第11章　日本人がよく間違える単語の数々　365
第12章　語尾の「s」で変身?!　語尾は「-er」か「-or」か？　406

第6編　遊びに徹する休憩時間　417

第7編　正攻法で単語を増やす PART I 455
　第13章　どこまでも、どこまでも「正攻法」単語記憶術 456
　第14章　単語の覚え方には、大きく分けて二つある 464

第8編　正攻法で単語を増やす PART II 493
　第15章　もっと、もっと「正攻法」 494

第9編　微細な単語の世界にもぐり込む 527
　第16章　頭にきを必要とする単語のドラマ 528

第10編　文学と超難語の世界をのぞく 545
　第17章　ヘミングウェイが好んだ『老人と海（The Old Man and the Sea）』の中の単語 546
　第18章　天文学的に難しい「タイム」の中の超難語 567

おわりに 572

楽単

～楽しく・覚える・英単語～

あなたの単語のレベルは？

● この本を読む前に、自分の実力に応じて、次の3種類（初級・中級・準上級）のテストの中から一つ選び、挑戦してみませんか。

次の単語の意味は？

(初級編)

① travel （　　　　）

② airport （　　　　）

③ teacher （　　　　）

④ marathon （　　　　）

⑤ college （　　　　）

⑥ movie （　　　　）

⑦ baseball （　　　　）

⑧ theater （　　　　）

⑨ fashion （　　　　）

⑩ student （　　　　）

次の単語の意味は？

(中級編)

① traffic   (   )

② weather   (   )

③ lovely   (   )

④ invent   (   )

⑤ fight   (   )

⑥ China   (   )

⑦ succeed   (   )

⑧ desert   (   )

⑨ favorite (   )

⑩ protect   (   )

次の単語の意味は？

(準上級編)

① statue　　　（　　　　　）

② liquid　　　（　　　　　）

③ alter　　　（　　　　　）

④ resolve　　（　　　　　）

⑤ indifferent（　　　　　）

⑥ reluctant　（　　　　　）

⑦ context　　（　　　　　）

⑧ gene　　　（　　　　　）

⑨ bilateral　（　　　　　）

⑩ urban　　　（　　　　　）

● それぞれの級で6割正解でしたら、それがあなたの級です。何級でしたか？ 上を目指して頑張ってください。期待しています！

【正解】

(初級編)
① 旅行
② 空港
③ 教師
④ マラソン
⑤ 単科大学
⑥ 映画
⑦ 野球
⑧ 劇場
⑨ 流行
⑩ 生徒

(中級編)
① 交通
② 天気
③ 可愛い
④ 発明する
⑤ 戦う
⑥ 中国
⑦ 成功する
⑧ 砂漠 [dézərt]
⑨ 大好きな
⑩ 保護する [proutékt]

(準上級編)
① 彫像
② 液体
③ 変更する [ɔ́ːltər]
④ 決心する [rizɑ́lv]
⑤ 無関心な
⑥ 嫌々ながら
⑦ 文脈
⑧ 遺伝子 [dʒíːn]
⑨ 相互の [baiétərəl]
⑩ 都会の

第1編 中学英語の初歩から始めて現代を見つめる英単語

第1章 あなどれない「中学英語の単語」の実力度
〜意外に英文が読みこなせる〜

分厚い単語集を買い込んできて、絶対全部覚えるんだと意気込んでみても、正直いって長続きするものではない。十中八九、途中で挫折する。少し、頭の準備体操をしたほうがいいように思う。自分の脳が柔らかくなったところで、正攻法の単語の覚え方に移るのが、賢明であろう。その一番よい方法は、中学英語をおさらいすることだ。英語の苦手な人に、僕がきまって口にする言葉がある。

「中学英語の教科書を復習すると一番基礎力がつきますよ」

「いまさら中学英語はないでしょう」

相手は馬鹿にされたと思うらしく、中学英語を頭から否定してかかる。でも僕は中学英語の信奉者である。英語の基礎は、中学英語の教科書を復習するのが一番よいと信じているからだ。

社会人が抱く中学英語のイメージより、実際の中学英語の教科書のほうがはるかに

レベルが高い。僕のように商社マンとして、また大学の教員として英語に長年付き合ってきた者も、こと中学英語になると、つい「やさしい英語」というイメージを持ってしまう。

ところが具体例を出されて、それがとんでもない誤解であることに、初めて気付く。

僕が書斎の本棚に差し込んでいた1冊の英単語集がある。

石井勇三郎編『高校入試でる順　中学英単語1700』旺文社　1992年

僕はこの単語集で、中学英語のレベルが結構高く、かなりの単語をカバーしていることを知った。実際「中学英語などいまさら」と苦言を呈する人に、この単語集を使って、それとなく質問に答えてもらう形をとってみた。思ったように答えられなかったからだ。無理もない、中学英語の単語といっても、1700語の中から難しそうなものばかりを選び出してきいたからである。

質問は二つあり、第1問は英単語の意味をきき、第2問は日本語から英単語をきいた。最近、実際に行なった質問の中身を紹介してみよう。

中学英語でも難しい単語

英語から日本語へ

（第1問）次の単語の意味は？

① **ghost**
② **cedar**
③ **offer**
④ **barn**
⑤ **gentle**
⑥ **surgeon**
⑦ **sparrow**
⑧ **mud**
⑨ **complain**
⑩ **bison**

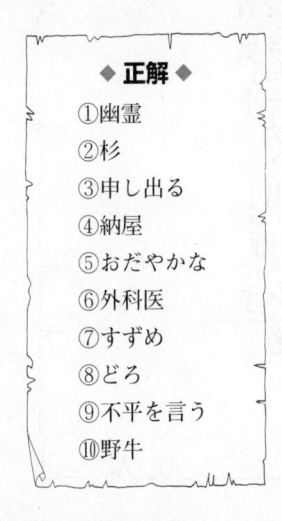

完璧(かんぺき)な解答をした人は一人もいなかった。確かに中学英語のなかの難解語であるとしても、一応「中学英語の単語」に属している現実は認めざるをえない。④**barn** ⑩**bison**はまったく手に負えなかったようだ。まだ英語から日本語をきく問題だったから、それほどプレッシャーはかからなかったようだ。しかし、日本語から英語になると、中学英語もあなどれないと思ったに違いない。

◆ **正解** ◆

①幽霊
②杉
③申し出る
④納屋
⑤おだやかな
⑥外科医
⑦すずめ
⑧どろ
⑨不平を言う
⑩野牛

中学英語でも難しい単語

日本語から英語へ

（第2問）次の言葉を英語で綴ると？

① **スパゲッティ**
② 口げんか
③ 百万長者
④ コーラス
⑤ レシート
⑥ 磨く
⑦ 引き出し
⑧ 美容師
⑨ ギリシャ
⑩ 小道

第1編　中学英語の初歩から始めて現代を見つめる英単語

◆ 正解 ◆

① spaghetti
② quarrel
③ millionaire
④ chorus
⑤ receipt
⑥ polish
⑦ drawer
⑧ hairdresser
⑨ Greece
⑩ path

役に立つ中学英語の単語群
名詞・動詞・形容詞

役に立つ中学英語の名詞群

- calendar 暦
- science 科学
- neighbor 隣人
- health 健康
- vegetable 野菜

どこかで見たような単語ばかりである。でも中学英語とはいえ、実社会で十分に使える単語だ。

役に立つ中学英語の名詞群

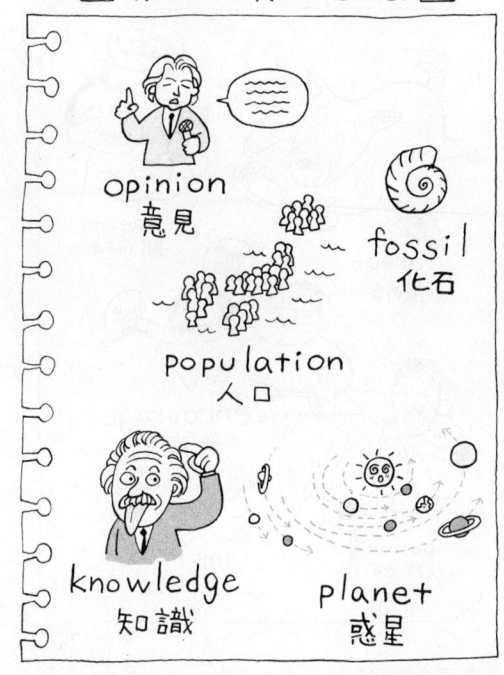

- opinion 意見
- fossil 化石
- population 人口
- knowledge 知識
- planet 惑星

　中学英語の単語というよりは、むしろ大人の世界で日常的に頻繁に使われている単語ばかりだ。中学英語の単語が、すべてこのレベルなら、中学英語でほとんど用がたせる。それ以上の英語はいらなくなる。

中学英語の動詞といっても馬鹿にはできない。十分、実社会で使える単語がどんどん顔を出す。中学英語の中に出てくる単語といっても捨てたものではない。高校英語にも、大学入試にも堂々と登場する。

役に立つ中学英語の動詞群

- scare 脅す
- recognize とわかる
- smell においがする
- refuse 拒絶する
- greet 挨拶する

　中学英語の動詞の上級レベルになると、**scare**（脅す）といったような大人でも案外知らない単語が飛び出す。この辺で、中学英語もあなどれないと思うようになるものだ。**express**、**recognize**、**explain**などは、僕も日常的に使っている。

役に立つ中学英語の形容詞群

successful
成功した

powerful
強力な

narrow
狭い

dangerous
危険な

delicious
おいしい

　中級の形容詞には、よく使われる単語が多い。successful、important、difficultなどである。英語の苦手な人に「中級程度の形容詞も覚えると得ですよ」と、僕は巧妙な心理作戦を立てながら説得していく。

役に立つ中学英語の形容詞群

huge 巨大な

expensive 高価な

terrible 恐ろしい

sharp 鋭い

　形容詞も上級になると、expensive、terribleなど使い勝手のいい単語がどんどん出てくる。従って、形容詞を無視してかかるのは緊急避難としては許されるが、本音としては、覚えてほしい。

第2章 アメリカ英語とイギリス英語の単語の世界
~その相違と使い方の妙~

「守さんは、英語がお上手なんですね」

見知らぬ人から、突然、こんな言葉を投げかけられることがある。大抵は僕の本の読者からだ。

「えっ?」

「たくさん英語の本を出されておられるし、ベストセラーも……」

「よく、そう言われるんですが、僕レベルの人は、日本には100万人ぐらいはいると思いますよ」

英語を専門に勉強したことがなく、あくまでコミュニケーションの手段として英語を使ってきた僕は、いつもそう答えている。

ただ、アメリカ英語の中で、ある一つの単語についてだけは〝日本一〟だと自負している。いや、日本で一番、関心を持っている人間だと思っている。曰くつきの単語

1 トイレは米国ではrestrooms、英国ではtoilets

restrooms

このrestroomsは、日本語に直すと「トイレ」である。5年ほど前、学生の海外語学研修に同伴して、イリノイ大学に行ったとき、米国の各都市を回る機会に恵まれた。かねがねトイレのことを米国では日常、何といっているのだろうかと考えていた。アメリカ英語のトイレを論ずる前に、まず、日本語での表現を検討してみたい。

とは、次の1語だ。

① トイレ
② 洗面所
③ 化粧室

④ お手洗い
⑤ 便所

では、日本語の日常会話の中でわれわれは、どう使っているのだろうか。
「すみませんが、トイレはどちらでしょうか」
「すみませんが、トイレはどこですか」
よくよく考えてみると、「便所はどこですか」という人は、まず、いない。「化粧室はどこですか」も実際にはほとんど使われない。「洗面所はどこでしょうか」も実際にはほとんど使われない。結局、「トイレ」か「お手洗い」である。使用頻度としては、「トイレ」の方が圧倒的に多い。日本人は「トイレ」派なのである。
その結果、われわれは日本語から英語に直すとき何の迷いもなく **toilet** を使ってしまう。英国で使うなら問題はない。

何回か立ち寄ったロンドンのヒースロー国際空港のトイレは、まさに **toilets** を使っていた。一部、**WC** もあった。ロンドン市内も歩き回った。僕の目にとまったのは **toilets** だけだった。

ところが米国のシカゴでも、シアトルでも、ニューヨークでも、ワシントンでも、日本人が頻繁に口にする「トイレ」の標識は、どこにも見当たらなかった。すべて、**restrooms**だった。

米国では、劇場や駅や空港など公共の場にあるトイレは、**restrooms**一本やりだった。どこを探しても、**toilets**はなかった。おそらく英国の影響を色濃く受けている特殊な地域なら、あるいはいまでも**toilets**を使用しているかも知れないが、あったとしても例外中の例外であろう。米国では、**toilet**は「トイレ」ではなく、「便器」のことである。

おそらく、この程度の知識なら、持っている人は日本にも五万といるだろう。しかし、僕のように次のように言い張る者は、ほとんどいない。

「米国でトイレといったら1語の**restrooms**で、2語の**rest rooms**は現在では使われなくなった」

もし話をここで打ち切ったら、**restrooms**に関する僕の知識が、日本一だとは言い切れない。ドラマは東京駅から始まった。

米国で学生の語学研修に同伴し、1カ月後に帰国してまず気になったのが、東京駅

Rest Rooms

の「トイレ」の英語表示であった。

と、2語になっていたからだ。

そこで、まず考えたのは、JR東日本に直接電話して、訂正するように注意を喚起することだった。しかし、JRは図体が大きすぎて、電話しただけでは相手にもされず、一蹴(いっしゅう)されるだけだと考えた。ならば手紙で間違いを指摘したほうが有効かと、ない知恵を絞っていた。結論に至らなかった。

たまたま、当時週刊誌の「サンデー毎日」にコラムを連載していたので、そうだ、これを記事にすれば、きっと反応があるにちがいないと思った。もっとも効果的なタイトルはないものか。いろいろアイデアは浮かんだ。最後に辿(たど)りついたタイトルは、

「拝啓 JR東日本社長　松田昌士殿」

化粧室
Restrooms
公共厕所　화장실

「サンデー毎日」の1999年10月3日号に掲載された。この記事を読んだ社長は、きっとアクションを起こすだろうと期待した。記事の内容は、最近の米国ではトイレのことを1語で **restrooms** といい、2語では使用しなくなっている。ついては、東京駅は日本を代表するJRの駅だから、**restrooms** と1語に直してほしいと訴えたのである。

すぐ反応があった。JR東日本本社の営業部長の江頭誠さん（取締役、八王子支社長を経て、現在、JTB常務取締役）がわざわざ我が家まで来られ、できるだけ早く僕の提案したように1語の **restrooms** に変更するよう手配するというのであった。実をいうと、少しは期待しながらも、おそらく何の反応もないだろうと思っていた。予想は外れた。「訂正する」旨を江頭さんがわざわざ伝えるために来られたのだ。かつての国鉄に対する悪いイメージがあったので、現実をなかなか信じられなかった。嬉しかった。

JR東日本としても真偽を確かめるため、出先のニューヨーク支社を使って、実態調査をした。現実には様々な言葉が使われていたようだ。Rest Roomsと2語でトイレを表示している一流ホテルもあるという報告がもたらされた。

しかし、全体的な判断として、1語のrestroomsが妥当だと考えたので、僕の求めに応じることにしたというのである。ちなみに昔は、rest roomsと2語で表現していたようだが、言葉が時の経過とともに進化し、結局1語に収斂されていったと見ていいだろう。現在、rest roomsと2語を使用しているところは、かなり昔に表示板を作った老舗のホテルだった。

話はまだ終わらない。僕が問題提起した先は、JR東日本であった。東京駅には、駅長が2人いる。実は、この事実を僕は知らなかった。東京―新大阪間の東海道新幹線を走らせているのはJR東海である。東京駅の東海道新幹線の構内は、JR東海の管轄で、ここの東京駅のトイレは、Toiletsなのである。「サンデー毎日」の記事の見出しを「JR東日本社長 松田昌士殿」にしたため、JR東海からは一切、反応がなかった。従って、東京駅では同じJRでも、会社がちがうとトイレの表示もちがってくる。JR西日本は、米英では一般に使用されていないLavatoryをいまも堂々と使い

つづけている。JRグループ3社の使い方は次の通りだ。

JR東日本 …… **Rest Rooms**（現在、徐々に**Restrooms**に変更中）
JR東　海 …… **Toilets**
JR西日本 …… **Lavatory**

では、以上を整理してみよう。

米国式 …… **restrooms**
（ただし、男女のトイレの入り口がそれぞれ離れていて、独立している場合には、単数の**restroom**になる。多くは入り口が一つで左右に男用、女用に分かれて、二つ部屋があるから、**restrooms**になる）

英国式 …… **toilets**

余談だが、サッカーの2002年ワールドカップは、東海道新幹線の新横浜駅から

歩いて10分ほどの横浜国際競技場でも試合が行われた。このワールドカップにあわせて、新横浜駅に近いJR東日本各駅の構内掲示板が変わった。「トイレ」を表わす掲示板は日本語、英語、中国語、韓国語の4カ国語になった。それまで英語表示は2語の **Rest Rooms** だったが、1語の **Restrooms** に変わっていた（35ページ写真）。思わず僕は、新しい掲示板に満面の笑みを投げた。

2 アメリカ英語とイギリス英語の単語の違いをいくつ言えますか

実際、アメリカ英語とイギリス英語の単語の使い方が違うといっても、いろいろ例外がある。

米国のフロリダ州のマイアミからキーウェストへ行くバスの窓から、目に入る言葉の数々を興味深く観察していた。高校の英語の授業で、先生からアメリカ英語とイギリス英語の違いの典型的な例として、次の一つの単語を教えてもらったものだ。

「港」
　アメリカ英語 —— harbor
　イギリス英語 —— harbour

例えば、「港」の場合、イギリス英語ではuを挿入して、harbourとなるが、アメリカ英語にはuはない。僕はそう固く信じていた。教え込まれてきたといった方が正しいかも知れない。ところがマイアミに来て、高校の授業内容とは違った光景を目撃した。

マイアミからキーウェストへのバス旅行の途中、僕の目に入ってきたのは、harborではなく、英国風に綴ったharbourだった。堂々とuが入っていたのである。現場を踏まないで、断定的な言い方をしていると大きな間違いを犯してしまうのではないかと、正直言ってこわくなった。

しかし、自分で現場を踏むには、もちろん限界がある。そこで、僕は次の3冊の本を参考にしながら、アメリカ英語とイギリス英語の相違点を述べてみたい。

①大石五雄著『アメリカ英語とイギリス英語』（丸善　1996年）

体験に基づいた説明がなされているので、説得力があり、極めて優れた英語論を展開している。両者の相違をついた本としても秀逸である。

②長田道昭著『英語の雑学百科～面白がりながら力がつく本』(光文社文庫 1998年)

数多くの資料を渉猟して書かれた著書で、大いに参考になる。

③信達郎、ヤヌシュ・ブダ監修『1999年imidas別冊付録 地球コミュニケーション時代の最新英語雑学事典』(集英社 1999年)

広範に新語を網羅しており、いつも手許において参考にしている。

以上の3著に眼を通しながら、自分の体験もまじえて、米英語の単語の相違を表にして呈示してみたい。

第1編 中学英語の初歩から始めて現代を見つめる英単語

《交通関連》	アメリカ英語	イギリス英語
☞ バス	bus	coach
トラック	truck	lorry
乗用車	sedan	saloon
スポーツ・カー	sports car	two-seater
清掃車	garbage truck	dust car
ガソリン・スタンド	gas station	petrol station
タクシー乗場	taxi stand	taxi rank
横断歩道	crosswalk	zebra crossing
安全地帯	safety island	refuge
陸橋	overpass	flyover
歩道	sidewalk	pavement
交通渋滞	traffic jam	traffic block
高速道路	highway	motorway
駐車場	parking lot	car park

——米国では市内、長距離関係なく「バス」はbus。一方、英国では、市内を走るバスはbusだが長距離になるとcoach。ロンドンには有名な長距離バスの駅Victoria Coach Stationがある。

《自動車部品用語》	🇺🇸アメリカ英語	🇬🇧イギリス英語
トランク	trunk	boot
☞ フロントガラス	windshield	windscreen
バックミラー	rearview mirror	driving mirror
ボンネット	hood	bonnet
フェンダー	fender	wing
マフラー	muffler	silencer
アンテナ	antenna	aerial
サイドブレーキ	emergency brake	handbrake
ナンバープレート	license plate	number plate
シフトレバー	shift lever	gear lever
バッテリー	battery	accumulator
前照灯	headlight	headlamp
尾灯	taillight	taillamp
アース	ground	earth

——「フロントガラスの綴り字は、そのまま綴ればいいんでしょうか」。こう問われたことがあった。相手が、frontglassと綴ったので、「あ、それであっていますよ」と無責任に僕は答えた。「フロントガラス」が、あまりにも英語らしいので、和製英語だとは気付かなかった。後年、人から間違いを指摘されて、windshieldに訂正した。

《鉄道関連用語》	アメリカ英語	イギリス英語
鉄道	railroad	railway
終着駅	terminal station	terminus
案内所	information	inquiry
切符売り場	ticket office	booking office
片道切符	one-way ticket	single ticket
往復切符	round-trip ticket	return ticket
客車	coach	carriage
貨物列車	freight train	goods train
路面電車	streetcar	tram
☞ 地下鉄	subway	underground
乗車口	entrance	way in
降車口	exit	way out

——何回かロンドンに行った。移動手段は、もっぱら地下鉄だった。ホテルも地下鉄の便のいいところを狙って泊まった。ロンドンの地下鉄は、tubeと聞いていたので、標識も当然、Tubeと出ているものとばかり思っていた。ところが、目にしたのは、Undergroundだった。

《生活関連用語》	🇺🇸アメリカ英語	🇬🇧イギリス英語
アンダーシャツ	undershirt	vest
パンスト	panty hose	tights
ズボン	pants	trousers
背広	business suit	lounge suit
消しゴム	eraser	rubber
なす	eggplant	aubergine
カボチャ	squash	vegetable marrow
キャンディー（甘いもの）	candy	sweets
アイスクリーム	ice cream	cream ice
☞フライド・ポテト	French fries	chips
☞ポテト・チップス	potato chips	crisps
酒類	spirits	liquor
お持ち帰り用の	to go	to take away
勘定書	check	bill
予約	reservation	booking

——「フライド・ポテト」と「ポテト・チップス」といえば、日本人なら、どんなものか、それぞれ固定したイメージを持っている。ところが英語になると、米国と英国で使い方が違い、かつ、表現が入り組んでいるので頭がこんがらがってしまう。落ち着いて紙に書きながら覚えるしかない。

《生活関連用語》	🇺🇸アメリカ英語	🇬🇧イギリス英語
主婦	homemaker	housewife
居間	living room	lounge
ごみ	garbage	rubbish
☞庭	yard	garden
蛇口	faucet	tap
カン	can	tin
乳母車	stroller	pushchair
映画	movie	cinema
休暇を過ごす	go on vacation	go on holiday

――アメリカ英語では○○××であるとか、イギリス英語では○○△△と言われれば、そう覚えるだけである。ところが、すでに日本語化している英語の場合、困ってしまう。その典型が「庭」である。日本人の頭には、庭といえばgardenとくる。しかし、「庭」を表わすgardenはイギリス英語である。日本人の頭には「庭」に当たる英語はgardenしかない。アメリカ英語のyardではピンとこない。困ってしまう。

《その他》	🇺🇸アメリカ英語	🇬🇧イギリス英語
商店	store	shop
薬局	pharmacy, drugstore	chemist's
食料雑貨店	grocery store	grocer's
小間物店	notions store	haberdashery
電話ボックス	telephone booth	telephone box
消防署	fire department	fire station
繁華街	downtown	city centre
美容院	beauty shop	beauty parlor
☞ホテルのフロント	front desk	reception desk
1階	the first floor	the ground floor
トイレ「使用中」	occupied	engaged
セルフサービス式食堂	cafeteria	canteen

――日本人の多くは、ホテルの「フロント」を立派な英語だと思っている。だから英語で表現するとき、単にfrontと1語ですませてしまう。ところがアメリカ英語ではfront deskというのだと説明すると、きょとんとした顔をされることが多い。一方、ホテルの「クローク」も同じく立派な英語だと信じ込んでいる人が圧倒的に多い。アメリカ英語では、「クローク」とは全く違うcheckroomになるのだからやりきれなくなるが、イギリス英語ではcloakroomなのでほっとする。念仏を唱えるように、front desk, reception desk; checkroom, cloakroomと何回も繰り返して覚えるしかない。

第1編　中学英語の初歩から始めて現代を見つめる英単語

《その他》	アメリカ英語	イギリス英語
自動販売機	vending machine	slot machine
速達	special delivery	express delivery
航空便	airmail	airpost
警察署	police department	police station
消防士	firefighter	fireman
会計年度	fiscal year	financial year
議会	Congress	Parliament
政府	the Administration	the Government
社説	editorial	leader
☞大学の学部	school	faculty
科目を専攻する	major	read

——僕は愛知学院大学の「経営学部」で、国際取引論といっても主に貿易政策を教えている。学会、海外出張、高校回りなどで名刺が必要になる。名刺を作るときいつも、「学部」を英語で何といったらいいのか戸惑う。facultyかschoolか。これまではfaculty of managementを使ってきた。しかし、大石五雄著『アメリカ英語とイギリス英語』を読んで、僕は今後、schoolを使うことに決めた。同書によると、米国では圧倒的にschoolが使われているからである。一部で、collegeを使うところもあるそうだ。

英国のケンブリッジ大学はfacultyを使っている。米ハーバード大学は、schoolではなく英国式のfacultyを採用しているが、米国では少数派に属する。

ちょっと早めに遊び時間
～暇つぶし記憶法～

Significant
【sɪgnífɪk(ə)nt】
重要な

直ぐに行かんと**重要な**会談に遅れる

allegedly
【əlédʒɪdli】
聞くところによると

あれ地鶏**聞くところによると**旨いそうだ

語呂合わせで綴りを捉えて覚える

chat 【tʃæt】 談笑する
茶とケーキで談笑する

seize 【siːz】 つかむ
しーずかに医者は手をつかむ

provoke 【prəvóuk】 怒らせる
プロボクサーレフリーを怒らせる

トンチの世界のお話

絶対、覚えられないか、覚えてもすぐ忘れてしまう単語への僕のささやかな挑戦である。

●zythum [záiθəm]（ザイさム）（古代エジプトなどの）ビール

この単語をどう覚えますか？

守誠 作①

ビール会社の**財産(zythum)**は、**古代ビール**の味。

●**izzat** [ízət]（イザット） 体面、名声

守誠 作②

いざと(izzat)なれば、体面なんか、どうでもいい。

「こんな単語覚えて、何になる？」
決まって、怒り出す人がいる。真面目な英語の先生に多い。僕のような不真面目な人間は、サラッと体をかわして、ウソぶく。
「遊び心も大切ですよ！」

僕が中学、高校のときは、英単語は極めて非科学的に覚えた。単語をアルファベット順に頭から覚えていったものだ。非科学的というよりは、腕力で脳に単語を無理やり流し込んだ。効率など考えなかった。

5～6万語単語の載った辞書を、無理やり**a b c**順に覚えていくと、途中で絶対嫌になる。実際、吐き気を催すほどだった。それを克服する手段として、やり始めたのが「語呂合わせで綴りを覚える」方式だ。この方式は、これまで多くの人によってすすめられてきた、意外にオーソドックスなものである。

あくまで遊び感覚でやっているので、正攻法に慣れると、かえってまどろっこしいとクレームをつける人がいるかも知れない。

ともあれ、あなた自身も、僕に負けず、自分の作品をぜひ作っていただきたい。通勤通学の電車の中や喫茶店の中で、暇つぶしにはもってこいである。

次の六つの作品はいずれも守誠作

●tedious [tíːdiəs](ティーディアス)……退屈な

ティーで癒す(tedious)、退屈な日々。

●weapon [wépən](ウェポン)……武器

飢え、パン(weapon)をよこせと武器を向け。

第1編　中学英語の初歩から始めて現代を見つめる英単語

●massacre [mǽsəkər]（マサカ）……大虐殺

まさか(massacre)、大虐殺になるとは。

●calamity [kəlǽmiti]（カラミティ）……大災害

大災害にからめて(calamity)、説明した。

●malice [mǽlis]（マリス）……悪意

まあ、リス(malice)トにのるような悪意のある男。

●mortgage [mɔ́ːrgidʒ]（モーギッヂ）……抵当

もう議事(mortgage)にのせず、抵当をとって金を貸せ。

単語を覚える前に、いま自分がどのくらい単語を知っているのか、頭においておくと次の目標が立てやすい。人によって覚える単語数は違ってくるだろう。5000語、8000語、10000語、20000語、50000語といった具合に。それぞれの目標を達成するには、それなりに苦労はつきものである。

そこで、少しでも単語数を増やすため、ちょっと〝ずるい方法〟を考えてみた。英語になった日本語を覚えることである。その日本語は、紛(まぎ)れもなく立派な英単語だ。

旺文社の堀内克明編『新英和中辞典』（1999年）の中で、英語になった日本語を拾ってみた。僕なりに「ベストテン」を選んでみよう。

英語になった日本語を覚える！
それもりっぱな英単語である

～英語になった日本語ベストテン～

第1位	**kamikaze**	神風
第2位	**shogun**	将軍
第3位	**sumo**	相撲
第4位	**samurai**	侍
第5位	**Zen**	禅
第6位	**judo**	柔道
第7位	**karaoke**	カラオケ
第8位	**sushi**	寿司
第9位	**haiku**	俳句
第10位	**karate**	空手

以上のほかに、旺文社の「新英和中辞典」に出ていた英語になった日本語は次の通りである。

① **bonsai** ──────── 盆栽
② **go** ──────── 碁
③ **kimono** ──────── 着物
④ **sake** ──────── 酒
⑤ **Shinto, Shintoism** ──────── 神道
⑥ **tofu** ──────── 豆腐
⑦ **noh, Noh** ──────── 能
⑧ **ninja** ──────── 忍者
⑨ **nisei, Nisei** ──────── 二世
⑩ **koto** ──────── 琴
⑪ **banzai** ──────── 万歳
⑫ **tycoon** ──────── 大君(たいくん)［徳川幕府の将軍］
⑬ **tsunami** ──────── 津波

「超・長い単語」を覚えるとあとの短い単語は簡単にスイスイ頭に入ってくる

> **lantysiliogogogoch**

トンチの問題としてよく出てくる一口話がある。

「世界で一番長い英単語知っている?」

「?」

「**smiles**だよ。sとsとの間が**mile**、そう1マイルあるからな。単語の中で、一番長いに決まっている」

こんな一口話を1000回耳にしても、馬鹿馬鹿しくて聞いてはいられない。

そこで、登場するのが、英国で最も長い地名の話である。

「こんな地名を覚えて何になるんだ⁉」

もし、厳しく問い詰められたら、

「何にもなりません」

正直に答えるしかない。ところが、

「この英国の一番長い地名を覚え切ることが、英単語を覚えていくときに、威力を発揮するのです。短い綴りの単語がどれも、簡単に覚えられ

> **Llanfairpwllgwyngyllgogerychwyrndrobwlll-**
> 全部で58文字である。

　るような気にさせられるからです」

　大修館書店の「ジーニアス英和大辞典」1290頁には、この単語が**Llanfairpwllgwyngyll**として紹介され、次のような解説が載っている。

「[名]ランバイア《英国ウェールズ北西部 Isle of Anglesosey 独立自治体にある村》正式名は **Llanfairpwllgwyngyllgogerychwyrndrobwlll-lantysiliogogogoch**（58文字）は英国最長の地名として有名であった」

　この地名を覚えるのに、15分はかかる。ほんの少し英語のセンスがあれば、誰でも簡単に覚えられる。覚え方は、「自己流」で。発音など気にせず、綴りを頭にたたき込んでいただきたい。

　問題は、15分で覚えられても、3～4日たつと見事に忘れてしまうことだ。だから、暇さえあれば、紙に繰り返し繰り返し書いてほしい。この地名を覚えられると、短い単語は嘘のようにスイスイ頭に入ってくる。

「子音だけの単語」を覚える

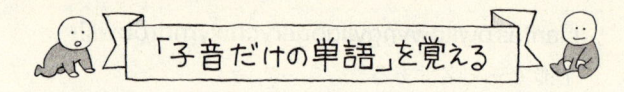

子音だけの単語を知っていると、チョッといい気分である。癖のある単語は、案外、覚えやすい。で、子音だけの単語を綴ってみることにしよう。

① **cwm** …… ?

② **pfft** ……… ?

③ **nth** ……… ?

④ **tsk** ……… ?

⑤ **sh** ……… ?

⑥ **zzz** ……… ?

この問題を見た人は必ず、「ウーン」と一瞬、唸り声を上げる。

「で、六つの単語のうち、何個知っているのがありましたか」

僕がこうきくと、返ってくる返事は、

「zzzかな。どこかで、そうだ、マンガの中で見たような気がする。いびきかな？　どう発音するのか知らないが」

実際、僕自身、喫茶店の中で3～4時間めくっていたときに発見したものばかりである。zzzは、米国のマンガの中でよく見かける。発音と意味を下記しよう。

辞書を時間つぶしに子音だけの単語を求めて、辞書を探せば、まだまだ出てくるかも知れない。

たまには横道にそれよう！

---

① **cwm** [kuːm] 圏谷、カール

② **pfft** [(p)ft] しゅーっ、ぷすん ［急に消滅する音］

③ **nth** [enθ] n番目の

④ **tsk** [tisk] ちっ ［舌打ちの音、不承認・非難を表わす］

⑤ **sh** [ʃːː] しーっ ［静かにの声］

⑥ **zzz** [zíːzíːzíː] ぐーぐー

第3章 中国の英字新聞を読んでみよう

中国の英字新聞の中で使われている英文は一般に平易である。単語も比較的やさしい。それでいて、記事の中身は的確に伝わる。シンプル・イングリッシュの典型だ。中国語のできない日本人にとっては、英語で中国に関する最新情報が得られるので、英字新聞の存在はありがたい。

2002年2月、僕は自分が奉職している愛知学院大学の経営学部の学生4名を連れて、中国の杭州に行った。同地にある中国の会社のコンピューター・ソフト・ハウス「杭州東忠軟件有限公司」で、彼らに1カ月間の海外インターンシップ（海外の企業における企業研修）を受けさせるためであった。

上海から急行列車で2時間半の杭州は、中国の中でもひときわ抜きん出た風光明媚な観光地で、しかも大変豊かで、治安のいい恵まれた地である。

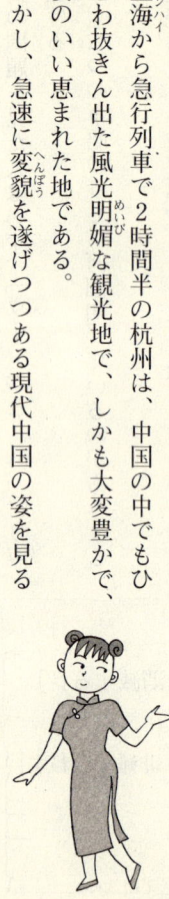

しかし、急速に変貌を遂げつつある現代中国の姿を見る

には、何といっても中国一の商業都市上海に行くことが先決である。そこで僕は帰路、上海に立ち寄り、時代の空気を存分に吸ってきた。

中国語を読めない僕は、ホテルの中の売店で、英字新聞の一つ、"Shanghai Daily"（2002年2月23日付）を買い求めた。価格は1部0・5元（yuan）であった。1元を16円とすると、日本円で8円である。

当日の1面は、三つの大きな記事によって占められていた。

① 上海市、高い経済成長率に注目 (City eyes high rate of growth)
② 中国訪問中のブッシュ大統領の発言「中国は成長への道を歩んでいる」(Bush: China is on a rising path)
③ パレスチナ人の爆弾テロ犯射殺される (Palestinian bomber killed)

以下、それぞれについてどんな「名詞」「動詞」「形容詞」が使われているのか、具体的にあたってみよう。

上海市、高い経済成長率に注目 (City eyes high rate of growth)

この記事の、さわりの部分を紹介しよう。平易である。日本人が書いたような英語である。

The global economic slowdown notwithstanding, Shanghai is aiming for 9 to 10 percent economic growth this year, Acting Mayor Chen Liangyu announced yesterday.

(グローバル経済の後退にもかかわらず、上海は今年、9〜10％の経済成長を見込んでいると、助役のChen Liangyu氏は昨日、明らかにした)

WTO（世界貿易機関）に2001年12月に正式に加盟した中国において、国営企業と外資系企業との戦いは、今後、ますます熾烈を極めるであろう。いま、中国国内で大きな問題になっているのは、縮小ないし破綻した国営企業から吐き出される、夥しい数の失業者の群れをいかに新しい民間企業で吸収するかである。高い経済成長は、雇用を生み失業率を下げる。GDPの伸び率を7％以上に保つのは、中国社会の安定をはかる上で、絶対条件だ。上海は9〜10％である。これは、すごい！

名詞

congress（議会）
investment（投資）
destination（目的地）
renovation（革新）
budget（予算）

commodity（商品）
unemployment（失業）
population（人口）
priority（優先）
billion（10億）

――― どこかで見たような名詞ばかりである。かつて僕がモスクワに4年住んでいたとき、当初は、ロシア語が読めなかったので、当地で発行されている英文の雑誌や本を読んで、情報を手に入れていた。印象としては、中国の英字新聞の英語は当時のソ連のものとほとんど同じレベルの分かりやすい英語であった。

■動詞

devote（…に捧げる）
endeavor（努力する）
sustain（維持する）
diversify（多様化する）
stimulate（刺激する）

envision（心に描く）
accelerate（促進する）
rejuvenate（若がえらせる）
target（目標にする）
submit（提出する）

―― どこかで見た単語ばかりだと思う。でも、rejuvenateのような単語にぶつかるとなるほどこんな単語も存在するのかと、一人合点してしまう。

■形容詞

annual（1年間の）
magnetic（磁石の）
global（グローバルな）
acting（代理の）
logistical（ロジスティックスの）

state-owned（国営の）
industrial（工業の）
long-awaited（長い間待った）
massive（巨大な）
domestic（国内の）

——— 少し英語を嗜（たしな）んだ者なら、ここに登場する形容詞など、知らぬはずがない。

中国は成長への道を歩んでいる（Bush: China is on a rising path）

この記事の出だしの部分を英文で見てみよう。文章構造は、高校1年生の実力があれば、十分に読みこなせるレベルの英語である。

Visiting U.S.President George W.Bush said in Beijing yesterday that the United States welcomes the emergence of a strong, peaceful and prosperous China.

（アメリカは強くて、平和で、繁栄している中国の台頭を歓迎すると、［中国］訪問中のジョージ・W・ブッシュ米国大統領は昨日、北京で述べた）

昔、大学生のころ、一国の長が外国を訪問したからといって、それほど大騒ぎすることもないだろうと思った。いまも大枠では大差はない。しかし、こと米国大統領が世界の大国、中国を訪問するとなると、とてつもなく大きな意味があるような気がした。米・中・台入り乱れての台湾問題をかかえながらも、堂々と訪中を果たしたブッシュ米大統領の胸中はいかがなものであったろうか。中国＝市場？ そして？

名詞

settlement（解決）
compliment（賛辞）
emergence（出現）
reunification（再統一）
query（質問）

applause（拍手喝采）
issue（問題）
dialogue（対話）
compound（合成物）
shield（盾）

——易しからず難しからず、極めて常識的な名詞が並ぶ。中国の英字新聞が使用する単語は、受け入れやすいものばかりだ。もし、「ニューヨーク・タイムズ」や「ワシントン・ポスト」がこの程度の単語しか使わなければ、読みやすいのだが。

■動詞

define(限定する)
press(強調する)
reiterate(繰り返す)
decline(衰退する)
improve(改善する)

dodge(身をかわす)
propose(提案する)
acknowledge(認める)
pounce(飛びつく)
chide(叱る)

──── やさしい動詞が連なったと思ったら、突如、日常あまり目にとまらない単語が飛び出した。

■形容詞

sad(悲しい)
noble(高貴な)
gentle(おとなしい)
violent(暴力的な)
dynamic(活力のある)

armored(武装した)
creative(創造的な)
prosperous(繁栄した)
significant(重要な)
prestigious(権威のある)

―― 記事の中に形容詞はあまりなかった。辛(かろ)うじて拾い上げたのが、上の10語の形容詞だった。
　記事の中の単語を拾っただけで、記事の中身まで推量できるところが面白い。

頭をゆるめるコラム

上海は英語に直すとShanghaiだが、
小文字にすると？

　上海は中国の商業と金融の中心地だ。知らない者はまずいない。英語にするとShanghaiになる。日本人なら綴れなくても見れば上海だとすぐわかる。
　ところが、こともあろうにShanghaiには、小文字のshanghaiがある。これを知っている者は極めて少ない。意味は大きく変わる。
「タネも仕掛けもありません。英和辞典を引けばのっています」
　僕はこういって、辞書を引くことをすすめる。少しでも英語に関心を持ってもらいたいからだ。
　堀内克明編『旺文社　新英和中辞典』（旺文社1999年）によると、「shanghai vt.1〈俗〉[人を]麻酔薬・酒などで意識を失わせて船に連れ込み水夫にする。2〈口〉[人を]だまして無理やり……させる。＜into＞」こんなとんでもない意味になるのは、上海が港を抱えた巨大都市で、当然、犯罪の臭いのする場所だからだろう。しかし、上海としては、許せない不名誉なことにちがいない。

パレスチナ人の爆弾テロ犯射殺される (Palestinian bomber killed)

ヨルダン川西岸のユダヤ人入植地にあるスーパーマーケットに入り、爆発物を投げ込もうとしたので、店主が銃を取りだし、侵入者を射殺したと報じている。侵入した男は身体に爆発物を巻きつけていたが、爆発しなかったようだ。

これまでに僕は、10回イスラエルを訪問した。目的はダイヤモンドの原石カルテルに関する情報を収集することであった。イスラエルはインドと並ぶダイヤモンドの世界的加工センターの一つである。当然、加工前のダイヤモンド原石に関するニュースは豊富である。10回の旅でかなりの量の情報は入手したし、多くの人から貴重な意見を得ることができた。何回か、エルサレムからパレスチナ人の住むヨルダン川西岸に入った。戦闘はなく平和な時だったので、ヨルダン川西岸にある死海にも2度足をのばした。しかし、現状はパレスチナ側の爆弾テロとイスラエル側の武力鎮圧という悪のサイクルに陥ってしまった。当然ながら紙面に登場する単語は、きな臭いモノが多い。

■名詞

blast（爆発）
explosive（爆発物）
violence（暴力）
gunfire（砲火）
miracle（奇跡）

cease-fire（休戦）
buffer（緩衝物）
territory（領土）
witness（目撃者）
settlement（入植地）

―― 爆発物、自爆死、テロ、報復、エスカレーション、葬儀、英雄かテロリストか、平和、戦争、独立、国家、民族と、ちょっと考えただけで、様々な名詞のキーワードが頭に浮かぶ。英語でも日本語でも。

■動詞

detonate(爆発する)
deny(否定する)
permit(許す)
seize(つかむ)
commit(言質(げんち)を与える)
identify(同一人物であると確認する)

explode(爆発する)
blame(非難する)
continue(継続する)
claim(要求する)
withdraw(撤退(てったい)する)
surge(感情などが沸き立つ)

—— パレスチナ側が仕掛ける爆破事件では、現実に爆発物が「爆発する」。これを言い表す動詞として、explode、detonate、blastなどが使われる。detonateはあまり出てこないから、知っておくとチョット得する。
形容詞はほとんどないので割愛する。

第4章 性差別語 (sexist language) の使用は避けよう!

最近は、人権意識が世界的に広まった。日本という狭い範囲でものを考えていると、知らぬ間に人間の尊厳にとってもっとも重要な人権を侵害しかねない。

1960年代、ウーマン・リブ運動が米国で広がっていくと、言葉の使い方で、おかしなものは糾弾された。男性の「さん」に当たる**Mr.**からは、既婚者か未婚者か、区別がつかない。一方、女性の「さん」に当たる**Miss**や**Mrs.**は、未婚か既婚であることが見ればすぐわかる。女性に限り、未婚、既婚を問うのはおかしいということになり、両者に通用する**Ms.** [miz]が誕生した。

要は、見たり聞いたりして、すぐ性別のわかる言葉は避けようという流れが生まれてきたのだ。日本人は、こうした時代の変化を理解していない面がある。平気で、性別のわかる外来語を、いまも使いつづけている。この癖が残ると、英語で話したとき性差別語 (sexist language) を無意識に使ってしまうおそれがある。その典型が、「ビジネスマン」だ。英語にすると**businessman**になる。見てすぐ男性とわかる。英

語ではmanをpersonに代えて、businesspersonを使う。日本語で日常ビジネスマンといいつづけていると、英語でもつい、businesspersonといいかねない。要注意だ！

もっとも、英語でいうbusinessmanもbusinesspersonも「実業家」のことで、日本語の「ビジネスマン」とは違う。

では、日本語の『ビジネスマン』は、英語では何というのですか」当然出てくる問いである。あえていえば、employee（従業員）、またはoffice workerであろう。

しかし、米国などでは「あなたの職業は？」という言い方よりも、「何をされているのですか」こんな質問のほうが普通である。

What do you do ?
I'm working at a bank.
(銀行で働いています)

この文脈では、日本語の「ビジネスマン」は登場しない。

日本語で「スチュワーデス」を「客室乗務員」と言えますか

2002年7月29日、神戸に行ったとき、「神戸新聞」夕刊を手に入れた。29日モスクワ発の共同通信社の記事を載せていた。

見出しは、「モスクワで旅客機墜落」「エンジン出力急低下」「航空管理部長　事故原因を示す」とあった。

記事の内容は、「モスクワ郊外のシェレメチェボ空港近くに墜落、乗員14名が死亡したロシアのプルコボ航空機事故で、サンジャロフ同空港管理部長は、28日、エンジンの出力が離陸直後に突然低下したことが事故の直接の原因との見方を示した」「16人の乗員のうち、奇跡的に助かった2人のスチュワーデスはいずれも機体の後部にいた」

この記事を読んで、奇異に感じた人はいなかったかも知れない。しかし、僕のように性差別語に敏感な者にとっては、これでよいのかとつい思ってしまう。

日本では、「スチュワーデス」は立派な外来語としていまも通用している。従って圧倒的多数の日本人は、とても他の言葉で置き換えるわけにはいかないと無意識のう

ちに、固くそう信じているに違いない。

今から15年ほど前、僕が商社を辞めて最初に教職の世界に入ったのは、大阪にある帝国女子短期大学の英語科であった。当時、女子学生の職種として羨望(せんぼう)の的は「スチュワーデス」だった。有名な外国の航空会社のスチュワーデスになった学生が何人かいた。女子短大にとっては、大きなニュースだった。短大の宣伝に使えたからだ。

1960年代、米国で起こったウーマン・リブ運動の影響が、日本でも少しずつ出始めてはいた。しかし、正直いって当時、僕は「スチュワーデス」に代わる日本語を知らなかった。何といったらいいものか逡巡(じゅんじゅん)していた。

いつどこで仕入れたのかはっきりしないが、僕は米国で「スチュワーデス(stew-ardess)」のことを flight attendant といっていることを知った。モノの本には「航空乗務員」と訳語をつけていた。直訳するとその通りである。実は、つい最近まで僕は、日本語でそう口にしてきたし、そう書いてきた。

ところが、航空会社の現場では、どうも違うらしい。愛知学院大学大学院経営学研究科2年生の栗田圭祐君(2002年9月、旅客運送業のベンチャー企業「(有)ケースケー」を名古屋市内で立ち上げ自ら学生社長になっている)によると、

「全日空では『客室乗務員』と呼んでいる」そうだ。

なお、栗田君は全日空の関連会社の全日空トラベルで4年間働き、2002年3月そこを辞めて、4月から僕の「国際取引研究（通商政策）」の授業を聴きたいと愛知学院大学大学院経営学研究科に入ってきた学生である。そこで、彼が仕事を通じて得た知識を借りたいと思った。彼の説明を参考にして、僕なりにまとめてみた。

「スチュワーデス」は、

英国では…… **flight attendant**（直訳すると「航空乗務員」）

米国では…… **cabin crew**（客室乗務員）

栗田君によると全日空では、スチュワーデスを「客室乗務員」と呼んでいるが、また、単にCAとも呼んでいるそうだ。このCAは英国式の**cabin**（客室）を取り入れ、米国式の**attendant**（乗務員）を持ってきて、二つを合成して**cabin attendant**を作り上げたのだろう。いずれにしても米国式と英国式を掛け合わせて生まれた造語（？）

栗田君に頼んで、日本航空では何と呼んでいるのか、調べてもらった。英語では **flight attendant** で、日本語では「客室乗務員」と言うことになっているが、日常的には、英語をそのままカタカナ読みして、「フライト・アテンダント」を使っているそうだ。

いずれにしても、「スチュワーデス」は、性差別語として日本の航空会社も拒絶しているのが現状である。

それにもかかわらず日本の新聞は、いまだに「スチュワーデス」を使っているとは、呆(あき)れてしまう。早く「客室乗務員」に訂正してほしいものだ。

のように映る。

ビジネスレターの基本は、「拝啓」を英語でどう表現するかである

ビジネス英語を習得するには、まず英文のビジネスレターを読みこなし、かつ書けるようになることだ。そのビジネスレターの基本は、「拝啓」と「敬具」に当たる英語をきちんと覚えることから始まる。当然、英語を使って外国と取引している者であれば、誰でも常識として知っているはずだと考えがちである。特に「拝啓」は基本の基本である以上、知っておくべきだし、知っているはずだと常識的に判断してしまう。ところが現実は、全くその逆なのだ。きちんと知っているビジネスパースンはゼロに等しい。

「そんな馬鹿(ばか)な話が、あってたまるか」

「事情を知らない人は、僕が現状をいかにきちんと説明しても、聞く耳を持たない」

「まさか。そんな状態で日本が世界第二のGDP（国内総生産）大国になれるはずがないでしょう」

「僕のいうことを、誰も信じようとはしない。」

「確かに、僕はいま教員なので、日常的にビジネスレターに接しているわけではない。

しかし、僕だって総合商社で32年間、英語の世界で過ごしてきたから、ビジネスの現場での話を歪曲して伝えようとは思わない」

「でも……」

いくら相手が、僕のいうことを信じなくても、こちらは具体的なデータを基に発言していたから怯むことはなかった。僕は商社の現場にいて、ビジネスレターが何たるかを理解してきたつもりである。

僕が商社で働いていたころ、目にする英文のビジネスレターの「拝啓」部分は、次のように綴られていた。

Gentlemen:

あえて日本語に直すと、「紳士諸君」である。会社の中は、男性だけとは限らない。女性もいる。もし、相手が女性だったら、Gentlemenと呼びかける手紙をもらったとき、どんな気持ちになるだろうか。考えただけでもぞっとする。しかし、国際貿易を主とする商社の中の海外部門で働く者たちは、信じられないことだが、「拝啓」とく

れば自動的にGentlemen:を連発していた。

もっとも、相手の名前がはっきりしているときは、「拝啓」に当たる部分に、人の名前を使っていた。例えば、

Dear Mr. Smith:

人名を使うときは、フルネームではなくfamily nameだけだ。さすがに大手商社の社員だけあって、フルネームを使うことはなかった。正直いうと、僕自身もひたすら性差別語のGentlemen:を使っていた。いまから思うと赤面のいたりだ。

結論として、現在、米国では一般的に、次のように使うのが「正当」な表現であるといえるだろう。

① 宛先(あてさき)が会社だけで、人名を一切表示しない場合、そして、② 宛先が会社で、attention: Mr. Jack Smith（Jack Smith氏気付）のようにした場合（人の名前が出ていても、手紙の宛先はあくまで会社宛と解釈される）、「拝啓」は次のようになる。

Dear Sir or Madam: または、**Ladies and Gentlemen:** (ときには、**Gentlemen and Ladies**を使うこともある)

要は、会社には男女が働いているわけで、両性をたてる表現を使うべきだ。こんな単純で、簡単なことが意外に知られていない。書店に行って、英文ビジネスレターの関連図書を手に入れるといい。圧倒的多数の本がいまだに**Gentlemen:**を使っている。性差別とは何か。とにかく性差別にならないような単語なり、表現なりに気を配るべきであろう。

使用を避けたい代表的な性差別語

●使用しない●	●使用してよい●
businessman	businessperson
businesswoman	businessperson
chairman	chairperson/chair
sportsman	sportsperson
sportswoman	sportsperson
salesman	salesperson
saleswoman	salesperson
steward	flight attendant
stewardess	flight attendant
policeman	**police officer**
adman	advertising executive
weatherman	weather forecaster
lady lawyer	lawyer
cameraman	**camera operator**
housewife	homemaker
manpower	work force

●使用しない●	●使用してよい●
newsman	reporter/journalist
headmaster	school principal
foreman	supervisor
fireman	**firefighter**
statesman	statesperson
mailman	mail carrier
bridal consultant	wedding consultant
governess	child mentor
mankind	humanity
	human beings
	human race
	people
gentleman's agreement	informal agreement

第5章 「ちょっと英語ができる」と思わせる英単語82語

「ちょっと英語ができる」と思わせる単語? そんなもの、本当にあるのか」

こう開き直られると、言葉に窮する。どこにも、そんなものはないと回答せざるをえない。でも、ないようでいて、実はあるのだから面白い。

「レベルとしては英検2級から準1級の間の単語群ですかね」

「具体的には?」

相手にそこまで突っ込んできかれた以上、答えざるをえなかった。僕はチラシの裏に鉛筆で、五つ単語を書いてみせた。

① **identify** (同一のもの [または本人] であると認める)
② **proclaim** (宣言する)
③ **relics** (遺跡)
④ **pedestrian** (歩行者)

⑤ posterity（子孫）

相手は、かなりの英語遣いとみえて、次のようなコメントをした。

「このレベルの単語なら、完璧に全部頭に入っている。まあ、相手にちょっと英語ができると思わせるレベルの英単語だ」

質問者はなぜか威圧的だった。

質問者の言葉につなげて、僕は次のように自分の意見を述べた。

「でも、《できると感じさせる》には、英検2級程度の少しむずかしい単語が大部分だが、英検1級程度のものもほんの少し忍ばせておきたいですね。おやっと相手に思わせるために……。まあ、少し背伸びして、自分の実力以上の単語も何個か知っておくと気分は上々です。で、『ちょっと英語ができると思わせる英単語82語』を用意しました」

以上、極めて大雑把に僕の"作戦"を説明した。

「ちょっと英語ができる」と思わせる名詞31語

MISSION ①

- □□□ ① symmetry ………… 対称
- □□□ ② legislation ………… 立法
- □□□ ③ equator ………… 赤道

—— Our city lies on the equator.
（わが市は赤道直下にある）

- □□□ ④ compassion ………… 同情
- □□□ ⑤ expulsion ………… 追放
- □□□ ⑥ repercussion ………… 反響
- □□□ ⑦ plateau [plætóu] …… 高原
- □□□ ⑧ diligence ………… 勤勉
- □□□ ⑨ aggravation ………… 悪化
- □□□ ⑩ feudalism ………… 封建制度
- □□□ ⑪ descendant ………… 子孫

□□□ ⑫ apprenticeship ……… 徒弟期間
□□□ ⑬ exploit ……………… 偉業
□□□ ⑭ plunder ……………… 略奪品
□□□ ⑮ ingenuity …………… 器用さ
□□□ ⑯ heritage……………… 遺産
□□□ ⑰ nightmare…………… 悪夢

—— She had a nightmare last night.
（彼女は昨晩、うなされていた）

□□□ ⑱ prescription ………… 処方箋
□□□ ⑲ deviation …………… 偏差値
□□□ ⑳ privatization ………… 民営化
□□□ ㉑ sphere ……………… 球
□□□ ㉒ peninsula …………… 半島

□□□ ㉓ sanctuary ・・・・・・・・・・・・・ 鳥獣保護区
□□□ ㉔ glacier ・・・・・・・・・・・・・・・・ 氷河
□□□ ㉕ epidemic ・・・・・・・・・・・・・ (伝染病の)流行

——The AIDs epidemic is a major problem in southern Africa.
　　（南部アフリカでは、エイズの流行が大きな問題となっている）

□□□ ㉖ precondition ・・・・・・・・・・ 前提条件
□□□ ㉗ accountability ・・・・・・・・ 説明責任
□□□ ㉘ condolence ・・・・・・・・・・・ お悔やみ
□□□ ㉙ almanac ・・・・・・・・・・・・・・ 年鑑
□□□ ㉚ enigma ・・・・・・・・・・・・・・・・ 謎
□□□ ㉛ proliferation ・・・・・・・・・・ 拡散

「ちょっと英語ができる」と思わせる動詞22語

MISSION ②

- □□□ ① concentrate … 集中させる
- □□□ ② notify ………… 通知する
- □□□ ③ persuade ……… 説得する
- □□□ ④ spearhead …… 先頭に立つ
- □□□ ⑤ evade ………… 避ける
- □□□ ⑥ reconcile ……… 和解させる
- □□□ ⑦ convene ……… (会を) 招集する
- □□□ ⑧ flourish………… 繁盛する

—— His business is flourishing beyond expectations.
　　(彼のビジネスは予想外に繁盛している)

- □□□ ⑨ resolve ………… 解決する
- □□□ ⑩ entrust ………… 任せる
- □□□ ⑪ surmount……… (困難を) 乗り越える
- □□□ ⑫ integrate ……… 統合する

- □□□ ⑬ withstand ……… 抵抗する
- □□□ ⑭ deteriorate …… 悪化させる
- □□□ ⑮ expel ……………… 追放する

—— The Jewish and Arabic peoples were expelled from Spain in 1492.
（1492年、ユダヤ人とアラブ人はスペインから追放された）

- □□□ ⑯ trigger …………… 引き金となる
- □□□ ⑰ vindicate ……… 弁護する
- □□□ ⑱ discard ………… 捨てる
- □□□ ⑲ erode …………… 侵食する
- □□□ ⑳ curtail ………… 削減する

—— They curtailed the budget drastically.
（彼らは予算を思い切って削った）

- □□□ ㉑ insinuate ……… 遠回しに言う
- □□□ ㉒ corrode ……… 腐食する

「ちょっと英語ができる」と思わせる形容詞24語

MISSION ③

- □□□ ① indispensable … 不可欠の
- □□□ ② compatible …… 両立できる
- □□□ ③ transparent …… 透明な
- □□□ ④ illiterate ……… 読み書きのできない

—— There are lots of illiterate people in the world.
（世界には読み書きのできない人が多い）

- □□□ ⑤ equivalent ……… 等しい
- □□□ ⑥ proficient ……… 熟練した
- □□□ ⑦ spontaneous … 自然発生的な
- □□□ ⑧ conspicuous …… 目立つ
- □□□ ⑨ capricious …… 気まぐれな
- □□□ ⑩ genuine ………… 本物の
- □□□ ⑪ casual ………… 偶然の
- □□□ ⑫ superficial …… 表面の

□□□ ⑬ moderate ……… 節度のある
□□□ ⑭ unprecedented ‥ 前例のない
□□□ ⑮ venerable ……… 尊敬すべき
□□□ ⑯ ambivalent …… 相反する

—— I have ambivalent feelings about the import of rice.
（米の輸入に関して私は、相反する二つの考えを同時に持っている）

□□□ ⑰ arbitrary ……… 横暴な
□□□ ⑱ mediocre ……… 並の
□□□ ⑲ complacent …… 自己満足の
□□□ ⑳ incessant ……… 絶え間のない
□□□ ㉑ implicit ………… 暗黙の
□□□ ㉒ incumbent …… 現職の

—— The young candidate will challenge the incumbent president.
（その若い候補者は、現職の大統領に挑む）

□□□ ㉓ predominant … 優秀な
□□□ ㉔ secular ………… 世俗の

「ちょっと英語ができる」と思わせる副詞5語

MISSION ④

- ① occasionally … ときどき
- ② simultaneously‥ 同時に
- ③ virtually ……… 実質的に
- ④ eventually …… 結局は
- ⑤ allegedly ……… 伝えられるところによると

—— He allegedly killed himself.
(伝えられるところによると、彼は自殺したようだ)

The Human Body (人体)

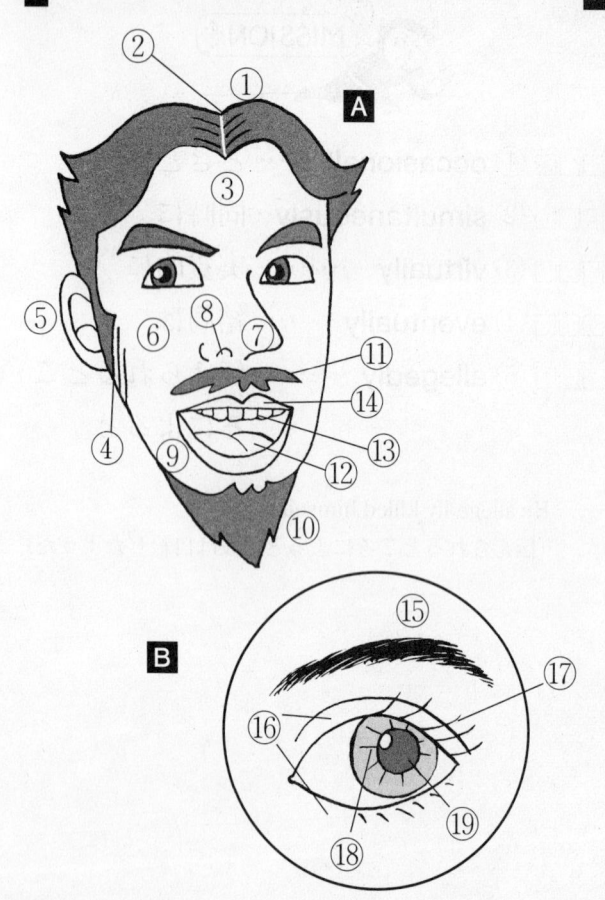

A The Head (頭部)

① **hair** (髪の毛)
② **part** (分け目)
③ **forehead** (額)
④ **sideburns** (もみあげ)
⑤ **ear** (耳)
⑥ **cheek** (頬)
⑦ **nose** (鼻)
⑧ **nostril** (鼻孔)
⑨ **jaw** (顎)
⑩ **beard** (顎鬚)
⑪ **mustache** (口髭)
⑫ **tongue** (舌)
⑬ **tooth** (歯)
⑭ **lip** (唇)

B The Eye (目)

⑮ **eyebrow** (眉)
⑯ **eyelid** (瞼)
  lower eyelid (下瞼)
⑰ **eyelash** (まつげ)
⑱ **iris** (虹彩)
⑲ **pupil** (瞳)

楽単～楽しく・覚える・英単語～　　　102

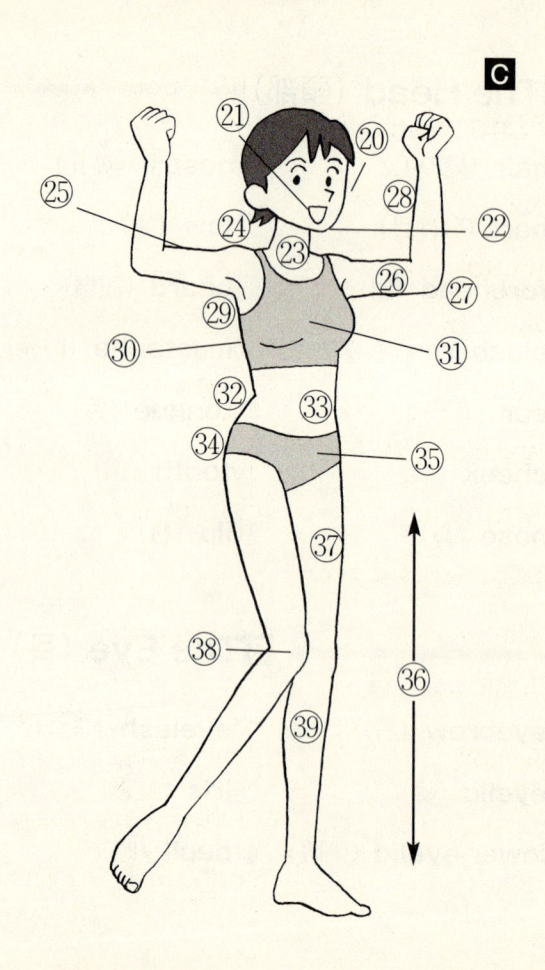

C

❸ The Body（身体）

⑳ **face**（顔）

㉑ **mouth**（口）

㉒ **chin**（顎先）

㉓ **neck**（首）

㉔ **shoulder**（肩）

㉕ **arm**（腕）

㉖ **upper arm**（上腕）

㉗ **elbow**（肘）

㉘ **forearm**（前腕）

㉙ **armpit**（腋）

㉚ **back**（背）

㉛ **chest**（胸）

㉜ **waist**（腰）

㉝ **navel**（へそ）

㉞ **hip**（尻）

㉟ **abdomen**（腹）

㊱ **leg**（脚・下肢）

㊲ **thigh**（腿）

㊳ **knee**（膝）

㊴ **calf**（ふくらはぎ）

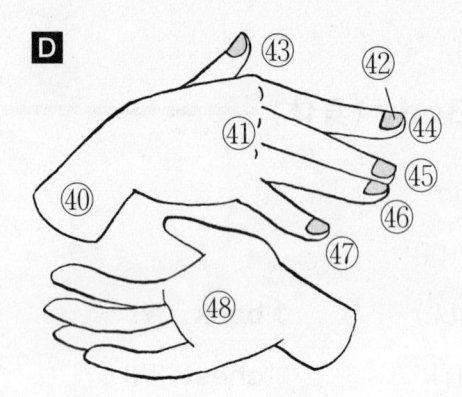

DThe Hand（手）

㊵wrist（手首）
㊶knuckle（指の付根の関節）
㊷fingernail（爪）
㊸thumb（親指）
㊹index finger（人差し指）
㊺middle finger（中指）
㊻ring finger（薬指）
㊼little finger（小指）
㊽palm（掌^{てのひら}）

E The Foot（足）

㊾**ankle**（踝〔くるぶし〕）

㊿**heel**（踵〔かかと〕）

(51)**instep**（足の甲）

(52)**ball**（拇〔ぼ〕指〔し〕球）

(53)**big toe**（足親指）

(54)**toe**（爪先）

(55)**little toe**（足小指）

(56)**toenail**（足の爪）

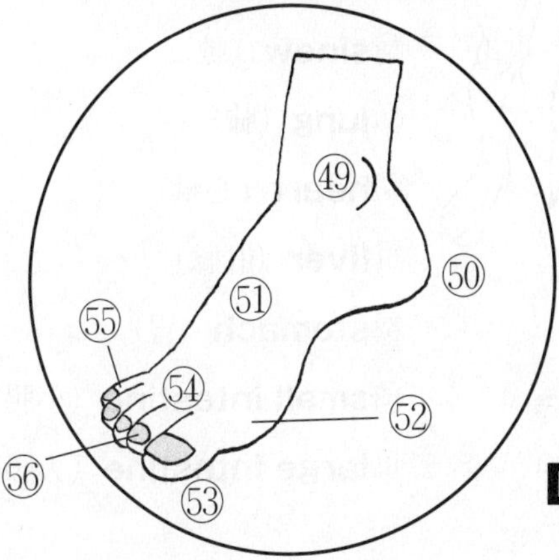

E

F The Internal Organs
（内部器官／臓器）

(57) **muscle**（筋肉）

(58) **sinew**（腱(けん)）

(59) **lung**（肺）

(60) **heart**（心臓）

(61) **liver**（肝臓(かんぞう)）

(62) **stomach**（胃）

(63) **small intestine**（小腸）

(64) **large intestine**（大腸）

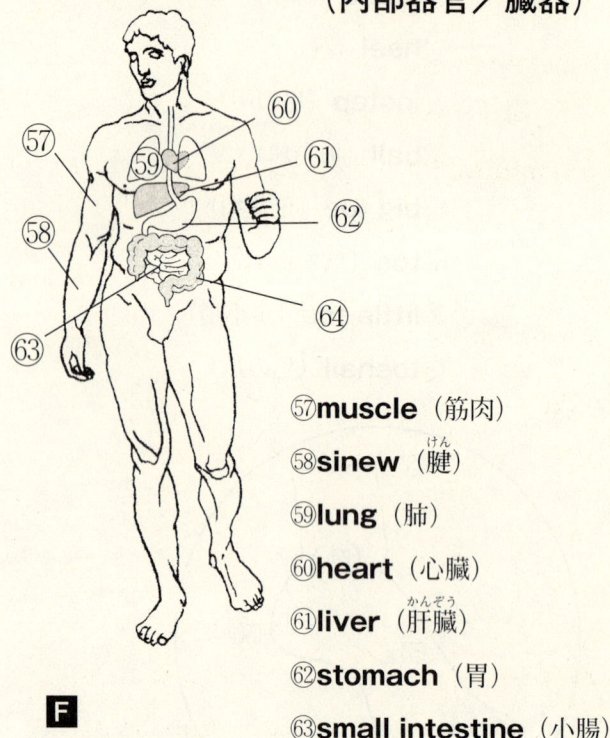

The Human Body (人体)

⑥⑤ **brain**(脳)
ⓐ **cerebrum**(大脳)
ⓑ **cerebellum**(小脳)
ⓒ **frontal lobe**(前頭葉)
ⓓ **occipital lobe**(後頭葉)
⑥⑥ **spinal cord**(脊髄)
⑥⑦ **throat**(喉)
⑥⑧ **windpipe**(気管)

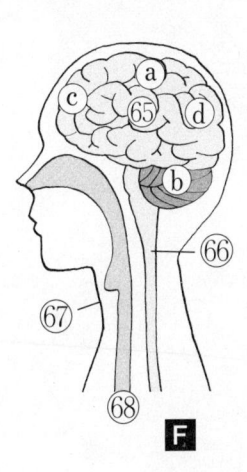

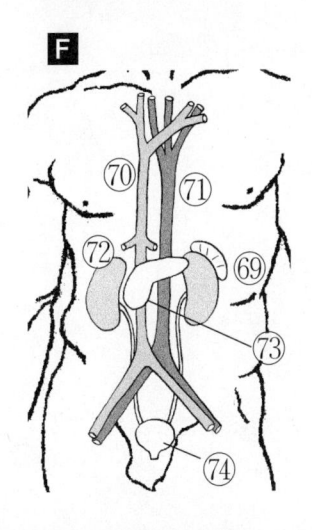

⑥⑨ **spleen**(脾臓)
⑦⓪ **vein**(静脈)
⑦① **artery**(動脈)
⑦② **kidney**(腎臓)
⑦③ **pancreas**(膵臓)
⑦④ **bladder**(膀胱)

第2編 英字新聞と英語雑誌を読み切る

～ニュースに出てくる英単語 名詞・動詞・形容詞＆副詞～

ニュースに出てくる名詞

単語力がないと「ニューヨーク・タイムズ」や「ワシントン・ポスト」などの一般記事は読めない。とくに記事の評論の部分は、読みこなせない。ただ記事の情報を翻訳でなく、直接、原文から入手しようと思えば、英検2級程度、TOEIC400〜500点ぐらいでも、不可能ではない。一般に、自分にとって難しい英文を突きつけられて、

「これ訳してごらん？」

と、さりげなくいわれても、簡単にできるものではない。わからない単語を全部辞書で調べていったら、気が遠くなるほど時間がかかり、途中でやる気も失せてしまう。

「じゃあ、どうするの？」

こう迫られたら、一つ〝偉大な〟危機脱出法がある。知らない単語が出てきても、辞書で意味を全部は確かめないことだ。

そこで、守式長文英語克服法をご紹介しよう。

英字新聞の中で、読みたいと思う箇所の英文のコピーを3枚用意する。

そのうちの1枚を使って、自分の知らない「名詞」とおぼしきものを、赤鉛筆で大きく丸印を付けていく。はっきり名詞とわからなくても、それらしきものであれば丸く描き出せばよい。あまり細かいことにこだわらないことだ。そこから懸命に辞書を引いていく。知らない単語を全部引く労力に比べたら、半分ぐらい、いやそれ以下ですむ。

問題は、知らない名詞だけを辞書で調べて、全体の意味がどれだけ把握できるかだ。

そのとき、もう一つ必要になってくるのは「類推」である。名詞さえおさえておけば、頭の働かせようで、大体の筋は理解できる。僕は「速読」ではなく、「拾い読み」の大家（？）だが、英文の場合は、とにかく名詞だけを拾って読んでいる。普通の読み方の数倍は速い。コピーが2枚余ったが、その使い方は、1枚が「動詞」用で、もう1枚が「形容詞・副詞」用だ。

ニュースに出てくる名詞

Uncle Sam　米国政府
turmoil　混乱
sovereignty　主権
setback　失敗
sanctions　制裁

waters　水域
unrest　(社会的)不安
sensation　大騒ぎ
ransom　身代金

The kidnappers are demanding $1,000,000 in ransom to return the girl.
(誘拐犯たちは、その少女の身代金として、100万ドルを要求してきている)

torture　拷問
verdict　(陪審員の)評決
cabinet　内閣
whistle - blower　内部告発者
epidemic　伝染病

assault　攻撃
extremist　過激派
agenda　議事日程
massacre　大虐殺
hostage　人質

第2編　英字新聞と英語雑誌を読み切る

resolution　決議
rally　集会
veteran　退役軍人
serviceman　現役軍人
talks　会談

shell　砲弾
wrongdoing　不正行為
yardstick　判断基準
speculation　憶測
standoff　行き詰まり
fugitive　逃亡者

The armed fugitive was finally captured this morning.（武装した逃亡者は、遂に今朝、捕まった）

heir　相続人
opponent　敵
poll　世論調査
shortfall　不足額
runoff　決勝戦

skirmish　小競り合い
straits　苦境
upheaval　動乱
veto　拒否権
aggression　侵略

deregulation 規制緩和
appeal 控訴
benefit 手当て
embargo 禁輸

exile 亡命
findings 結論
domain 領域
arson 放火

Last night two cases of arson broke out almost at the same time.
(昨夜、放火が2カ所で、ほとんど同じ時間に起きた)

betrayal 背信行為
controversy 論争
corruption 腐敗
menace 脅威
elements (政治的に) 少数分子

benchmark 基準
bailout (政府資金で) 企業救済
heritage 遺産
anonymity 匿名

頭をゆるめるコラム

ハードスケジュールを英語でいうと？

　日常使っている言葉にも思わぬ落とし穴がある。次の文章をどう英語に直すか。
「来週はハードスケジュールになりそうだ」
　少し英語をやるものなら、簡単に、
I have a hard schedule for next week.
とするかもしれない。でも、この文章どこかおかしい。
「ハードスケジュール」は英語では、a hard schedule にならないのだ。
　正しくは、a heavy schedule ともいう。この他に、a tight schedule, a full schedule になる。
　では、反対の文脈で、「来週はスケジュールが楽になりそうだ」は、
I have a light schedule for next week.
となる。
　heavy（重い）の反対語の light（軽い）を使ったところが、ミソである。

ニュースに出てくる動詞

名詞だけで、どんなに想像力を発揮しても、意味がつかめなければ、次は「動詞」を攻撃する。この段階では、断固、形容詞・副詞は無視してかかる。辞書を引く回数を減らして、いかにして原文の意味を取るか。

学校の先生は、

「わからない単語があったら、こつこつと辞書を引いてください。努力すれば、きっと報いられますよ」

全くその通りなのだが、難解な英文を突きつけられたら、それこそ原文に出てくる単語のほとんど全部を辞書で調べなければならなくなる。やる気がそがれてしまう。

だから、難文に挑戦するときは、守式でいってほしい。

何も書き込んでないもう1枚のコピーに今度は、わからない動詞を狙ってライト・ブルーで大きく丸をつけていくのである。意味のわからない名詞と動詞を辞書で引くと、いい加減嫌になる。うんざりさせられる。そこが我慢のしどころだ。ここで投げたら、永遠に原文からの情報収集をしなくなる。もっぱら翻訳されたものから、情報

を取ることになる。諦めては、後悔するだけだ。
動詞が加わると、散らばっていた理解不能な箇所が、どんどん消えていく。

ニュースに出てくる動詞

indicate 示す
observe 観察する
avoid 避ける
predict 予想する
attempt 企てる

estimate 見積もる
protect 保護する
defend 守る
decline 拒絶する

He declined to explain the background of the criminal case.
(彼は、その刑事事件の背景について説明することを拒んだ)

quit 辞める
explode 爆発する
maintain 主張する
appear 現れる
conceal 隠す

obtain 手に入れる
reflect 反映する
occur 起こる
gather 集める

release 公表する
back 支持する
urge 強く要請する
vow 誓う

sack 解任する
uphold 支える
witness 証言する
unveil 初公開する

> The company unveiled plans for introducing advanced biotechnology from Germany.
> (その会社は、ドイツから進んだバイオ技術を導入する計画を初めて発表した)

freeze 凍結する
advocate 擁護する
qualify 資格を与える
abuse 虐待する
slay 殺害する

slash 削減する
stabilize 安定させる
suspend 中断する
sentence 判決を下す
enforce 実施する

arrest 逮捕する
launch （ロケットなどを）発射する
hail 歓迎する
restructure 再編する
transmit 運ぶ

concede 譲歩する
expedite 促進する
detain 身柄を拘束する
inaugurate 就任させる
smuggle 密輸する

> They used to smuggle drugs into the U.S. from Colombia. (昔、彼らは、コロンビアから合衆国へ麻薬を密輸出していたものだ)

implement 実行する
deteriorate 悪化する
expel 追放する
testify 証人となる

withdraw 撤退する
warrant 正当化する
trigger 引き起こす
wane 衰える

tap 盗聴する
renounce 放棄する
stem 歯止めを掛ける
ratify 批准する
quell 鎮圧する
assassinate 暗殺する

counterfeit 偽造する
backfire 裏目に出る
convict 有罪の判決を下す
dwindle 次第に減少する
evacuate 避難させる

Almost all Japanese were evacuated from Baghdad during the Iraq War.
(イラク戦争の間、日本人のほとんどは、バグダッドから避難した)

accommodate 面倒を見る
whitewash （過去を）覆い隠す
execute 死刑を執行する
sprawl 無計画に広がる

savage 激しく非難する
rule 裁決する
raid 急襲する
devastate 荒廃させる

頭をゆるめるコラム

テーブル・マナーの巻

テーブル・マナーの一つに、塩(salt)などの調味料(seasoning)を取ってもらう時の、英語の言い回しがある。

Pass me the salt, please.(塩を取っていただけませんか)そういって隣の人に、取ってもらうのが常識である。他人に頼むのは失礼とばかり、自分の手をニューッと伸ばして取るのは、マナー違反だ。

もっとも社員食堂などで、このニューッと伸ばすのは、次の言葉を使えば許される。

まず、「ニューッと伸ばすこと」をboardinghouse reach(寄宿舎リーチ)という。

従って、次の言い方が使われる。

Excuse my boardinghouse reach.(すみません)

ただ、公式の場では、無作法扱いされるから使ってはならない。要注意だ！

ニュースに出てくる形容詞＆副詞

文脈を大雑把に摑むという作業の中では、「形容詞」「副詞」の働きはあまり大きくはない。どちらかといえば、にぶい。

しかし、形容詞は名詞を形容し、副詞は形容詞と動詞と副詞自体を形容して、けっこう忙しく働いている。

戦いは、名詞でけりをつけ、動詞のところで止めなければならなかったはずだが、そう常識通りに行くとは限らない。思わぬ伏兵に苦しめられることも多い。形容詞が、あるいは副詞がわからなければ意味が摑めないことだって現実にはある。一つ一つの現実は方程式通りには行かないものだ。

意味のわからない名詞と動詞を辞書で調べて、相当飽き飽きしている状態かもしれない。でも、この形容詞さえわかれば、この副詞さえわかれば、全体の意味が摑めるかも知れないと思った瞬間、パッと前途が開ける。単語は色々なところで、気分を変えながら覚えてほしい。形容詞・副詞は、ライト・グリーンで囲ってみてはどうだろうか。

ニュースに出てくる形容詞・副詞

reasonable 理にかなった
innocent 無実の
temporary 一時的な
up-to-date 最新の
outdated 旧式の

green 環境に優しい
ethnic 少数民族の
sustainable 持続可能な
compulsory 義務的な
eligible 資格のある
arresting 人目を引く

I've been reading an arresting book on longevity.
(長寿に関するすごく興味深い本を読んでいるところだ)

comprehensive 包括的な
ad hoc 特定目的の
rampant はびこった
handpicked 厳選した

unilateral 一方的な
lethal 致命的な
missing 行方不明の
significantly 相当
considerably かなり

頭をゆるめるコラム

頭がいいはcleverかwiseか

　中学、高校で習った英語では、「頭がいい」は、cleverを当てていた。先生は和英辞典の言葉を機械的に取り出して使っていたにちがいない。
　He is clever.（彼は頭がいい）
　そう教え込まれたものである。ところが後年、このcleverという単語は、「頭がいい」と訳すより、「ずる賢い」と訳したほうが、むしろ正しいと教えてくれた先生がいた。
　判断力も統率力もあり、広い角度からものが見える、優れた人間を形容するときは、wiseを僕は使っている。
　He is wise.（彼は賢い）
　要は、cleverは"少し悪い意味"で使われ、wiseは"良い意味"で使われるということだ。しかし、今日では推薦状を書くときなど、もう少し知恵のある表現を使うようになっている。
　He is highly intelligent, capable and motivated.（彼は非常に知的で、有能であり、かつ、これはという仕事には積極的に打ち込んでいく）
　単に、He is wise.（彼は賢い）では、人物描写に欠けるということだ。

現代英語を読み解くための

単語1000語

★印の語は、ぜひ覚えていただきたい。
国際社会で生きる人材となることを目指して──。

A

- abandon [əbændən] ……捨てる
- ★ abduct [æbdʌkt] ……拉致する
- abolish [əbáliʃ] ……廃止する
- abortion [əbɔ́ːrʃ(ə)n] ……妊娠中絶
- abridge [əbrídʒ] ……短縮する
- absolute [ǽbs(ə)luːt] ……絶対的な
- absorb [əbsɔ́ːrb] ……吸収する
- abstention [əbsténʃ(ə)n] ……棄権
- absurd [əbsə́ːrd] ……馬鹿げた
- ★ abundant [əbʌ́ndənt] ……豊富な
- abuse [əbjúːz] ……乱用する
- accelerate [ækséləreit] ……加速する
- acclaim [əkléim] ……賞賛する
- accommodate [əkámədeit] ……収容する
- accumulate [əkjúːmjuleit] ……集める
- accusation [ækjuzéiʃ(ə)n] ……非難
- ★ acquired [əkwáiərd] ……後天的
- ★ acrimonious [ækrimóuniəs] ……辛辣な
- acute [əkjúːt] ……急性の
- administration [ədministréiʃ(ə)n] ……行政
- admire [ədmáiər] ……ほめる
- admit [ədmít] ……認める
- admonish [ədmániʃ] ……忠告する
- adolescence [ædo(u)lésns] ……青春期
- adopt [ədápt] ……採用する
- adult [ədʌ́lt] ……成人
- advantage [ədvǽntidʒ] ……利点
- adverse [ædvə́ːrs] ……逆の
- ★ advertisement [ædvərtáizmənt] ……広告
- affiliate [əfílieit] ……加入させる
- affirmative [əfə́ːrmətiv] ……肯定的な
- affluent [ǽfluənt] ……豊富な
- afford [əfɔ́ːrd] ……余裕がある

	aftermath [ǽftərmæθ]	余波
	agenda [ədʒéndə]	議題
★	aggravate [ǽgrəveit]	悪化させる
	agreement [əgríːmənt]	協定
	agriculture [ǽgrikʌltʃər]	農業
	aircraft [éərkræft]	航空機
	allegedly [əlédʒidli]	聞くところによると
	alleviate [əlíːvieit]	軽減する
	alliance [əláiəns]	提携
	allot [əlát]	割り当てる
★	alternative [ɔːltə́ːrnətiv]	二者択一の
	altitude [ǽltit(j)uːd]	高度
	ambassador [æmbǽsədər]	大使
	ambiguous [æmbígjuəs]	曖昧な
★	ambivalent [æmbívələnt]	相反する感情を抱く
	ameliorate [əmíːljəreit]	改善する
	amicable [ǽmikəbl]	友好的な
★	amnesia [æmníːʒə]	健忘症
	analogy [ənǽlədʒi]	類似
	analysis [ənǽlisis]	分析
	anarchy [ǽnərki]	無政府状態
	ancestor [ǽnsestər]	祖先
	annihilate [ənáiəleit]	全滅させる
	anniversary [ænivə́ːrs(ə)ri]	記念日
	annual [ǽnju(ə)l]	一年間の
	annuity [ən(j)úː(ː)iti]	年金
★	anonymous [ənánimes]	匿名の
★	antibiotic [æntibaiátik]	抗生物質
	anticipate [æntísipeit]	期待する
	antidote [ǽntidout]	解毒剤
	antipathy [æntípəθi]	反感
	anxiety [æŋ(g)záiəti]	不安
	apologize [əpálədʒaiz]	謝る

英単語	発音	意味
apparently	[əpǽrəntli]	明らかに
appendicitis	[əpendisáitis]	盲腸炎
appetite	[ǽpitait]	食欲
appliance	[əpláiəns]	器具
appreciate	[əprí:ʃieit]	感謝する
appropriate	[əpróupriət]	適切な
approve	[əprú:v]	是認する
approximately	[əpráksimitli]	大体
★ arbitration	[ɑ:rbitréiʃ(ə)n]	仲裁
argue	[á:rgju:]	議論する
arrest	[ərést]	逮捕する
artery	[á:rtəri]	動脈
artificial	[ɑ:rtifíʃ(ə)l]	人工の
aspect	[ǽspekt]	局面
aspire	[əspáiər]	熱望する
★ assassinate	[əsǽsineit]	暗殺する
assault	[əsɔ́:lt]	襲撃
assemble	[əsémbl]	集める
assert	[əsə́:rt]	主張する
assimilate	[əsímileit]	同化する
associate	[əsóuʃieit]	交際する
★ assume	[əsú:m]	仮定する
asteroid	[ǽstəroid]	小惑星
★ astrology	[əstrálədʒi]	占星術
★ astronaut	[ǽstrənɔ:t]	宇宙飛行士
astronomy	[əstránəmi]	天文学
athlete	[ǽθli:t]	運動選手
Atlantic	[ətlǽntik]	大西洋の
atmosphere	[ǽtməsfiər]	雰囲気
attempt	[ətém(p)t]	試みる
attend	[əténd]	世話する
attitude	[ǽtit(j)u:d]	態度
attribute	[ətríbju:t]	(〜の)せいにする

	auction [ɔ́ːkʃ(ə)n]	競売
★	audit [ɔ́ːdit]	会計監査
	authentic [ɔːθéntik]	確実な
	authorize [ɔ́ːθəraiz]	権限を与える
	autism [ɔ́ːtiz(ə)m]	自閉症
★	available [əvéiləbl]	手に入る
	avalanche [ǽvəlæntʃ]	雪崩
	average [ǽv(ə)ridʒ]	平均
	avert [əvə́ːrt]	そらす
	award [əwɔ́ːrd]	授与する
	axiom [ǽksiəm]	自明の理

B

★	backfire [bǽkfaiər]	裏目に出る
	backlash [bǽklæʃ]	反動
	ballot [bǽlət]	投票用紙
	ban [bæn]	禁じる
	bandit [bǽndit]	無法者
★	bankrupt [bǽŋkrʌpt]	破産した
	bearish [béiriʃ]	(相場が)弱気の
	behavior [bihéivjər]	行動
★	belligerent [bilídʒərənt]	好戦的な
	beneficiary [benifíʃieri]	受益者
	benefit [bénifit]	利益
★	benign [bináin]	良性の
	betrayal [bitréiəl]	裏切り
	bewilder [biwíldər]	当惑させる
	bias [báiəs]	偏見
	bilateral [bailǽt(ə)rəl]	二者間の
	billion [bíljən]	10億
★	biodegradable [baio(u)digréidəbl]	微生物で分解される
	biological [baiəládʒik(ə)l]	生物の
	blackmail [blǽkmeil]	恐喝する
	blackout [blǽkaut]	停電

	blockbuster [blákbʌstər]	記録的なヒット作
	blunder [blʌ́ndər]	大失敗
	bombast [bámbæst]	大言壮語
★	bonanza [bənǽnzə]	大当たり
	boundary [báund(ə)ri]	境界線
	brilliant [bríljənt]	光り輝く
	budget [bʌ́dʒit]	予算
	bullish [búliʃ]	強含みの
	bully [búli]	いじめっ子
	burden [bə́ːrdn]	重荷
	bury [béri]	埋める

C

	cachet [kæʃéi]	特徴
	calamity [kəlǽmiti]	大災害
	callous [kǽləs]	冷淡な
	candidate [kǽndideit]	候補者
★	canvass [kǽnvəs]	遊説する
	capricious [kəpríʃəs]	気まぐれの
	capture [kǽptʃər]	捕える
	caricature [kǽrikətʃuər]	風刺漫画
	cartoon [kɑːrtúːn]	時事風刺漫画
	casualties [kǽʒu(ə)ltiz]	死傷者
	catastrophe [kətǽstrəfi]	大災害
	cautious [kɔ́ːʃəs]	用心深い
	cease [siːs]	やめる
★	celebrity [silébriti]	著名人
	chaos [ké(i)as]	混沌
	cheat [tʃiːt]	だます
★	chronic [kránik]	慢性の
	circumspect [sə́ːrkəmspekt]	慎重な
	classify [klǽsifai]	分類する
	clue [kluː]	手がかり
★	coalition [kouəlíʃ(ə)n]	連立

coherent [kouhíərənt]	……	首尾一貫した
coincide [kouinsáid]	……	一致する
collapse [kəlǽps]	……	崩壊する
collateral [kəlǽt(ə)rəl]	……	担保物件
collision [kəlíʒ(ə)n]	……	衝突
collude [kəlúːd]	……	共謀する
commute [kəmjúːt]	……	通勤する
compassion [kəmpǽʃ(ə)n]	……	(〜への) 哀れみ
compensate [kámpənseit]	……	補償する
competent [kámpit(ə)nt]	……	能力のある
★ competitive [kəmpétitiv]	……	競争力のある
compile [kəmpáil]	……	編集する
★ complacent [kəmpléisnt]	……	自己満足の
complex [kəmpléks]	……	複雑な
complicated [kámplikeitid]	……	複雑な
complication [kamplikéiʃ(ə)n]	……	合併症
compound [kámpaund]	……	合成物
comprehend [kamprihénd]	……	理解する
★ compromise [kámprəmaiz]	……	妥協する
compulsory [kəmpʌ́ls(ə)ri]	……	強制的な
conceal [kənsíːl]	……	隠す
conceivable [kənsíːvəbl]	……	想像できる限りの
concentrate [káns(ə)ntreit]	……	集中する
conception [kənsépʃ(ə)n]	……	妊娠
concession [kənséʃ(ə)n]	……	譲歩
conclude [kənklúːd]	……	結論づける
condemn [kəndém]	……	非難する
condolence [kəndóuləns]	……	弔慰 (ちょうい)
★ condone [kəndóun]	……	黙認する
confess [kənfés]	……	告白する
confident [kánfid(ə)nt]	……	自信のある
confine [kənfáin]	……	閉じ込める
confirm [kənfə́ːrm]	……	確認する

英単語	発音	意味
confiscate	[kánfiskeit]	没収する
conflict	[kánflikt]	紛争
conformist	[kənfɔ́ːrmist]	体制順応主義者
confuse	[kənfjúːz]	混乱する
congratulate	[kəngrǽtʃuleit]	祝う
conquer	[káŋkər]	征服する
★ conscience	[kánʃ(ə)ns]	良心
conscious	[kánʃəs]	気づいている
consequently	[kánsikwentli]	結果として
conservative	[kənsə́ːrvətiv]	保守的な
considerable	[kənsíd(ə)rəbl]	かなりの
★ consignment	[kənsáinmənt]	委託品
conspicuous	[kənspíkjuəs]	目につきやすい
constant	[kánst(ə)nt]	不断の
★ constituency	[kənstítʃuənsi]	選挙区
constitution	[kɑnstit(j)úːʃ(ə)n]	憲法
constrain	[kənstréin]	抑制する
construe	[kənstrúː]	解釈する
consul	[káns(ə)l]	領事
★ consumption	[kənsʌ́mpʃ(ə)n]	消費
★ contaminate	[kəntǽməneit]	汚染する
contemplate	[kántəmpleit]	熟考する
contemporary	[kəntémpəreri]	現代の
contend	[kənténd]	強く主張する
★ contract	[kəntrǽkt]	縮小する
contradict	[kɑntrədíkt]	矛盾する
contrive	[kəntráiv]	工夫する
controversy	[kántrəvəːrsi]	論争
convenient	[kənvíːnjənt]	便利な
convert	[kənvə́ːrt]	改宗する
convict	[kənvíkt]	有罪を宣告する
convince	[kənvíns]	確信させる
corpse	[kɔːrps]	死体

	correlation [kɔːriléiʃ(ə)n]	相互関係
	correspond [kɔːrispánd]	一致する
★	corruption [kərʌ́pʃ(ə)n]	堕落
★	creditor [kréditər]	債権者
★	crucial [krúːʃ(ə)l]	決定的な
	crux [krʌks]	最重要点
	cryptograph [krípto(u)græf]	暗号
	curfew [kə́ːrfjuː]	外出禁止
	custody [kʌ́stədi]	拘留

D

	decade [dékeid]	10年間
	decay [dikéi]	衰える
	deceive [disíːv]	だます
★	decline [dikláin]	断る
	decrease [díkriːs]	減少
	deduct [didʌ́kt]	控除する
	defect [difékt]	欠点
	defendant [diféndənt]	被告
	deficient [difíʃ(ə)nt]	不足した
	definite [définit]	明確な
	deliberate [dilíbərit]	慎重な
★	delinquent [dilíŋkwənt]	滞納している
	demanding [dimǽndiŋ]	要求の厳しい
★	demolish [dimáliʃ]	崩壊する
	demur [dimə́ːr]	反対する
	departure [dipáːrtʃər]	出発
	deployment [diplɔ́imənt]	(軍隊の) 展開
	depression [dipréʃ(ə)n]	うつ病
★	deregulation [diregjuléiʃ(ə)n]	規制緩和
	describe [diskráib]	記述する
	desert [dézərt]	砂漠
	deserve [dizə́ːrv]	価値がある
	designate [dézigneit]	示す

despotic [dispátik]	独裁的な
★ **destination** [destinéiʃ(ə)n]	仕向地
destiny [déstini]	運命
destruction [distrʌ́kʃ(ə)n]	破壊
deter [ditə́ːr]	思いとどまらせる
deteriorate [dití(ː)riəreit]	悪化する
determine [ditə́ːrmin]	決心する
detour [díːtuər]	回り道
detrimental [detriméntl]	有害な
★ **devastate** [dévəsteit]	荒廃させる
devote [divóut]	捧げる
★ **diabetes** [daiəbíːtis]	糖尿病
★ diagnosis [daiəgnóusis]	診断
diffuse [difjúːz]	撒き散らす
diligent [dílidʒ(ə)nt]	勤勉な
diminish [dimíniʃ]	減じる
dinosaur [dáinəsɔːr]	恐竜
diplomacy [diplóuməsi]	外交
disappear [disəpíər]	消える
disarm [disáːrm]	武装解除する
discard [diskáːrd]	放棄する
discern [dizə́ːrn]	見分ける
discord [dískɔːrd]	不一致
discreet [diskríːt]	思慮深い
★ dishonor [disánər]	（手形・小切手を)不渡りにする
disinterested [disínt(ə)ristid]	私心のない
dismal [dízm(ə)l]	陰鬱な
dismay [disméi]	狼狽させる
★ **dismiss** [dismís]	解雇する
disorder [disɔ́ːrdər]	混乱
disparity [dispǽrəti]	相違
dispute [dispjúːt]	論争する
disrupt [disrʌ́pt]	分裂させる

- ★ **distinguished** [distíŋgwiʃt] ……………… 著名な
- **distort** [distɔ́:rt] ……………… ゆがめる
- **distract** [distrǽkt] ……………… そらす
- **dividend** [dívidend] ……………… 配当
- **divorce** [divɔ́:rs] ……………… 離婚
- **domestic** [dəméstik] ……………… 国内の
- **dominant** [dάminənt] ……………… 支配的な
- **doom** [du:m] ……………… 運命づけられる
- **downplay** [dáunplei] ……………… 軽視する
- **drought** [draut] ……………… 旱魃
- **drown** [draun] ……………… おぼれる
- **dubious** [d(j)ú:biəs] ……………… 疑わしい
- **durable** [d(j)ú(:)rəbl] ……………… 耐久性のある

E

- ★ **eavesdrop** [í:vzdrap] ……………… 聞き耳を立てる
- **effeminate** [iféminit] ……………… 弱々しい
- **efficient** [ifíʃ(ə)nt] ……………… 効率的な
- **elaborate** [ilǽbərit] ……………… 精巧な
- **electorate** [iléktərit] ……………… 選挙民
- **eligible** [élidʒəbl] ……………… 資格がある
- **eloquent** [éləkwənt] ……………… 雄弁な
- **emaciate** [iméiʃieit] ……………… 衰弱させる
- ★ **embargo** [embά:rgou] ……………… 輸出禁止
- **embarrass** [embǽrəs] ……………… 当惑させる
- **embezzlement** [embézlmənt] ……………… 横領
- **emblem** [émbləm] ……………… 象徴
- **embrace** [embréis] ……………… 包含する
- **emerge** [imə́:rdʒ] ……………… 現れる
- **emergency** [imə́:rdʒənsi] ……………… 非常事態
- **emigrant** [émigrənt] ……(自国から外国への)移民
- **eminent** [éminənt] ……………… 著名な
- ★ **emission** [imíʃ(ə)n] ……………… 排出
- **emphasis** [émfəsis] ……………… 強調

- ★ empirical [empírik(ə)l] ……経験的な
- encode [enkóud] ……暗号化する
- encroach [enkróutʃ] ……侵食する
- endemic [endémik] ……風土的な
- endorsement [endɔ́ːrsmənt] ……裏書
- endure [end(j)úər] ……耐える
- enforce [enfɔ́ːrs] ……実施する
- enormous [inɔ́ːrməs] ……巨大な
- enterprise [éntərpraiz] ……企業
- entitle [entáitl] ……〜する権利を与える
- ★ entrepreneur [ɑːntrəprənə́ːr] ……起業家
- enumerate [in(j)úːməreit] ……列挙する
- ★ environmental [envairənméntl] ……環境の
- envisage [envízidʒ] ……想像する
- envoy [énvɔi] ……使節
- ephemeral [ifémərəl] ……短命な
- ★ epicenter [épisentər] ……震源地
- epidemic [epidémik] ……伝染病
- equator [i(ː)kwéitər] ……赤道
- equity [ékwiti] ……(複数形 -ties で) 株式
- equivalent [ikwívələnt] ……等しい
- ★ equivocal [ikwívək(ə)l] ……曖昧な
- eradicate [irǽdikeit] ……根絶する
- erode [iróud] ……浸食する
- erupt [irʌ́pt] ……爆発する
- ★ espionage [éspiənɑːʒ] ……スパイ活動
- esteem [estíːm] ……尊重する
- estimate [éstimeit] ……見積もる
- eternal [itə́ːrn(ə)l] ……永遠の
- ethics [éθiks] ……倫理学
- ★ ethnic [éθnik] ……人種の
- evacuate [ivǽkjueit] ……避難させる
- evade [ivéid] ……避ける

evaluate [ivǽljueit]		評価する
eventually [ivéntʃuəli]		結果として
evidence [évid(ə)ns]		証拠
evident [évid(ə)nt]		明白な
evolve [iválv]		発展させる
★ exacerbate [egzǽsərbeit]		憤激させる
exaggerate [egzǽdʒəreit]		誇張する
exceed [eksí:d]		越える
excellent [éks(ə)lənt]		優れた
excessive [eksésiv]		過度の
exclude [eksklú:d]		除外する
exclusive [eksklú:siv]		排他的な
execute [éksikju:t]		処刑する
executive [egzékjutiv]		（企業の）役員
★ exile [égzail]		亡命
exodus [éksədəs]		大量出国
expedite [ékspidait]		促進させる
expenditure [ekspéndit ʃər]		歳出
exploit [eksplɔ́it]		開発する
explore [eksplɔ́:r]		探検する
★ explosive [eksplóusiv]		爆発物
expose [ekspóuz]		さらす
expression [ekspréʃ(ə)n]		表現
exquisite [ékskwizit]		絶妙な
★ extinct [ekstíŋkt]		絶滅した
extinguish [ekstíŋgwiʃ]		消す
extol [ekstóul]		激賞する
extradite [ékstrədait]		身柄を引き渡す
extraordinary [ekstrɔ́:rd(i)neri]		異常な

F

fabulous [fǽbjuləs]		とても素晴らしい
facilitate [fəsíliteit]		容易にする
failure [féiljər]		失敗

	famine [fæmin]	飢え
	fat [fæt]	脂肪
	fatigue [fətíːg]	疲労
	fault [fɔːlt]	断層
★	feasible [fíːzəbl]	実行可能な
	feudalism [fjúːdəliz(ə)m]	封建制度
	fiasco [fiæskou]	大失敗
	financial [finænʃ(ə)l]	金融上の
	flatter [flætər]	へつらう
	flood [flʌd]	氾濫する
	flourish [fləːriʃ]	繁盛する
★	fluctuation [flʌktʃuéiʃ(ə)n]	変動
	fluid [flúː(ː)id]	流動体
	focus [fóukəs]	～を集中させる
	forgive [fərgív]	許す
	formidable [fɔːrmidəbl]	恐るべき
	formula [fɔːrmjulə]	公式
	fraud [frɔːd]	詐欺（さぎ）
	freedom [fríːdəm]	自由
	freeze [friːz]	凍る
	freight [freit]	貨物
	frequently [fríːkwəntli]	しばしば
	frighten [fráitn]	怖がらせる
★	frustration [frʌstréiʃ(ə)n]	欲求不満
	fugitive [fjúːdʒitiv]	逃亡者
	funeral [fjúːn(ə)rəl]	葬式
	fury [fjúː(ː)ri]	激怒

G

	gallant [gælənt]	勇敢な
★	gene [dʒiːn]	遺伝子
	generate [dʒénəreit]	引き起こす
	genocide [dʒénəsaid]	一民族の抹殺
	genuine [dʒénjuin]	本物の

現代英語を読み解くための単語1000語

  gimmick [gímik] ……………………新しい工夫
  glacier [gléiʃər] ……………………………氷河
★ glut [glʌt] ………………………………供給過剰
  gradually [grǽdʒuəli] ………………………徐々に
  grant [grænt] …………………………………助成金
  gratitude [grǽtit(j)u:d] ………………………感謝
  grave [greiv] …………………………………重大な
  greenhorn [grí:nhɔ:rn] ……………………初心者
  gross [grous] …………………………………総体の
  gulf [gʌlf] ………………………………………湾

H

  hail [heil] …………………………………歓迎する
  harvest [há:rvist] ……………………………収穫
  hatred [héitrid] ………………………………嫌悪
★ hawkish [hɔ́:kiʃ] …………………………タカ派の
  helm [helm] ……………………………………実権
  hepatitis [hepətáitis] …………………………肝炎
★ heritage [héritidʒ] ……………………………遺産
  hesitate [héziteit] …………………………ためらう
  hinder [híndər] ……………………………妨げる
  hoarding [hɔ́:rdiŋ] ………………………秘蔵、貯蔵
  horizontal [hɔ:rizántl] ………………………水平の
  hostile [hást(i)l] ………………………………敵の
  household [háushould] ……………………家庭の
  humble [hʌ́mbl] ……………………………謙遜な
  hunch [hʌntʃ] …………………………………予感
★ hydrogen [háidrədʒ(ə)n] ……………………水素

I ★ identify [aidéntifai] …同一のものであると認める
  ignite [ignáit] ………………………………点火する
  illiterate [ilít(ə)rit] ……………読み書きのできない
  illustrate [íləstreit] …………………………説明する
  immediately [imí:diətli] ……………………即時に

	immigrant [ímigrənt]	(外国からの) 移民
	imminent [íminənt]	切迫した
★	immune [imjúːn]	免疫の
	impasse [ímpæs]	窮地
★	impeachment [impíːtʃmənt]	弾劾
	implement [ímpliment]	遂行する
	implicit [implísit]	暗黙の
	imply [implái]	ほのめかす
	impose [impóuz]	課す
	impregnable [imprégnəbl]	難攻不落の
	impulse [ímpʌls]	衝動
	incessant [insésnt]	絶え間ない
	include [inklúːd]	含む
	increase [inkríːs]	増加する
	incredible [inkrédəbl]	信じがたい
★	incumbent [inkʌmbənt]	現職の
★	indemnity [indémniti]	賠償金
★	indictment [indáitmənt]	起訴
	indifferent [indíf(ə)rənt]	無関心な
	indignant [indígnənt]	腹を立てている
	indispensable [indispénsəbl]	不可欠の
	inevitable [inévitəbl]	不可避の
	infant [ínfənt]	幼児
	infect [infékt]	伝染させる
	ingenuity [indʒin(j)úːiti]	器用さ
★	ingredient [ingríːdiənt]	成分
	inhabitant [inhǽbit(ə)nt]	住民
	inherit [inhérit]	相続する
	injection [indʒékʃ(ə)n]	注射
	injure [índʒər]	怪我をさせる
	innate [inéit]	先天性の
	innocent [ínəsnt]	無罪の
	insert [insə́ːrt]	挿入する

	insinuate [insínjueit]	遠回しに言う
★	insolvency [insálv(ə)nsi]	支払不能
★	insomnia [insámniə]	不眠症
	inspection [inspék∫(ə)n]	検査
	inspire [inspáiər]	鼓舞する
	instigate [ínstigeit]	扇動する
	institution [instit(j)ú:∫(ə)n]	研究所
★	insurance [in∫ú(:)rəns]	保険
	integral [íntigrəl]	必要不可欠な
	integrate [íntigreit]	統合する
	interaction [intərǽk∫(ə)n]	相互作用
	intercourse [íntərkɔ:rs]	性交
	interest [ínt(ə)rist]	金利
	interfere [intərfíər]	干渉する
	intermediate [intərmí:diət]	中間の
★	interpreter [intə́:rpritər]	通訳
	intimate [íntimət]	親密な
	intricate [íntrikət]	複雑な
	intrinsic [intrínsik]	本質的な
	inundation [inəndéi∫(ə)n]	大洪水
★	invade [invéid]	侵略する
	invalid [ínvəlid]	無効の
	invariably [invé(:)riəbli]	変わらずに
	investigate [invéstigeit]	調査する
★	investment [invés(t)mənt]	投資
	invisible [invízəbl]	目に見えない
	involve [inválv]	巻き込まれる
	irrevocable [irévəkəbl]	(信用状[L/C]を)取り消せない
	irrigation [irigéi∫(ə)n]	灌漑
	isolate [áisəleit]	孤立させる

J

★	jargon [dʒá:rgən]	専門用語
★	jittery [dʒítəri]	(株式市場などが) 神経質の

K

- ★ junta [hú(:)ntə] ……革命軍事政権
- jurisdiction [dʒu(:)risdíkʃ(ə)n] ……司法権
- jury [dʒú(:)ri] ……陪審員
- justify [dʒʌ́stifai] ……正当化する
- juvenile [dʒúːvin(i)l] ……青少年(の)

K

- kidnap [kídnæp] ……誘拐する
- kidney [kídni] ……腎臓
- kindle [kindl] ……火をつける
- kneel [niːl] ……ひざまずく

L

- lampoon [læmpúːn] ……風刺文
- lassitude [lǽsit(j)uːd] ……無気力
- lately [léitli] ……最近
- latitude [lǽtit(j)uːd] ……緯度
- ★ laureate [lɔ́ːriət] ……受賞者
- lead [led] ……鉛
- legal [líːg(ə)l] ……法律の
- legendary [lédʒ(ə)nderi] ……伝説の
- legislation [ledʒisléiʃ(ə)n] ……立法
- legitimate [lidʒítimət] ……合法的な
- ★ lethal [líːθ(ə)l] ……致死の
- liable [láiəbl] ……責任のある
- liberate [líbəreit] ……解放する
- liquidate [líkwideit] ……清算する
- liquor [líkər] ……アルコール飲料
- literature [lít(ə)ritʃər] ……文学
- logjam [lɔ́ːgdʒæm] ……行き詰まり
- ★ longevity [lɑndʒéviti] ……長生き
- longitude [lɑ́ndʒit(j)uːd] ……経度
- ★ loophole [lúːphoul] ……抜け道
- ★ lucrative [lúːkrətiv] ……儲けになる
- luxury [lʌ́kʃ(ə)ri] ……奢侈品

M

	machinate [mǽkineit]	たくらむ
	magnificent [mægnífisnt]	壮大な
	maintain [meintéin]	主張する
	majority [mədʒɔ́:riti]	多数派
	malevolent [məlévələnt]	悪意のある
	malfunction [mælfʌ́ŋkʃ(ə)n]	故障
	malice [mǽlis]	悪意
	malignant [məlígnənt]	悪性の
★	malpractice [mælprǽktis]	医療ミス
★	mandatory [mǽndətɔ:ri]	強制的な
	manifest [mǽnifest]	明らかな
	manipulate [mənípjuleit]	巧みに扱う
	mar [ma:r]	損なう
★	massacre [mǽsəkər]	大虐殺
	mature [mət(j)úər]	成熟した
	means [mi:nz]	手段
	meddle [médl]	干渉する
	medicine [méd(i)sn]	医学
	medieval [mi:dií:v(ə)l]	中世の
	mediocre [mi:dióukər]	並の
	Mediterranean [meditəréiniən]	地中海の
	medium [mí:diəm]	中間の
	menace [ménəs]	脅迫
	mental [méntl]	精神の
	merchandise [mə́:rtʃ(ə)ndaiz]	商品
★	meritocracy [meritákrəsi]	能力主義
	mess [mes]	混乱
	meteorite [mí:tiərait]	隕石
★	millennium [miléniəm]	千年間
	million [míljən]	百万
	minority [minɔ́:riti]	少数派
	miracle [mírəkl]	奇跡
	miscellaneous [misiléiniəs]	雑多な

	mischief [místʃif]	害
	moderate [mád(ə)rit]	節度のある
	molecule [málikju:l]	分子
★	molester [məléstər]	痴漢
	mollify [málifai]	やわらげる
	momentum [mo(u)méntəm]	勢い
	monarchy [mánərki]	王制
	monolithic [manəlíθik]	一枚岩の
	monopoly [mənáp(ə)li]	独占
	monotonous [mənát(ə)nəs]	単調な
	mortality [mɔ:rtǽliti]	死亡率
★	mortgage [mɔ́:rgidʒ]	抵当
	motion [móuʃ(ə)n]	動議
	multitude [mʌ́ltit(j)u:d]	多数
★	mummy [mʌ́mi]	ミイラ
★	mutation [mju:téiʃ(ə)n]	突然変異
	mutual [mjú:tʃuəl]	相互の
	myriad [míriəd]	無数の

N

	nationality [næʃənǽliti]	国籍
	negative [négətiv]	否定的な
	neglect [niglékt]	無視する
★	nepotism [népətiz(ə)m]	縁者びいき
★	neutral [n(j)ú:trəl]	中立の
	nightmare [náitmeər]	悪夢
	nitrogen [náitrədʒən]	窒素
	nuclear [n(j)ú:kliər]	核の
	nucleus [n(j)ú:kliəs]	核心
	nuisance [n(j)ú:sns]	厄介なもの
	numerous [n(j)ú:m(ə)rəs]	多数の
	nutrition [n(j)u:tríʃ(ə)n]	栄養

O

	obedient [o(u)bí:diənt]	従順な

- ★ obesity [o(u)bí:siti] 肥満
- obey [o(u)béi] 従う
- ★ obituary [oubítjueri] 死亡記事
- ★ objective [əbdʒéktiv] 目的
- oblique [əblí:k] 遠回しの
- obscene [əbsí:n] 猥褻な
- obscure [əbskjúər] 不明瞭な
- observe [əbzə́:rv] 観察する
- obsolete [ábsəli:t] すたれた
- obstacle [ábstəkl] 障害
- obviously [ábviəsli] 明らかに
- occupation [akjupéiʃ(ə)n] 職業
- ★ oligopoly [aligápəli] 寡占
- ★ opaque [o(u)péik] 不透明な
- opponent [əpóunənt] 敵
- opposition [apəzíʃ(ə)n] 反対
- oppression [əpréʃ(ə)n] 圧迫
- optimistic [aptimístik] 楽観的な
- ★ optimum [áptiməm] 最適の
- orchestrate [ɔ́:rkistreit] 計画する
- ostensible [asténsəbl] 表面上の
- ★ output [áutput] 生産高
- outstanding [autstǽndiŋ] 傑出した
- overcome [ouvərkʌ́m] 打ち勝つ
- overwhelm [ouvər(h)wélm] 圧倒する
- oxygen [áksidʒ(ə)n] 酸素

P

- pact [pækt] 条約
- ★ panacea [pænəsí(:)ə] 万能薬
- pandemic [pændémik] 全国的（世界的）流行病
- paradox [pǽrədaks] 逆説
- parallel [pǽrəlel] 平行の
- paralyze [pǽrəlaiz] 麻痺させる

	participate [pɑ:*r*tísipeit]	参加する
	pastoral [pǽst(ə)rəl]	田園生活の
★	**patent** [pǽt(ə)nt]	特許
	patient [péiʃ(ə)nt]	患者
	patrimony [pǽtrimouni]	世襲財産
	patriotic [peitriátik]	愛国心のある
	pavement [péivmənt]	歩道
	peccadillo [pekədílou]	微罪
	peculiar [pikjú:ljə*r*]	奇妙な
	pedestrian [pidéstriən]	歩行者
	penetrate [pénitreit]	浸透する
	peninsula [piníns(ə)lə]	半島
	pension [pénʃ(ə)n]	年金
	perceive [pə*r*sí:v]	知覚する
	perform [pə*r*fɔ́:*r*m]	実行する
	periodical [pi(:)riádik(ə)l]	定期刊行物
★	**perjury** [pə́:*r*dʒ(ə)ri]	偽証
	permanent [pə́:*r*mənənt]	永遠の
	perpetual [pə*r*pétʃuəl]	永久の
	perplex [pə*r*pléks]	当惑させる
★	**persecute** [pə́:*r*sikju:t]	迫害する
	persist [pə(:)*r*síst]	固執する
	perspective [pə(:)*r*spéktiv]	展望
	persuasion [pə(:)*r*swéiʒ(ə)n]	説得
	pervade [pə(:)*r*véid]	行き渡る
	pessimistic [pesimístik]	悲観的な
★	**petroleum** [pitróuliəm]	石油
	philanthropist [filǽnθrəpist]	慈善家
	photogenic [foutədʒénik]	写真うつりのいい
★	**pirate** [páirit]	盗用する
	pisciculture [písikʌltʃə*r*]	養殖漁業
★	**pivotal** [pívətl]	極めて重要な
★	**platform** [plǽtfɔ:*r*m]	綱領

platitude [plætit(j)u:d]	陳腐な言葉
plausible [plɔ́:zəbl]	もっともらしい
plead [pli:d]	嘆願する
ploy [plɔi]	策略
★ plummet [plʌ́mit]	急落する
plunder [plʌ́ndər]	略奪する
plunge [plʌndʒ]	突っ込む
plutocracy [plu:tάkrəsi]	金権政治
pneumonia [nju(:)móunjə]	肺炎
polarization [poulərizéiʃ(ə)n]	両極分化
pollutant [pəlú:tənt]	汚染物質
pollution [pəlú:ʃ(ə)n]	汚染
★ portfolio [pɔːrtfóuliou]	有価証券一覧表
posterity [pɑstériti]	子孫
postpone [pous(t)póun]	延期する
posture [pάstʃər]	ポーズ
potential [pə(u)ténʃ(ə)l]	潜在的な
poverty [pάvərti]	貧困
precaution [prikɔ́:ʃ(ə)n]	予防策
precede [pri(:)sí:d]	先立つ
predecessor [predisésər]	前任者
pregnant [prégnənt]	妊娠している
prejudice [prédʒudis]	偏見
preliminary [prilímineri]	予備的な
premature [pri:mət(j)úər]	早まった
★ prescription [priskrípʃ(ə)n]	処方箋
prestigious [prestídʒəs]	権威のある
presume [prizú:m]	推定する
pretend [priténd]	ふりをする
prevail [privéil]	広く行きわたる
previous [prí:viəs]	以前の
primary [práimeri]	第一の
primitive [prímitiv]	原始的な

principle [prínsipl] ……原則
priority [praiɔ́:riti] ……優先権
probably [prábəbli] ……十中八九
procedure [pro(u)sí:dʒər] ……手続き
proclaim [pro(u)kléim] ……宣言する
proficient [prəfíʃ(ə)nt] ……熟練した
profit [práfit] ……利益
profound [prəfáund] ……深遠な
★ **proliferation** [pro(u)lifəréiʃ(ə)n] ……拡散
prolong [pro(u)lɔ́:ŋ] ……延ばす
prominent [práminənt] ……目立った
propound [prəpáund] ……提起する
prosaic [pro(u)zéiik] ……ありふれた
★ **prosecutor** [prásikju:tər] ……検察官
prospectus [prəspéktəs] ……設立趣意書
prosper [práspər] ……繁栄する
prostitute [prástit(j)u:t] ……売春婦
★ **protein** [próuti:(i)n] ……蛋白質
provided [prəváidid] ……もしも〜なら
provisional [prəvíʒən(ə)l] ……仮の
provoke [prəvóuk] ……怒らせる
proxy [práksi] ……代理
★ **psychiatrist** [saikáiətrist] ……精神病医
psychological [saikəládʒik(ə)l] ……心理的な
punctual [páŋ(k)tʃu(ə)l] ……時間を守る
punishment [pániʃmənt] ……罰
puppeteer [pʌpitíər] ……操り人形師
purchase [pə́:rtʃəs] ……購入する
pursue [pərsú:] ……追跡する

Q ★ **quell** [kwel] ……鎮圧する
query [kwí(:)ri] ……（不審・疑念を含んだ）質問
quiver [kwívər] ……震える

R

	rabies [réibi:z]	狂犬病
	rage [reidʒ]	激怒
★	ramification [ræmifikéiʃ(ə)n]	分岐
★	rampant [ræmpənt]	（病気などが）流行する
★	ransom [rænsəm]	身代金
	rapid [rǽpid]	速い
★	ratification [rætifikéiʃ(ə)n]	批准
	reaction [ri(:)ǽkʃ(ə)n]	反作用
	readily [rédili]	快く
	reasonable [rí:znəbl]	理にかなった
	rebel [rébl]	反逆者
	reckless [réklis]	無謀な
	recognize [rékəgnaiz]	認知する
	recollect [rekəlékt]	思い出
	recondite [rékəndait]	難解な
	reconnaissance [rikǽniz(ə)ns]	偵察
★	recuperate [rik(j)ú:p(ə)reit]	復旧する
	redeem [ridí:m]	取り戻す
	reduce [rid(j)ú:s]	減らす
	redundant [ridʌ́ndənt]	過剰な
	refer [rifə́ːr]	言及する
	reflection [riflékʃ(ə)n]	反映
	refugee [refjudʒí:]	難民
	refusal [rifjú:z(ə)l]	拒絶
	regime [riʒí:m]	政権
	regional [rí:dʒən(ə)l]	地域の
	regret [rigrét]	後悔する
	regulate [régjuleit]	規制する
	reinforce [ri:infɔ́ːrs]	強化する
★	reiterate [ri(:)ítəreit]	繰り返す
	reject [ridʒékt]	拒否する
	relevant [rélivənt]	関連した
	reluctant [rilʌ́ktənt]	嫌々ながら

- ★ reminder [rimáindər] ……督促状
- ★ reminiscence [reminísns] ……回顧録
- remittance [rimít(ə)ns] ……送金
- remote [rimóut] ……遠く離れた
- remove [rimú:v] ……取り除く
- ★ renounce [rináuns] ……放棄する
- repercussion [ri:pərkʌʃ(ə)n] ……反響
- reproach [ripróutʃ] ……非難する
- reprocessing [ri:prásesiŋ] ……再処理
- requisite [rékwizit] ……必要な
- resemble [rizémbl] ……似ている
- ★ reshuffle [ri:ʃʌfl] ……改造する
- resign [rizáin] ……辞職する
- resilient [rizíljənt] ……弾力性のある
- resolute [rézəlu:t] ……断固とした
- ★ resolution [rezəlú:ʃ(ə)n] ……決議
- respond [rispánd] ……返答する
- responsibility [rispɑnsəbíliti] ……責任
- restoration [restəréiʃ(ə)n] ……回復
- resume [rizú:m] ……再開する
- retail [rí:teil] ……小売り
- ★ retaliate [ritǽlieit] ……報復する
- retreat [ritrí:t] ……退却する
- retrogress [rétro(u)gres] ……後退する
- ★ revamp [ri:vǽmp] ……刷新する
- reveal [riví:l] ……暴露する
- revel [révl] ……夢中になる
- revenue [révin(j)u:] ……歳入
- revolution [révəlú:ʃ(ə)n] ……革命
- revolve [riválv] ……回転する
- rigid [rídʒid] ……厳しい
- ritual [rítʃu(ə)l] ……(宗教的)儀式
- rubbish [rʌ́biʃ] ……がらくた
- rumor [rú:mər] ……噂

S

	sacrifice [sǽkrifais]	犠牲
	safeguard [séifgɑːrd]	保護措置
	salute [səlúːt]	敬礼する
	salvage [sǽlvidʒ]	救出する
★	**sanctions** [sǽŋ(k)ʃ(ə)nz]	制裁措置
	sanctuary [sǽŋ(k)tʃueri]	保護区域
	sanitary [sǽniteri]	衛生上の
	satellite [sǽt(ə)lait]	衛星
	satisfactory [sætisfǽkt(ə)ri]	満足のいく
★	**saturate** [sǽtʃəreit]	飽和させる
	scatter [skǽtər]	撒き散らす
	scheme [skiːm]	（大掛かりな）計画
	sculpture [skʌ́lptʃər]	彫刻
	secession [siséʃ(ə)n]	脱退
★	**secular** [sékjulər]	世俗の
	seismology [saizmálədʒi]	地震学
	sensible [sénsəbl]	思慮分別のある
	sensitive [sénsitiv]	敏感な
	separate [sépəreit]	引き離す
	setback [sétbæk]	挫折
	settlement [sétlmənt]	入植地
	sewage [súːidʒ]	下水
	showdown [ʃóudaun]	対決
★	**simultaneous** [saim(ə)ltéiniəs]	同時の
	sin [sin]	（道徳・宗教上の）罪
	sincere [sinsíər]	本心からの
	sinecure [sáinikjuər]	名誉職
	skeptical [sképtik(ə)l]	懐疑的な
	skyscraper [skáiskreipər]	超高層ビル
	slash [slæʃ]	削減（する）
★	**sluggish** [slʌ́giʃ]	（市況が）不活発な
★	**smuggle** [smʌ́gl]	密輸する
	snafu [snæfúː]	混乱状態

- ★ sophisticated [səfístikeitid] ……………洗練された
- ★ specimen [spésimin] ……………………見本
- speculation [spekjuléiʃ(ə)n] …………………投機
- spoil [spɔil] ……………………………だめにする
- ★ spontaneous [spɑntéiniəs]……………自発的な
- ★ sporadic [spərǽdik]……………………散発的な
- spouse [spaus] ……………………………配偶者
- squander [skwɑ́ndər] ……………………浪費する
- squeeze [skwi:z] …………………………絞り出す
- stability [stəbíliti] …………………………安定
- stagnant [stǽgnənt]………………………停滞した
- staple [stéipl] ……………………………主要産品
- starve [stɑːrv] ……………………………飢える
- static [stǽtik] ……………………………静的な
- statistics [stətístiks] ……………………統計学
- stenographer [stenɑ́grəfər] ……………速記者
- stimulus [stímjuləs] ………………………刺激
- straightforward [streitfɔ́ːrwərd] ………率直な
- strategy [strǽtidʒi] ………………………戦略
- stratosphere [strǽtəsfiər] ………………成層圏
- stratum [stréitəm] …………………………階層
- ★ streamline [stríːmlain] ………………合理化する
- strengthen [stréŋ(k)θ(ə)n] ………………強化する
- striking [stráikiŋ] …………………………目立つ
- structure [strʌ́ktʃər] ………………………構造物
- struggle [strʌ́gl] …………………………奮闘する
- subcontractor [sʌ́bkɑntræktər] ……下請け業者
- submit [səbmít]……………………………提出する
- subordinate [səbɔ́ːrd(i)nit]………………下位の
- ★ subsidy [sʌ́bsidi] ………………………補助金
- substantial [səbstǽnʃ(ə)l] ………………本質的な
- substitute [sʌ́bstit(j)u:t] ………………代替品
- subtle [sʌ́tl] ………………………………かすかな
- succeed [səksíːd] ………………………継承する

	succumb [səkʌ́m]	屈服する
	sufficient [səfíʃ(ə)nt]	十分な
★	suffrage [sʌ́fridʒ]	選挙権
	suicide [súːisaid]	自殺
	summary [sʌ́məri]	要約
	summon [sʌ́mən]	召喚する
★	superficial [suːpərfíʃ(ə)l]	表面的な
	superpower [súːpərpauər]	超大国
★	superstition [suːpərstíʃ(ə)n]	迷信
	supplementary [sʌpliment(ə)ri]	補助の
	surefire [ʃúərfaiər]	成功間違いなしの
	surgeon [sə́ːrdʒ(ə)n]	外科医
	surpass [sərpǽs]	まさる
	surrender [səréndər]	降伏する
	surround [səráund]	囲む
	surveillance [sərvéiləns]	監視
	survival [sərváiv(ə)l]	生き残り
	suspend [səspénd]	一時停止する
	suspicious [səspíʃəs]	疑い深い
★	sustainable [səstéinəbl]	持続可能な
	swindle [swíndl]	だまし取る
	syllogism [síllədʒiz(ə)m]	三段論法
	symptom [sím(p)təm]	徴候

T

	tactics [tǽktiks]	戦術
	takeover [téikouvər]	(会社などの)乗っ取り
	target [táːrgit]	目標
	tariff [tǽrif]	関税
	temperate [témp(ə)rit]	節度のある
	temporary [témp(ə)reri]	一時的な
	tension [ténʃ(ə)n]	緊張
	tentative [téntətiv]	試験的な
★	testimony [téstimouni]	証言
	therapy [θérəpi]	治療

	threaten [θrétn]	恐喝する
	torture [tɔ́:rtʃər]	拷問
	toxic [táksik]	有毒な
	traffic [trǽfik]	不正な取引をする
	transition [trænzíʃ(ə)n]	移行
	translucent [trænslú:snt]	半透明の
★	**transparent** [trænspé(:)rənt]	透明な
	transplant [trǽnsplænt]	（臓器の）移植
	transport [trænspɔ́:rt]	運送する
	treaty [trí:ti]	条約
	tremble [trémbl]	震える
★	**trigger** [trígər]	引き金となる
	trillion [tríljən]	兆（億の上）
	triumphantly [traiʌ́mfəntli]	勝ち誇って
	trivial [tríviəl]	取るに足らない
	tropical [trápik(ə)l]	熱帯の
	truce [tru:s]	休戦
	tuberculosis [tju(:)bə:rkjulóusis]	結核
	turbulence [tə́:rbjuləns]	大荒れ
	turnout [tə́:rnaut]	生産高
	turnover [tə́:rnouvər]	売上高

U

	ultimately [ʌ́ltimitli]	最後に
★	**ultraviolet** [ʌ̀ltrəváiəlit]	紫外線の
★	**unanimous** [ju(:)nǽniməs]	満場一致の
	unavoidable [ʌ̀nəvɔ́idəbl]	不可避の
	undergo [ʌ̀ndərgóu]	経験する
	undermine [ʌ̀ndərmáin]	基礎を危くする
★	**underpin** [ʌ̀ndərpín]	（議論などを）支持する
	underrate [ʌ̀ndəréit]	過小評価する
	undertake [ʌ̀ndərtéik]	引き受ける
	unearth [ʌnə́:rθ]	発掘する
	unemployment [ʌ̀nemplɔ́imənt]	失業
★	**unilateral** [ju:nilǽt(ə)rəl]	一方的な

	universe [júːnivəːrs]	(the~)宇宙
★	unprecedented [ʌnprésidentid]	前例のない
	unpredictable [ʌnpridíktəbl]	予想のつかない
★	upheaval [ʌphíːv(ə)l]	動乱
	uprising [ʌ́praiziŋ]	蜂起
	urban [ə́ːrbən]	都会の
	urge [əːrdʒ]	力説する
	utilize [júːtilaiz]	利用する
	utterly [ʌ́tərli]	全く

V

	vacancy [véik(ə)nsi]	空白
	vacuum [vǽkjuəm]	真空
	vanish [vǽniʃ]	消える
	vapor [véipər]	蒸気
	various [véəriəs]	種々の
	vast [væst]	広大な
	veer [viər]	意見が急に変わる
	vein [vein]	静脈
	venerable [vén(ə)rəbl]	尊敬に値する
	venue [vénjuː]	裁判地
	verbal [vəːrb(ə)l]	言葉の
★	verdict [vəːrdikt]	評決
	vernacular [vərnǽkjulər]	自国語の
★	versatile [vəːrsətl]	多才な
★	vertical [vəːrtik(ə)l]	垂直の
	vessel [vésl]	容器
	veto [víːtou]	拒否権
★	viable [váiəbl]	実行可能な
	vicious [víʃəs]	悪の
	victim [víktim]	犠牲者
	violate [váiəleit]	違反する
	violence [váiələns]	暴力
★	virtually [vəːrtʃuəli]	実質的に
	virtuoso [vəːrtʃuóusou]	(芸術の)巨匠

	vitriol [vítriəl]	辛辣な批評
	volcano [vɑlkéinou]	火山
	voluntary [válənteri]	自発的な
	vulgar [vʌ́lgər]	俗悪な

W

- warfare [wɔ́ːrfeər] 戦争
- warrant [wɔ́ːr(ə)nt] 保証する
- ★ watershed [wɔ́ːtərʃed] 分岐点
- waver [wéivər] 揺れる
- weakness [wíːknis] 弱さ
- weapon [wépən] 武器
- weird [wiərd] 不気味な
- welfare [wélfeər] 福祉
- ★ wheelchair [(h)wíːltʃeər] 車椅子
- wholesale [hóulseil] 卸売り
- widespread [wáidspréd] 広く行き渡った
- wirepuller [wáiərpulər] 黒幕
- ★ wiretap [wáiərtæp] 盗聴する
- withdraw [wiðdrɔ́ː] 引き下がる
- withstand [wiðstǽnd] 抵抗する
- witness [wítnis] 目撃する
- worrisome [wə́ːrisəm] 厄介な
- worship [wə́ːrʃip] 崇拝する

X

- ★ xenophobia [zenəfóubiə] 外国人嫌い
- X-rated [éksreitid] (映画などが)成人向けの

Y

- ★ yield [jiːld] 産出する
- youngster [jʌ́ŋstər] 若者

Z

- zealous [zéləs] 熱心な

第3編 「ビジネス世界」の中の英単語

第6章 ビジネス英語の単語に強くなる

僕は商社で32年間、働いた。その間、英文レターを何通書いたことだろう？
商社に入って最初に配属されたのは、繊維製品の輸出部だった。
入社して間もない僕は、ビジネス英語が何であるかも知らず、上司が自分の英文を直したことに腹を立てていた。

「どうして、このところを直したんですか。英語として間違っていないと思いますが」
「貿易業界では、君が書いたような英文は使わないんだよ」
「いくら貿易業界にはしきたりというか、決まりのような表現があるとしても、自分の表現のほうが相手に良く伝わると思います」
「君は英語ができると言っても、この業界に入って1年にもならないんだよ。そこのところをよく考えて、発言してほしいものだね」
「でも、この直された言い回しは、少し古いような気がするんですが」
「そんな言い方はないんじゃないかな。君が古いと言ったって、現実に、貿易業界で

「早く、慣習的な表現に慣れるんだな。理屈は、慣れた後で並べてほしい」

でも、今から思うと1950年代の英語は相当古いものだった。冗長でもあった。

「以下の書類を添付します」

当時、この日本文を次のように訳していた。

Enclosed herewith please find the following documents:

現在では、シンプルに、

Enclosed are the following documents:

herewithのような書いても書かなくても大勢に影響のないようなものは、ドンドン省くようになっている。

また、「1958年6月15日付貴信」という場合、当時はyour letter dated June 15, 1958を使っていた。現在は、your letter of June 15, 1958が普通である。

法律的な文言は別にして英文のビジネスレターで使われる単語は一般的にやさしい。

「ジェトロ国際ビジネス講座」での講義から

開口一番、僕はいった。

「これから試験をします」

出席者は一様に怪訝(けげん)な顔を作った。明らかに試験忌避の態度がみえみえだった。

「実名は書かなくても結構です。適当にペンネームを作って書き入れてください」

会場の雰囲気は和んだ。2002年7月22日、僕はジェトロ(現・日本貿易振興機構)とジェトロ厚生会共催の「ジェトロ国際ビジネス講座」で講師を務めた。当日の講座のタイトルは、「ビジネス英語入門――ビジネスレターの読み方・書き方――」であった。会場は東京・溜池(ためいけ)にある赤坂ツインタワーの小ホールで、出席者は140名にのぼった。でも、出席者の実力は読めなかったので、レベル・チェックのため、小テストを行った。

試験問題は一見、やさしいように見えて、実は案外、難しい。

レベル・チェックのための試験問題

問題①　July 22, 2002 を英語で、フルに綴ってください。

問題②　「需要と供給」を英語に直してください。

問題③　CEO, CFO, COOは、何を意味しますか？　まず、日本語で答えてください。その上で、英語でフルに綴ってください。

問題④　次の単語の意味を書いてください。
1. inventory
2. remittance
3. petroleum
4. eventually
5. expertise

問題⑤　次の符号を英語に直してください。
1. .
2. ,
3. ;
4. :
5. -
6. —
7. ~
8. ?
9. !
10. ' '
11. " "
12. ( )
13. [ ]
14. /

【正解】

問題①　July twenty-second, two thousand and two

問題②　supply and demand

問題③　CEO　最高経営責任者　chief executive officer
　　　　CFO　最高財務責任者　chief financial officer
　　　　COO　最高執行責任者　chief operating officer

問題④
1. 在庫
2. 送金
3. 石油
4. 最後には
5. 特殊専門知識

問題⑤
1. period
2. comma
3. semicolon
4. colon
5. hyphen
6. dash
7. swung dash
8. question mark
9. exclamation mark
10. single quotation marks
11. double quotation marks
12. parentheses
13. brackets
14. slash

● レベル・チェックのための試験問題に対する《出席者の解答》と僕のコメント

[問題①に対するコメント]

「2002年7月22日」を英語でフルに正確に綴れた人は1人もいなかった。やさしいようで、これほど難しいものはない。140名中、ただ1人、正解に最も近い人の解答は、次の通りであった。

July twenty second, two thousand and two

音声で聞けば、この解答は完璧である。ところが表記された解答では、hyphen (ハイフン) が一カ所抜けていた。twenty secondは、正しくはtwenty-secondとハイフンを間に入れるべきである。従って、正しい言い方 (表記) は、

July twenty-second, two thousand and two（2002年のところをtwenty-oh-twoとしてもよい）

ここで問題にしなければならないのは、2002年の言い方である。**and**を抜かして、**July twenty-second two thousand two**とした人が結構いた。ネイティブ・スピーカーに発音してもらうと、聞こえるか聞こえない程度に、小さな声で**and**を入れて発音している。自然に**and**を入れるのである。

われわれは長い間1900年代に生き、かつ第2次大戦後、つまり1945年以降は西暦で暮らしてきた。1973年の石油危機、1989年の冷戦の終焉、1991年の湾岸戦争といったように歴史的な出来事があった年でも、全て、西暦の年を、真中で切って、**nineteen seventy-three, nineteen eighty-nine, nineteen ninety-one**といった具合に、正確に発音できたし、表記することもできた。ところが、21世紀に入って、日本人の誰もが勘で発音し綴るようになってしまった。実際、100人いると100通りの表現が生まれてきそうである。

しかし、2010年以降は、真中で切って、それぞれ独立して発音すればよい。20世紀のときと同じやり方でいける。

Julyも**twenty-second**も**two**も**thousand**も、さらに**and**もそれぞれ独立した立派な単語である。問題はそれをどう並べるかだ。つまり、単に単語を知っていればよいと

いうわけにはいかない。

[問題②に対するコメント]

日本語では「需要と供給」で、需要のほうが先にくる。ところが、英語では、

supply and demand

「供給と需要」になり順序がひっくり返る。同じように、日本語で「発着」は英語では、「着発」で、**arrival and departure**となる。日本人の感覚には合わない語順だ。

「需要と供給」を正しく **supply and demand** としたのは、出席者140名中、3名だけであった。

独立した単語と同時に、語順の大切さを理解してもらおうと、この講座の中で僕は「衣食住」についてきいてみた。日本語の順番で答える人ばかりであった。つまり、最初に「衣」が来て、次に「食」が来て、最後に「住」が来た。その結果、出された解答は、**clothes, food and living**であった。しかし、米英では、順序が違う。「食」

「食衣住」 food, clothing and shelter

なお、この場合の「住」は、housingでもかまわないが、一般には「避難所」に当たるshelterを使う。

四つの単語からできている成句の典型に**「東西南北」**がある。これまた、日本語と英語では、順番が大きく異なる。「東西南北」は、英語では何と「北南東西」なのだ。こう覚えるしかない。

north, south, east and west

話のついでに、語順について、いくつか実例を挙げてみよう。

3)

日本語と英語で違う不規則な順番 □ sooner or later

1) 日本語と英語で順番が逆になるもの
    - 飲食 ……… food and drink
    - 新旧 ……… old and new
    - 白黒 ……… black and white
    - 左右 ……… right and left
    - 貧富 ……… rich and poor

2) 日本語と英語が同じ順番になるもの
    - 大小 ………… big and little
    - 大小 ………… large and small
    - 上下 ………… high and low
    - 増減 ………… increase and decrease
    - 善悪 ………… right and wrong
    - 手足 ………… hands and feet

訳語は「早晩」である。英語と日本語では、語順は同じだ。ところが日本語で「遅かれ早かれ」といった具合に、逆になっても問題ない。常に、**sooner or later**とはいわない。**later or sooner**だけである。

□ 老いも若きも

英語では **old and young**。日本語の語順と全く同じである。でも英語では、**young and old**ともいう。日本語では「若きも老いも」にはならない。

要は、語順は何回も何回も口ずさんで、リズムで覚えるしかない。

【問題③に対するコメント】

CEO、COOは最近、流行り出した言葉で、まず米国で使われ出し、日本に上陸した。はじめは馴染めなかったが、実力のある会長がCEOを使い出してから、だんだん素直に受け入れられる略語になった。日産自動車社長のゴーン氏がCOOを使い始めてから、何時の間にか日本人は、COOとは「最高執行責任者」であることを理解し始めた。米国の巨大企業エンロンやワールドコムの不正経理問題が噴き出してから、企

業の中で財務の最高責任者の責任を問うようになって、わが日本でも**CFO**（最高財務責任者）が理解されるようになった。従って、この時点で出席者はまだ**CFO**に対するきちんとした理解に達していなかったようである。

[問題④に対するコメント]

記号が全部できた人はいなかった。日常、記号を英語できちんと覚える機会に恵まれなかったからであろう。

1、**period**は大体、書けていた。
2、**comma**と発音できても、正確に綴れない人が意外に多かった。
3、**semicolon**の**colon**を**coron**と綴る人が多かった。
4、**colon**は、右で述べたように、**colon**とすべきところを**coron**と**r**と綴る人が圧倒的に多かった。
5、**hyphen**の綴りは、ことのほか難しいようであった。
6、**dash**は比較的よく書けていたように思う。

7、**swung dash**は壊滅状態だった。日常的に英語でいう必要がないので、いたしかたない。

8、**question mark**の出来ばえはよかった。

9、**exclamation mark**の出来ばえも比較的よかった。

10・11、**single, double**の区別なく、両方合わせて**quotation mark**で処理した人が多かった。あえて**single quotation mark, double quotation mark**と区別しなかったのである。

12・13、**parentheses, brackets**は相当難しい単語と見えて、知っている人はいなかった。

14、**slash**はかなりの人が知っていた。インターネットのホームページ上で見かけるせいであろうか。

受講者は、記号が苦手であるように思われた。実をいうと、かなりの英語遣いでもひょっとしたら、全部はできないかも知れない。記号は一種の盲点である。いま直(す)ぐ覚えてほしいものだ。

講座の中で披露したビジネス英語究極の73語

ビジネスで使われる英単語は、一般に平易である。英検2級程度の実力を持っていれば、十二分にこなせる。いやそれ以下でも、何とかやっていける。従って、ことさら「ビジネス英語」を勉強するんだと意気込む必要はない。

これまで中学・高校でやってきた英語で十分である。少し極端にいえば、中学英語に国際取引で必要なキーワードを200〜300語覚えればすむだけの話だ。

もちろん例外はある。当事者間で紛争が起き、日常的な言葉のやり取りでは処理できなくなると、法律用語を援用しなければならない。ごつごつした法律用語が出てきて、うんざりさせられる。多くは英語のできる弁護士に処理を任せることになるが、日常的には平易な英単語を使った文章のやりとりですませられる。

僕は受講生に、以下の「ビジネス英語究極の73語」をまず覚えるように提案した。

「ビジネス英語究極の73語」

名詞　45語

goods　商品
quantity　数量
quality　品質
invoice　送り状
packing　梱包

freight　貨物運賃
contract　契約
insurance　保険
delivery　受け渡し
shipment　船積み

destination　仕向地
detail　詳細
bill　請求書
vessel　船舶
terms　条件

第3編 「ビジネス世界」の中の英単語

agent 代理店
corporation 会社
document 書類
payment 支払い
settlement 解決

cooperation 協力
supply 供給（する）
validity 有効期限
instruction 指示
specimen 見本

profit 利益
order 注文
quotation 相場
estimate 見積り
interest 金利、興味

certificate 証明書
purchase 購入（する）
export 輸出（する）
import 輸入（する）
manufacturer 製造業者

customs 関税
inventory 在庫
remittance 送金
reply 返事（する）
repair 修繕

item 品目
balance （the〜）残り
wholesale 卸売り
retail 小売り
request 要求（する）

動詞　13語

appreciate 感謝する
amend 修正する
receive 受取る
require 要求する
refer 参考にする

confirm 確認する
extend 延長する
inform 知らせる
expire 期限が切れる
hesitate 躊躇する

increase 増える（増加）
decrease 減る（減少）
offer オファーする

形容詞&副詞　15語

reasonable 合理的な
separate 別の
competitive 競争力のある
available 手に入る
exclusive 独占的な

bankrupt 破産した
initial 最初の
partial 部分的な
financial 財政的
various 種々の

convenient 便利な
urgently 緊急に
promptly 至急に
immediately 直ちに
carefully 注意深く

「ビジネス英語さらに重要な60語」

名詞 20語

firm 会社
inquiry 引合い
opportunity 機会
equipment 装置
dimension 大きさ

receipt 受取り
procedure 手続き
factory 工場
customer 顧客
satisfaction 満足

capacity 能力
brochure 小冊子
development 開発
exhibition 展示会
charge 費用

specifications 仕様書
cargo 貨物
damage 損害
advertisement 広告
discrepancy 相違

動詞　20語

delete　削除する
propose　提案する
submit　提出する
include　含む
exclude　除く

discontinue　中止する
attach　添付する
complain　不平を言う
consider　考える
enclose　同封する

explain　説明する
introduce　紹介する
delay　遅らせる
remit　送金する
prepare　用意する

avoid　避ける
improve　改善する
recommend　推薦する
suggest　示唆する
investigate　調査する

━━━━━━━形容詞&副詞　20語━

sufficient 十分な
supplementary 補助の
annual 年の
outstanding 目立つ
following 次の

reliable 信頼できる
constant 常の
major 主な
additional 追加の
current 最近の

provisional 仮の
extensive 広範な
adaptable 適応できる
intelligent 聡明な
effective 効果的な

merely 単に
especially 特に
frequently しばしば
unfortunately 不幸にも
temporarily 一時的に

第7章 "世界で通用する" TOEICのテストに強くなる

教師である僕は、今日の世相について、学生に次のように自分の意見を述べている。

「まず、世間が求めている英語力とパソコン力に秀でてほしい。その上で、英語だけできても意味がない、パソコンだけできても意味がない、これらはともに単なる手段にしか過ぎない。手段だけ優れた人間にだけはなってほしくない。ビジネスの専門なり、得意の分野を掴んでほしい」

自分の専門なり、得意の分野を摑んでほしい英語ができなくて、英語ができることをくだらないと非難するのは、負け犬の遠吠えに等しい。

では英語力を客観的に測り、世界で通用する尺度があるとしたら、TOEIC(Test of English for International Communication＝国際コミュニケーション英語能力テスト。マークシート方式で、最高は990点を挙げるしかないだろう。教師として、英語といえば、TOEICならばTOEICに挑戦するしかない。

鸚鵡(おうむ)返しに発言しつづける自分が情けなく思えてくることもある。同じ言葉を吐くロボットのように、自分を殺し、学生にTOEIC受験を強制している。でもTOEICをまじめに受けたいと思っている者に、彼らの行動を揶揄(やゆ)するような発言や態度は取れない。

TOEICのテストではまず730点を目指せ！

TOEICで好成績を収めようとしたら、自分なりの目標値を作らなければならない。僕は730点をまず目指せと学生にはいっている。企業が社員を海外駐在させるとき、一応、安心して送り出せる目安だと見ているからだ。目標がはっきりすれば、準備がしやすい。

2002年7月29日付「神戸新聞」夕刊に「英語考～話せるようになりたい～」が載っており、TOEICでの取得点数を半ば義務化した3企業が紹介されていた。

①伊藤忠商事………入社4年目までに700点以上

②トヨタ自動車………係長昇進時に600点以上
③日本IBM………課長昇進時に600点以上

TOEICの試験を実施している国際ビジネスコミュニケーション協会（日本）が2001年に調査したところによると、企業単位でTOEICを受験した763社のうち、昇進・昇格の条件としている企業は104社を数え、さらに将来、条件に加えたいと考えている企業は306社にも上ったそうである。

2002年の2月6日号の「日本版ニューズウイーク」のカバーは、英語時代の到来を改めて高らかに謳い上げた。題して「英語パニック」「世界中のビジネスマンが奮闘中」。

記事の冒頭の部分で、「日本版ニューズウイーク」は、次のように述べている。

「……大企業でも自動車部品の下請け工場でも、英語は今や世界中でビジネスの必需品となった。人事担当役員から郵便物の仕分け係まで、あらゆる人が英語をマスターする必要に迫られている。『英語化』に成功した企業は栄え、英語教育で遅れを取った国は取り残される。個人レベルでも、英語力が昇進や昇給を左右する時代がすでに

始まっている」

「神戸新聞」の記事も「日本版ニューズウイーク」の記事も、共に英語力と昇進を結びつけて報道する。

もちろん、英語の『言語帝国主義』的支配を批判する人もいるし、アメリカ的なビジネス作法を嫌う人もいる

「日本版ニューズウイーク」は、このようにバランスのとれた記述もしているが、一方で日本については、残酷な記事も堂々と載せていた。

「英語を苦手とする国がある。たとえば日本。英語の勉強にカネと時間をつぎ込んできたわりに、今でもTOEICの平均点は驚くほど低い（アジアの21カ国・地域中、18位）。日本の問題の一つは教育制度だろう。大抵（たいてい）の学校は、英語をコミュニケーションのツールとしてではなく、大学受験の必須（ひっす）科目として教えている。文化の問題もある。『自己主張しすぎると居心地が悪いというメンタリティーが大きなネックだ』というのはベルリッツの松本」

ここまで書かれると、腹が立つ前に、さてさていかがなものかと、考えさせられてしまう。だが大学の経営学部に籍を置く教員として僕は、ただ手をこまぬいて静観す

るわけにはいかない。コミュニケーションを主体としたTOEIC対策を講じながら、同テストでの高得点を学生に指導する道を取らざるをえない。とにかく学生の英語で問題なのは語彙力がないことである。単語が分からなければ、読んでも聞いても、英語の内容はつかめない。

「TOEICの試験で要求される単語のレベルは、それほど高くない。この際、必要そうな単語はきちんと体系的に頭に叩き込んでほしい」

そこで、僕は具体的にTOEICの単語攻略作戦を練ることにした。TOEICの英単語の本を買い漁った。どの本も、それなりに工夫されており、優劣は決めがたいが、正直いって実際の試験で要求されるレベル以上の単語を求めているものも散見された。要は、あれこれ買い込まずに、これぞという1冊を購入することである。

僕が薦める1冊の本は、次に掲げるものだ。

河上源一編著、ブルース・ハード監修『TOEICテストにでる順英単語』中経出版 2001年

第3編 「ビジネス世界」の中の英単語

単語はできるだけ効率よく覚えなければならない。でも、よい本を使わないと効率は絶対に上がらない。僕がこの本を推薦するのは、次の七つの理由からである。

① デザインがよい。実に見やすい。
② 各単語の例文が、短くてパンチがきいている。
③ 試験にでる順に単語が並べられている。
④ レベルを6段階に分けているので、自分の実力がすぐ把握できる。
⑤ すべて的確であり、安心して使える。
⑥ 自分が知っている単語があると、ほっとするものだが、この何気ない感覚を上手く演出して見せていて、親しみやすい。

『TOEICテストにでる順英単語』は、860点突破を狙った単語集である。この単語集に出てくる単語を、僕なりに3段階、つまり初級、中級、上級に分けて、全部で60語選んでみた。

TOEICテスト860点突破を狙う60語 丸ごと覚えるの巻

初級編　30語

performance　演奏、性能
chemical　化学の
individual　個人の
clerk　店員
favorite　お気に入りの

brilliant　光り輝く
effective　効果的な
impact　衝撃
planet　惑星
precious　貴重な

maintain 維持する
surface 表面
distribution 分配、流通
distant 遠い
explore 探検する

reduce 減少させる
average 平均の
employee 従業員
advantage 利点
device 装置

option 選択
feature 特徴
muscle 筋肉
legal 合法的な
contain 含む

describe 記述する
forgive 許す
interrupt 邪魔する
intelligent 知能の高い
reflect 反射する

中級編 20語

respectively それぞれに
conscience 良心
steadily 着実に
jeopardize 危険にさらす
outcome 結果、成果

regulate 規制する
define 定義する
numerous 多数の
sufficient 十分な
ingredient 成分

parallel 平行の
clarify 明らかにする
funeral 葬式
confuse 混同する
currency 通貨

mutual 相互の
inherit 相続する
assert 主張する
ban 禁止する
neutral 中立の

上級編　10語

decay 腐る
defendant 被告
convict 有罪を宣告する
undertake 引き受ける
aggravate 悪化させる

trigger 引き起こす
delinquent 非行の
beneficiary 受益者
deter 思い止まらせる
vulnerable 傷つきやすい

第8章 エグゼクティブ（会社役員）が好む気品と香りのある英単語

同じ英文を読んでいても、どこか違う、何となく威厳があるというか、「気品」と「香り」のある文体がある。硬からず軟らかからず、それでいて一本筋が通った、人を引き付けるような英文がある。ところが、いざ「お前、そんな英文を書いてみろ」といわれても、とても書けるものではない。

ふと頭に浮かんだのは、道具立てとしての選ばれた単語群であった。見て、眺めて、発音してみて、なるほどこの単語にはなんともいえない味があるもんだと、一人合点できるようなものが、きっと見つかるに違いない。

だからといって、これはというはっきりした基準があるわけではない。あるのは勘だけである。勘などというと、極めて不確かで当てにならないものに映るが、でも、そこはかとなく不思議な雰囲気を醸し出す単語はあるはずだ。

教職に就く前の32年間、僕が商社で働いていたときに培った勘のようなものは今でも少しは残っている。論理的に基準を考えてしまったら、「香り」のようなものは失

われてしまうだろう。だから杓子定規の条件など示せない。僕自身が仕事を通じて、肌で感じた「エグゼクティブが好む気品と香りのある英単語」群を書き出してみよう。

エグゼクティブが好む名詞24語

□□ 1. perspective … 見通し

Our company has an optimistic perspective in spite of the recent depression.
(最近の不況にもかかわらず、わが社は楽観的な見通しを持っている)

□□ 2. agreement … 同意
□□ 3. innovation … 刷新

We are now in a transition period of technical innovation.
(いまは技術革新の過渡期にある)

□□ 4. creativity … 創造性
□□ 5. consensus … 合意
□□ 6. expertise … 専門知識 [技術]

They required us to have a certain expertise in marketing.
(彼らはわれわれにマーケティングの専門知識をある程度、身につけるように求めた)

□□ 7. strategy … 戦略
□□ 8. credibility … 信頼性
□□ 9. expansion … 拡大

They can expect an expansion of business this year.
(今年は、事業の拡大を期待できる)

□□10. leadership … リーダーシップ
□□11. solution … 解決

The solution to this problem lies in the heart of our leader.
(この問題の解決は、われわれのリーダーの気持ちひとつだ)

- [ ] [ ] **12. responsibility** … 責任
- [ ] [ ] **13. decisionmaking** … 意思決定
- [ ] [ ] **14. determination** … 決意
- [ ] [ ] **15. opportunity** … 機会
- [ ] [ ] **16. commitment** … 約束、関わり

> Without your commitment, we cannot accomplish our goal.
> (あなたの関わりがなければ、われわれは目的を遂行することはできない)

- [ ] [ ] **17. hierarchy** … 階級制度
- [ ] [ ] **18. technology** … 技術
- [ ] [ ] **19. intelligence** … 高度情報

> They supplied us with lots of intelligence.
> (彼らはわれわれに多くの高度情報を提供してくれた)

- [ ] [ ] **20. reconstruction** … 再建
- [ ] [ ] **21. assignment** … 割り当て
- [ ] [ ] **22. management** … 経営

> The trading company is under new management.
> (その貿易会社の経営者がかわった)

- [ ] [ ] **23. knowledge** … 知識
- [ ] [ ] **24. barrier** … 障壁

> We should overcome trade barriers.
> (貿易障壁を乗り越えなければならない)

エグゼクティブが好む動詞24語

- [ ] 1. contribute … 貢献する
- [ ] 2. upgrade … 品質をよくする
- [ ] 3. justify … 正当化する
- [ ] 4. encourage … 鼓舞する

> The president encouraged them to continue with the difficult R&D project.
> (社長は、その困難な研究開発のプロジェクトを続けるよう彼らを励ました)

- [ ] 5. conclude … 結論づける
- [ ] 6. respond … 答える
- [ ] 7. acquire … 手に入れる
- [ ] 8. recommend … 推薦する
- [ ] 9. launch … 着手する

> Our competitor has already launched a DVD sales campaign.
> (わが社の競争相手がすでにDVDの販売キャンペーンを始めた)

- [ ] 10. expand … 拡大する
- [ ] 11. forgive … 許す
- [ ] 12. organize … 組織する

- [ ] [ ] **13. involve** … 包含する
- [ ] [ ] **14. advocate** … 支持する、主張する

> He has advocated the importance of the Free Trade Agreement with ASEAN.
> (彼は東南アジア諸国連合との自由貿易協定の重要性を主張してきた)

- [ ] [ ] **15. introduce** … 紹介する
- [ ] [ ] **16. safeguard** … 保護する
- [ ] [ ] **17. compensate** … 償う
- [ ] [ ] **18. appreciate** … 感謝する
- [ ] [ ] **19. fascinate** … 魅了する

> Our new product fascinated everyone.
> (わが社の新製品は誰をも魅了した)

- [ ] [ ] **20. stabilize** … 安定化する
- [ ] [ ] **21. diversify** … 多様化する
- [ ] [ ] **22. negotiate** … 交渉する
- [ ] [ ] **23. cooperate** … 協力する
- [ ] [ ] **24. demonstrate** … 実演する、実証する

> He demonstrated that his business method patent is really useful for office automation.
> (彼は、自分のビジネスモデル特許がOAにとって有用であることを実証した)

エグゼクティブが好む形容詞24語

☐☐ 1. promising … 有望な
☐☐ 2. sophisticated … 洗練された、精巧な

They have recently developed a very sophisticated machine.
(彼らは最近たいへん精巧な機械を開発した)

☐☐ 3. friendly … 友好的な
☐☐ 4. independent … 独立の
☐☐ 5. advanced … 進歩した

Needless to say, Japan is an advanced country.
(もちろん日本は先進国だ)

☐☐ 6. unrivaled … 無敵の
☐☐ 7. competitive … 競争力のある
☐☐ 8. considerable … かなりの
☐☐ 9. efficient … 効果的な
☐☐10. potential … 潜在的な
☐☐11. reliable … 信頼できる
☐☐12. distinguished … 優秀な

He has had a distinguished career.
(彼は輝かしい経歴の持ち主だ)

- [ ][ ] **13. unprecedented** … 先例がない
- [ ][ ] **14. appropriate** … 適切な
- [ ][ ] **15. valuable** … 価値のある
- [ ][ ] **16. significant** … 重要な
- [ ][ ] **17. crucial** … 重大な

> This is a crucial issue for our firm.
> (これはわが社にとって重大な問題だ)

- [ ][ ] **18. convenient** … 便利な
- [ ][ ] **19. confidential** … 秘密の
- [ ][ ] **20. mature** … 成熟した
- [ ][ ] **21. fundamental** … 根本的な
- [ ][ ] **22. brilliant** … すばらしい

> The company made brilliant achievements.
> (その会社はすばらしい業績をあげた)

- [ ][ ] **23. reasonable** … 合理的な
- [ ][ ] **24. coherent** … 首尾一貫した

エグゼクティブが好む副詞17語

- [ ] 1. globally … 地球的規模で
- [ ] 2. steadily … 着実に
- [ ] 3. apparently … どうやら
- [ ] 4. eventually … 最終的に

Eventually, he achieved success in business.
(遂に彼はビジネスで成功を収めた)

- [ ] 5. virtually … 事実上
- [ ] 6. absolutely … 絶対に
- [ ] 7. permanently … 永久に
- [ ] 8. frankly … 率直に
- [ ] 9. fairly … 公平に

Our bank has treated even small and medium sized enterprises fairly.
(わが銀行は中小企業にたいしても公平に接してきた)

- [ ] 10. definitely … 明確に
- [ ] 11. remarkably … 著しく
- [ ] 12. sincerely … 誠実に

□□13. fluently … 流暢に

Our company president can speak Chinese fluently.
(私どもの社長は中国語が流暢に話せる)

□□14. basically … 根本的に
□□15. clearly … 明らかに
□□16. fortunately … 幸運にも
□□17. triumphantly … 勝ち誇って

第4編 「現代用語」を分野別に覚える

第9章 「大量破壊兵器」「劣化ウラン弾」「サーズ」を英語でいえますか

米国のイラク攻撃が始まる少し前と、戦闘中と、そして戦闘が終わってからもよく耳にし目にした言葉がある。「大量破壊兵器」と「先制攻撃」だ。日本語の表現としては二つとも、特に目新しいものではない。平時に聞かされたら、ほとんど気にも止めずに聞き流していた言葉であろう。

ところが、イラク戦争がどうやら本当に起こりそうな気配が、日常生活の中でも感じられるようになると、その「大量破壊兵器」も「先制攻撃」も意味のある重たい言葉に変わっていった。

「で、先生、その問題の言葉、英語で何というのですか」

質問好きの学生が僕に問うた。大学内で一応国際派（？）とみられている以上、知りませんというわけにもいかない。常日頃、周囲からの質問に対しては、すぐ答えられるように努力してきた。また、仕事柄、海外情報を生の形で入手する必要上、英字新聞はきちんと読んでいる。

そこで、僕は学生の質問に、次のように答えた。

大量破壊兵器………weapons of mass destruction (WMD)

先制攻撃………preemptive strike

「エイズ（後天性免疫不全症候群）」と「BSE（牛海綿状脳症＝狂牛病）」の綴りは、その言葉がはやりだしたころは、なかなか書けなかった。そのほか日本語と英語の両方で苦労したのが、「統合失調症」である。

この病気は、昔、「精神分裂症」と呼ばれていた。ところが差別的な響きがあるということで呼び方が変更になった。どうしても昔の呼び方に慣らされているため、新しい呼び方を忘れてしまうことが多い。最近は、きちんと「統合失調症」といえるようになったが、英語でschizophrenia[skizo(u)fríːmiə]がなかなか出てこなくて、記憶の衰えを感じた。高校時代、覚えたはずだが、その後、使わなかったため忘れてしまっていた。近年、差別語追放の流れの中で、新しい日本語表記が誕生し、改めて英語でもきちんと覚えておきたいと思った次第である。

時代の変化は激しく、新しい言葉がどんどん生まれてくる。僕一人ではとても消化しきれない。自分の守備範囲は限られたものだ。現代用語を日本語と英語で抜き出す作業は、多くの人の優れた知恵をお借りしなければ、到底できるものではない。尊敬と感謝の念を込めて、参考にさせていただいた書籍を列挙したい。

〈これは面白そうだ〉
〈これは役に立ちそうだ〉
〈かばんの中に常時忍ばせて参考にしよう〉
と、いろんな思いでその都度、買い集めてきたものばかりである。

■ 『Time/Newsweekを読む1300語』
Shawn Holley　語研　1995年

□ 『最新英語キーワードブック2003〜04 Keywords for Today's English』
小学館辞典編集部編　小学館　2003年

■ 『ニュースに出るビジネス英単語』
日経国際ニュースセンター編　日経BP社　2002年

□ 『ニュース英語のキーフレーズ8000　経済・金融・産業・ビジネス』
晴山陽一著　DHC　2002年

■ 『ビジネスに出る英単語　テーマ別重要度順キーワード2500』
松葉守峰、松林博文、鶴岡公幸著　講談社インターナショナル　2002年

□ 『英語で経済・政治・社会が話せる表現集』
曾根田憲三、ブルース・パーキンス著　ベレ出版　2001年

■ 『imidas'99　別冊付録　最新英語雑学事典』
信　達郎、ヤヌシュ・ブダ監修　集英社　1999年

□ 『朝日キーワード2003』
朝日新聞社編　朝日新聞社　2003年

■ 『朝日キーワード別冊・英語版（2000－2001年）』
朝日新聞社編　朝日新聞社　2000年

□ 『単語博士〜いちばん知りたい暮らしの英語』
山岸勝栄監修　小学館　2003年

■ 『これを英語で言えますか？　学校で教えてくれない身近な英単語』
講談社インターナショナル編　講談社インターナショナル　1999年

- □ 『続・これを英語で言えますか？ 面白くって止まらない英文＆英単語』
  講談社インターナショナル編　講談社インターナショナル
  2001年

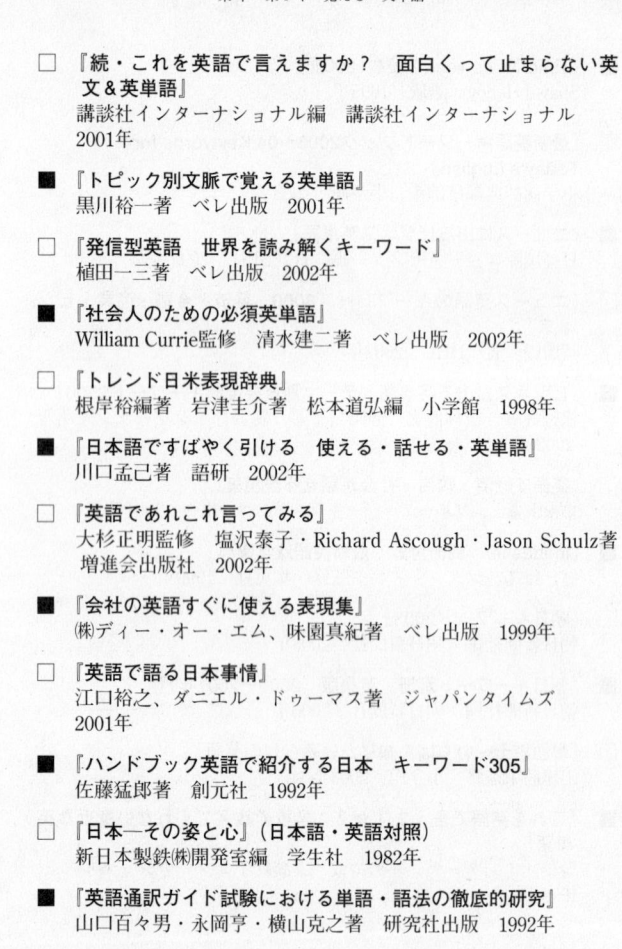

- ■ 『トピック別文脈で覚える英単語』
  黒川裕一著　ベレ出版　2001年

- □ 『発信型英語　世界を読み解くキーワード』
  植田一三著　ベレ出版　2002年

- 『社会人のための必須英単語』
  William Currie監修　清水建二著　ベレ出版　2002年

- □ 『トレンド日米表現辞典』
  根岸裕編著　岩津圭介著　松本道弘　小学館　1998年

- ■ 『日本語ですばやく引ける　使える・話せる・英単語』
  川口孟己著　語研　2002年

- □ 『英語であれこれ言ってみる』
  大杉正明監修　塩沢泰子・Richard Ascough・Jason Schulz著
  増進会出版社　2002年

- ■ 『会社の英語すぐに使える表現集』
  ㈱ディー・オー・エム、味園真紀著　ベレ出版　1999年

- □ 『英語で語る日本事情』
  江口裕之、ダニエル・ドゥーマス著　ジャパンタイムズ
  2001年

- ■ 『ハンドブック英語で紹介する日本　キーワード305』
  佐藤猛郎著　創元社　1992年

- □ 『日本―その姿と心』（日本語・英語対照）
  新日本製鉄㈱開発室編　学生社　1982年

- ■ 『英語通訳ガイド試験における単語・語法の徹底的研究』
  山口百々男・永岡亨・横山克之著　研究社出版　1992年

「社会生活」編

日本では65歳で「老人」扱いされ、70歳になったら正真正銘の「老人」とみなされる。

「まだ、自分では若いつもりなんですが」

誰も69歳の僕の台詞(セリフ)を聞いてはくれない。でも、僕自身は十分に若いと信じている。

理由は二つある。

① 原稿を書くときには、今を語る手段として昔のことに触れるが、日常会話では過去の話はできるだけしないことにしている。常に、「これから何をするのか」を話題にする。

② 老後に備えて貯え(たくわえ)は必要である。よくわかっているのだが、この年になるまでお金はすべて人を知るために使い切ってきた。しかし、こんな生活もそう長くはつづけられないだろう。「普通の老人の眼」で、「高齢化社会 (aging society)」、「高齢者介護 (nursing care for elderly people)」、「介護保険 (nursing care insurance)」等々について考えていかなければならないと思っている。

「社会生活 (social life)」編

ストーカー **stalker**
多重債務 **multiple debts**
富裕層 **wealthy people**
高額納税者 **top taxpayers**
いじめ **bullying**

コンピューターウイルス **computer virus**
茶髪 **dyed brown hair**
会社人間 **company man**
遺伝子治療 **gene therapy**
宅配便 **home delivery**

私用のコピーを会社でとること **copy subsidy**
太陽政策（韓国の） **sunshine policy**
宝くじ **lottery**
交通渋滞 **traffic jam**
ビジネスホテル **economy hotel (for business travelers)**

派閥 **faction**
末期医療 **terminal care**
有料老人ホーム **private nursing home**
外圧 **foreign pressure**

Traffic jams are terrible in Shanghai because lots of cars pour into the city every day. (上海には多数の車が毎日、なだれ込むように入ってくるので、交通渋滞がひどい)

引きこもり　self-confinement

モラル　morals
ボイコット(する)　boycott
家庭内暴力　DV, domestic violence
家庭内離婚　in-home separation

協議離婚　divorce by agreement

過労死　death from overwork
植物人間　vegetable
成人病　adult diseases
出向　temporary transfer

> In 1979 the Western countries boycotted the Moscow Olympics to protest against the Soviet invasion of Afghanistan. (西欧諸国はソヴィエトのアフガニスタン侵攻に抗議して1979年、モスクワ・オリンピックをボイコットした)

高齢化社会　aging society

少子化　declining birth rate, having fewer children
育児休暇　maternity (paternity) leave
高齢者介護　nursing care for elderly people
在宅介護　home care, home nursing

寝たきり老人　bedridden elderly

介護保険　nursing care insurance
平均寿命　average life span
平均余命　life expectancy

事件・事故（cases & accidents）の場面でよく使われることば

犯罪行為 criminal act
ひき逃げ事件 hit-and-run case
殺人事件 murder case
盗み theft
コソ泥 petty thief

強盗 burglar
スリ pickpocket
万引き shoplifting
痴漢 molester
少年犯罪 juvenile crime

婦女暴行 sexual assault, rape
麻薬中毒 narcotic addiction
ピッキング lock picking
交通事故 traffic accident
スピード違反 speeding

飲酒運転 drinking and driving
罰金 fine
信号無視 running a red light
死亡率 mortality
違法駐車 illegal parking
駐車場 parking lot

Speeding often causes terrible traffic accidents.
(スピード違反はしばしば痛ましい交通事故の原因となる)
He was fined 100 dollars for speeding.
(スピード違反で彼は100ドル罰金を払わされた)

ゴミ問題に関することば

昔は各家の前に、ゴミ箱があった。道を歩いていて、いらなくなったものを他人様(ひとさま)のゴミ箱に捨てることも可能だった。だいたい「捨てる」という行為について意識して考えたこともなかった。

「ゴミは捨てるもの」

脳のどこかに植えつけられた、極めて単純で明快な認識であった。ところが最近は、道を歩いていてもゴミ箱がない。僕のような「歩き人間」には、困ったことだ。アパートから勤務している大学まで40分かけて徒歩通勤である。読みおえた新聞を捨てようと思い、コンビニの前を通り過ぎる。買い物をする日は、堂々とコンビニの入り口にあるそのゴミ箱に、いらないものを捨てる。買い物をしない日は、ゴミだけ捨てるわけにもいかず、素通りする。でも、10回に1回ぐらいは、ちょっと戻って、コンビニのゴミ箱をにらむが、やっぱり捨てられず学校に向かう。

「不自由な社会になったものだ」

自分の中の悪魔が僕にささやく。「その辺に捨てても誰も見ていないよ?」

ゴミ (garbage) 問題に関することば

ゴミ処理問題
garbage disposal problem

ゴミ　**garbage**（ゴミ全般），**trash**（主に台所ゴミ），
　　　refuse, waste

ゴミ箱　**garbage can**
くず入れ　**trash can**
ゴミ袋　**trash bag**

焼却炉　**incinerator**
有害廃棄物　**hazardous waste**
汚染する　**contaminate, pollute**
処理する　**dispose of**
再利用する　**recycle**

悪化させる　**aggravate**
投棄する　**discard**

You should not discard garbage there.
（ゴミをそこに捨ててはいけない）

大量消費　mass consumption
大量のゴミ　enormous quantities of trash
使い捨ての安全カミソリ
disposable safety razor

使い捨て紙コップ
disposable paper cup
使い捨てカメラ　single-use camera
循環型社会　recycling-oriented society

ゴミ捨て場　garbage dump
可燃性の　combustible
大量生産　mass production

「環境問題」編

環境問題を公式の場で論じ始めると、必ず問われるのが、僕自身の日常における環境に対する姿勢である。正直いって昔は、自分自身にかなり厳しかった。

①クーラーを持たない。
②車を持たない。
③合成洗剤を使わない。
④油物をそのまま流しに流さない。

①子供の成長過程で、わが家にはクーラーがなかった。夏場、子供たちは他家のクーラーが吐き出す熱風を身体に浴びて、ぐったりとしていたのを思い出す。僕が原発反対の立場をとっていたので、夏場のピーク時における原発の稼動を減らしたいと思っていたからである。できればスウェーデンやドイツのように原発破棄まで持って行けたらと願っていた。ところがフランスからの客人をホームステイ

させることになり、暑い日本でクーラーなしでは生活がむずかしかろうと思い、問題のクーラーをつける羽目になった。それ以後、わが家でもクーラーは普通の電気製品になってしまった。僕自身も知らず知らずのうちにそのクーラーを受け入れるようになっていた。

② 車は横浜の自宅にも大学の近くのアパートにもない。空気汚染と自動車事故による死傷者数の大きさを考えて持たないままである。

③ アパートでよく洗濯をする。僕が合成洗剤を使わないことを知ったゼミ生が、天然の粉石けんをくれたので、今それを使っている。

④ アパートでときどき食事を作る。油物がべっとりと皿についているときは、紙で拭(ふ)き取ってから洗い流すようにしている。

昔は、人からマイカーに乗るように勧められても絶対に乗らなかった。歩くか、バスか、急ぐ場合はタクシーを使った。ところが大学が名古屋の中心街にないものだから、学生や同僚の先生の車に乗せてもらうことが多くなった。僕が長年もちつづけた原則は少しずつ崩れてきた。それでも環境問題への関心はいまだに衰えていない。

「環境問題 (environmental problems)」編

自然環境 **the environment** (theが必要)
汚染 **pollution, contamination**
環境汚染 **environmental pollution**
環境破壊 **environmental destruction**
大気汚染 **air pollution**

水質汚染 **water pollution**
地球温暖化 **global warming**
温室効果 **greenhouse effect**
地球温暖化ガス **global-warming gases**
排気ガス **exhaust gas**

光化学スモッグ **photochemical smog**
排気ガス規制 **emission control**
二酸化炭素 **carbon dioxide**
窒素酸化物 **nitrogen oxide**
化石燃料 **fossil fuels**

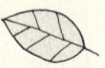

京都議定書 **the Kyoto Protocol**
異常気象 **abnormal weather, unusual weather**
海面の上昇 **rise in sea levels**
氷河の後退 **receding of glaciers**
洪水 **flood, inundation**

早魃（かんばつ） **drought**
砂漠化　**desertification**
酸性雨　**acid rain**
酸性の水　**acidic water**
有害物質　**toxic substances**

森林伐採　**deforestation**
大気　**atmosphere**
オゾン層破壊　**ozone layer depletion**
オゾン層の穴　**ozone hole**
紫外線　**ultraviolet rays**

皮膚がん　**skin cancer**
産業廃棄物　**industrial waste**
放射性廃棄物　**radioactive waste**
ヘドロ　**sludge**
赤潮　**red tide**

富栄養化　**eutrophication**
海洋投棄　**dumping at sea**
汚染物質　**pollutant**
生態学　**ecology**
生態系　**ecosystem**

日照権　**right to sunshine**
環境に優しい　**environment-friendly, eco-friendly**
炭素税　**carbon tax**
グリーン料金制度（電力会社の）　**green surcharge system**

労働問題でよく使われることば

「労働問題」に関係する話となると、僕はいつも次の二つの問題を挙げてきた。

① 「有給休暇」

最近は専門的に労働問題にかかわることはなくなったが、30年ほど前、ILO（国際労働機関）の常設諮問委員会がスイスのジュネーブで開かれたときは、日本代表の1人として、末席をけがしたことがあった。あのころは労働時間の短縮について、口角泡を飛ばして長時間、論議したものである。

僕が商社に勤めていたころは、有給休暇（paid holidays）をどれだけ消化するかが、大きな問題だった。休暇をとることが、何となく「悪いこと」だといった風潮が社内にはあったからである。そのころイタリア憲法の中に、有給休暇をとるのは国民の権利として規定している条文があると聞かされて驚いたものである。日本は米国に次ぐ世界第二のGDP（国内総生産）大国ではあるが、有給休暇もろくにとらず、かつ残業（それもサービス残業）して仕事をこなしていたから、その分、新しく人を採用しないですんだ。その結果、他の先進国に対して「低賃金」を武器に競争優位に立って

いた。実は、サービス残業こそ輸出を伸ばす大きな見えない力（？）だった。

② 「窓際族」

1970年代は73年と79年の2回、石油危機を経験した。日本も原油の高騰に苦しめられた。企業の中で1960年代から70年代の初めまで続いた高度成長も、石油危機の前に潰え去った。1960年代から70年代の初めまで続いた高度成長も、石油危機の前に潰え去った。企業の中で中高年が過剰人員として浮き彫りにされていった。ラインの仕事をはずされ、窓際に追いやられた中高年は、会社に行っても仕事がなく、給料はもらえたものの、ただ屈辱に耐えながら何もせず、机の前に座っているだけだった。いつしか彼らには、

「窓際族」

そんな呼び名が付けられた。

「英語で窓際族を何というのですか」

僕は sidetracked employee と答えた。最近、窓際族の訳語として、useless worker が使われているのを知った。「役に立たない労働者」という意味である。確かに useless worker は分かりやすい訳語だとは思うが、当事者のことを考えるととても使えない。useless worker は分かりにくいが、心情的には前のままの sidetracked employee を使いつづけたい。

労働問題 (labor problems) でよく使われることば

リストラ restructuring

雇用確保 job security, employment security
雇用情勢 employment situation, labor market
人員削減 job cuts, personnel downsizing
希望退職 voluntary retirement

早期退職優遇制度 early-retirement incentive program

解雇 dismissal
失業 unemployment
失業手当 unemployment benefit

自然減 natural attrition

正社員 full-time employee, full-time staff
契約社員 temporary worker, temporary staff, temporary employee
終身雇用 lifetime employment
年功序列制度 seniority system

定期昇給 periodic pay raise, regular pay raise

能力給 merit-based salary, performance-based salary

Lots of Japanese firms are now employing a merit-based salary system.
(多くの日本の会社は今日では、能力給制度を採っている)

初任給
starting pay, starting salary, initial wage

基本給　**basic pay**
就職　getting employment
就職活動　**job-hunting activity**
就職難　harsh employment situation

採用試験　employment test

書類選考　applicant screening
フリーター　**job-hopping part-timer**
女性差別　**gender discrimination**

年俸制　**annual salary system**
月給　monthly wage, monthly salary, monthly pay
時給　**hourly wage**

人事管理　personnel management

人事考課　**personnel evaluation**
昇進　**promotion**
降格　**demotion**
人事異動　reassignment

窓際族
sidetracked employee, useless worker

履歴書　**resume**

I congratulated him on his promotion.
(僕は彼の昇進を祝った)

「ビジネス用語」編

東京の地下鉄銀座線の表参道駅で降りると、若者が集まる大通りが、山手線の原宿駅に向かってのびている。若い女の子のなかには、買い物をするわけでもなく、喫茶店で友達とおしゃべりするわけでもなく、ただその参道を歩いている者がいる。タレントとしてスカウトされるのを期待しながら、まるで参道をファッション・ショウの舞台に見立てて身体を動かしていた。確かに、僕の目から見ても、十分にタレントとして活躍できそうな者が結構いる。

若者のファッションの現場で、彼女らの放つ体臭を存分に嗅ぎ分けながら、日夜、仕事に勤しんでいる人々の業界がある。表参道周辺に展開するアパレルのマンション・メーカーだ。そのなかで、破竹の勢いでのしてきた会社がある。「アリシア」だ。SPA（アパレルの製造小売業）業界では注目の企業に成長した。世の不況をよそに、売上げも利益も右肩上がりの急成長を遂げている。

たまたま友人の酒井好宏氏が社長をやっているので、過去2、3回、渋谷の近くにある神宮前の本社に顔を出したことがある。友人の会社を褒めるのは、いささか気が

① デザイナーがせわしく働く部屋に入ったとき、全員が立ち上がって、しかも満面笑みを浮かべながら僕を迎え入れてくれたことである。(作り笑いでは、絶対にない！)
引けるのだが、褒める価値があるので、三つのことをいっておきたい。

② 酒井社長は、幹部を集めた会議で、どの店とどの店が何着売ったのか、といった類の質問はしない。それより、決めた計画をいかに着実に遂行したかを求めるのである。

③ 社長は、大阪（船場）の東光商事の副社長も兼務しているため、神宮前にあるアリシアにいるのは、原則として1週間のうち、2日半ほどである。社長がいなくても従業員がよく働く。売上げが年100億円規模の企業の場合、一般にいえることだが、社長の監視の目がとどかないと、従業員の動きは鈍い。そこが、アリシアの場合、まったく違うのである。

「ビジネス用語 (business terms)」編

顧客満足度 **customer satisfaction (CS)**
格安運賃航空会社　**no-frills airline**
バリュー・チェーン（価値連鎖）**value chain**
上司（「上司」のこわいイメージを和らげる新しい呼び方）**coach**

即戦力の **plug and play**
やる気に溢れている　**lean and mean**
業績回復　**turnaround**
社是　**mission statement**

Lean and mean office workers abound, particularly in this branch.（やる気の旺盛な者が、特にこの支店には多い）

成功体験 **best practice**
親会社　**parent company**
子会社　**subsidiary company**
下請け企業　**subcontractor**
薄利多売　**low margin, high volume**

価格破壊 **price slashing**
売れ筋商品　**hot-selling product**
業績不振　**poor performance**
過剰在庫　**excess inventory**

> His marketing strategy largely depends on how to develop hot-selling products.
> (彼のマーケティング戦略は、いかに売れ筋商品を開発するかにかかっている)

人員削減　job cuts

倒産　bankruptcy

会社更生法　Corporate Rehabilitation Law

指揮系統　chain of command

損益分岐点　break-even point

採算性　profitability

運転資金　working capital

起業家　entrepreneur

損益計算書　income statement

売上高　sales

営業利益　operating income

営業外利益　nonoperating income

経常利益　pretax profit

減価償却費　depreciation expense

連結決算　consolidated results

不良資産　nonperforming assets

「国際貿易用語」編

気がついてみたら、世界は多国間交渉を柱とするWTO (World Trade Organization＝世界貿易機関) から、2国間交渉を中心とするFTA (free trade agreement＝自由貿易協定) の時代に変わっていた。グローバリズム (globalism) からリージョナリズム (regionalism＝地域主義) へと移行していたのである。

確かに世界第二の経済大国である日本は、どの経済ブロックにも属さず、ひたすら自由貿易の発展を信じ込み、世界市場は一つになるべきであり、世界各地に散在する様々な形の経済ブロックも、やがて自由貿易の旗頭であるWTOの傘の下に入るはずだとひたすら信じ込んできた。

ところが、肝心要(かなめ)のWTOの影響力が急速に落ち込んでしまった。理由は二つある。

① 現在、加盟国・地域をあわせて構成メンバーは、146にものぼり、組織が大きくなりすぎて、合意に達するまで時間がかかりすぎる。

② 先進国と途上国の意見の相違が大きく、なかなか合意に達するのが困難な状態に

なってしまった。二者間の最大の難問は農業問題である。日本は米に高い関税を設けて、外米を入れさせない。米欧の先進国は同時に農業国だが、輸出補助金を出して安い農産物を途上国に輸出している。農産物を主要な輸出品と見ている途上国にとっては、先進国の輸出補助金は脅威である。

WTOの枠の中では、結論が出るまで時間がかかりすぎる。ならば早く結果を出せるものに当然跳びつきたくなる。これまでの通商政策を変更し、日本も、重い腰をあげてFTAに舵を取り始めた。でもFTA化はブロック経済の強化につながりかねない。この「ブロック経済」が第2次世界大戦の大きな原因の一つになったものである。その反省から、GATTが生まれ、WTOへ進化したのだが。

「世界はいつか来た道」に逆戻りしているのであろうか。

「国際貿易用語 (international trade terms)」編

国際ビジネス international business
国際化 **internationalization**
グローバリゼーション globalization
自由貿易 **free trade**
関税 **tariff, customs, duties**

ウルグアイ・ラウンド Uruguay Round of GATT
多国間交渉 **multilateral negotiations**
市場開放 **market opening**
貿易の自由化 trade liberalization
最恵国待遇 **most-favored-nation trade status**

地域主義 regionalism
保護主義 **protectionism**
輸入禁止 trade ban
貿易制裁 **trade sanctions**
対日制裁措置 sanctions against Japan

輸出補助金 export subsidy
スーパー301条
Super 301 provision of the 1988 Omnibus Trade Act
緊急輸入制限措置 **safeguard measures**
不当廉売 dumping

関税障壁 **tariff barrier**
非関税障壁 nontariff barrier
貿易摩擦 trade friction, trade dispute
不正貿易品 **contraband**
密輸 smuggling

国際分業 **international division of labor**
・比較優位 **comparative advantage**
貿易依存度 dependence on foreign trade
国際収支 **international balance of payments**
貿易収支 **trade balance**

貿易黒字 **trade surplus**
貿易赤字 trade deficit
貿易・サービス収支
trade and service balance
貿易不均衡 trade imbalance

WTO → FTA
どうする？！ 日本

「国内政治」編

人の紹介で何年か前、上海にある国際問題研究所の日本室長に会った。

日本室長は肩書通り、日本の政治について精通していた。日本の代議士の一人一人について、かなり詳しい知識を持っているようだった。その知識は、ファイルの中にあるのではなく、彼の頭の中に納まっているようだった。彼の口から、日本の代議士の名前が出されたが、こちらは知らないのだから、話はかみ合わなかった。ただ日本の世襲議員（hereditary politician）の話の部分では、ある程度、受け答えができたので相手に不快感を与えずにすんだ。

おそらく中国の要人が日本を訪問するようなことがあれば、こうしたシンクタンクが状況説明に及ぶのだろう。

日本室長が挙げた世襲議員の名前を正確には覚えていない。それにしても、最近賑々しく政治の舞台に登場する小泉純一郎首相、福田康夫官房長官、安部晋三自民党幹事長といったそうそうたる顔ぶれをみると、いずれも典型的な世襲議員であることに気付く。能力があれば世襲も悪くはないが、新鮮さには欠ける。芸能界も同じだが。

新府省庁
new ministries and agencies
内閣府
Cabinet Office
総務省
Ministry of Public Management, Home Affairs, Posts and Telecommunications
財務省
Ministry of Finance
法務省
Ministry of Justice
外務省
Ministry of Foreign Affairs
経済産業省
Ministry of Economy, Trade and Industry
文部科学省
Ministry of Education, Culture, Sports, Science and Technology
厚生労働省
Ministry of Health, Labour and Welfare
農林水産省
Ministry of Agriculture, Forestry and Fisheries
国土交通省
Ministry of Land, Infrastructure and Transport
環境省
Ministry of the Environment
防衛庁
Defence Agency
金融庁
Financial Services Agency

「国内政治 (politics in Japan)」編

行財政改革
administrative and fiscal reform
民営化 **privatization**
小さな政府 **downsizing of government**
支持率 **support rating**

政治献金
political donations (contributions), corporate donations (contributions) to political parties

金権政治 money politics

靖国神社参拝 **visit to Yasukuni Shrine**
世襲議員 **hereditary politician**
無党派層
voters not affiliated with any political party

Most hereditary politicians inherited constituencies from their retired or deceased fathers. (世襲議員は、引退したか死亡した自分の父親から、地盤を引き継いでいる)

無派閥 **no factional affiliation**
公共投資 public investment
お役所仕事 **red tape**
行政指導 administrative guidance

閣外協力 **noncabinet alliance**
野党 opposition party
政局 **political scene**
解散 dissolution
国政選挙 national election

選挙区 **constituency**
有権者 eligible voter
政治資金 **political funding**
連立政権 coalition government

At present the political scene is focused on the imminent dissolution of the Diet.
(現在、国会の解散をめぐる政局は、急を告げている)

2世議員

「国際政治」編

ブッシュ米大統領のイラク戦争に世界の眼が向いていたとき、僕は同時にイスラエルとパレスチナの間の和平問題について考えていた。イギリスのブレア首相がブッシュ大統領のイラク攻撃に賛意を示したとき、パレスチナの和平問題についても動いてほしいと強く要請したニュースをテレビで観た。そのニュースを眼と耳で確認しながら、僕はある一つの湖の「水位」のことを考えていた。

イスラエルとパレスチナの間の問題は、宗教的なものがからんでいるため、解決する可能性はまずないだろうと悲観論を唱える者が多い。もし宗教問題が和平を阻むものならば、ヨルダン川西岸には永遠に平和は訪れないだろう。

イラク戦争が終わると、ブッシュ大統領はイスラエルのシャロン首相、パレスチナ自治政府のアッバス首相（当時）との間で新しい中東和平のロードマップを描いて見せた。しかし、和平に反対するイスラム原理主義グループは、イスラエルに対する自爆テロで応じた。イスラエル側は、原理主義のシンボル的存在であるハマスの活動家に対して空からの奇襲で反撃に出た。また、テロの蒸し返しである。報復の悪循環が

始まった。表面的な攻撃のシーンだけをテレビで観ているものを見失ってしまうおそれがある。
中東に10回、足を運んだ僕の眼には、イスラエルとパレスチナの間に横たわる最大の障壁は、宗教問題ではなく、「土地」と「水」の問題に映る。
極言すると「水」問題だ。イスラエルもパレスチナもまた周辺国も、本質的に水不足に悩まされている。

「水源はどこ?」

いまイスラエルが占領しているシリア領のゴラン高原のある地域を地図で見ていただきたい。そこに「ガリラヤ湖」が横たわっている。その湖こそ、イスラエル、パレスチナ、ヨルダンが頼りにしている水がめなのだ。ゴラン高原がシリアに返還されれば、シリアも当然、その水を求めることになるだろう。四つの国が将来、ガリラヤ湖の水を求めて「水争い」を展開するに違いない。

現在は、イスラエル、パレスチナ、ヨルダンの三者で水を取っている。
問題は、そのガリラヤ湖の水がどんどん減ってきていることだ。何年か前、ガリラヤ湖に行き、実際に足を湖水につけて、水位が着実に下がってきていることを体感し

た。雨があまり降らないため、湖に注ぎ込む水量には限度があるようだ。
「ガリラヤ湖の水位が上がらないことには、中東和平は上手くいかないだろう」
　僕は曇り空を眺めながら、懸命に雨乞(あまご)いをしていた。
　関係者の間で、水の配分について知恵のある方法を考え出さない限り、いくら中東和平に向けたロードマップを描いてみせても、何の効力もないだろう。
　もし環境問題が許せば、海水の淡水化計画によって水を作り出すことは可能である。そのための資金を、いかに国際的に捻出(ねんしゅつ)していけるか、その仕組みを上手に作ることが、中東和平実現への一つの道になるのではないか。

「国際政治 (international politics)」編

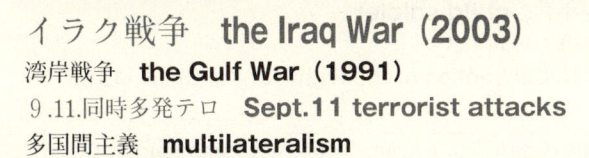

イラク戦争 the Iraq War (2003)
湾岸戦争 the Gulf War (1991)
9.11.同時多発テロ Sept.11 terrorist attacks
多国間主義 multilateralism

一極主義への回帰 return to unilateralism
拒否権 veto
国連決議 U.N. resolution
査察 inspection
大量破壊兵器 weapons of mass destruction (WMD)

中東和平構想
Middle East peace initiative (2003)
聖地 Noble Sanctuary
占領地域 occupied territory
ヨルダン川西岸 the West Bank

ガザ地区 the Gaza strip
ゴラン高原 the Golan Heights
インティファーダ intifada
自爆テロ suicide-bombing-terrorism
報復の悪循環 vicious cycle of retaliation

日米首脳会談
Japan-U.S. leaders' conference

少年兵 **child soldier**

子供の権利条約
U.N. Convention of the Rights of the Child (1989)

> The Japan-U.S. leaders' conference was held at the president's private house.
> (日米首脳会談は大統領私邸で行われた)

弔問外交　funeral diplomacy

内戦　civil war

大量虐殺　genocide

領空侵犯　encroachment of air space

政治亡命　political asylum

難民　refugee

軍事政府（クーデター直後の）　junta

戒厳令　martial law

> The capital of the country is now under martial law.
> (その国の首都には戒厳令がいま敷かれている)

「戦争・軍事」編

僕はあまり政治的な人間ではない。ただ、核兵器には異常に敏感で、核兵器アレルギーである。本能的に嫌いだ。

2003年3〜4月のイラク戦争 (the Iraq War) でも、1991年1〜2月の湾岸戦争 (the Gulf War) でも、劣化ウラン弾 (depleted-uranium shell) が使われた。放射能を吐き出す弾丸が使用されたことは胸が痛む。この弾丸は、戦車の厚い壁を貫くために開発されたもので、多くの放射能による被害者を生むであろう。

昭和20年、1945年8月6日、僕は広島県安佐郡可部町にいた。今は広島市になっている。この目で原爆の炸裂する瞬間を目撃した。爆心地 (ground zero) から16キロほど離れていたおかげで、僕自身は原爆の被害を受けなかった。

しかし、疎開先の祖母の家から歩いて6、7分のところに中規模の河が流れていた。その河原で毎日毎日原爆症で亡くなった人々が大勢、茶毘にふされた。町営火葬場の能力の限界を遥かに超えていたからだ。お寺に収容され、原爆症で髪の毛の抜け出した被爆者はほとんど他界した。僕の兄も爆心地からさほど遠くない広場で被爆した。

「戦争・軍事（war & military affairs）」編

悪の枢軸　axis of evil
ならず者国家　rogue state
先制攻撃　preemptive strike
米国防総省　(the～) Pentagon
最後通牒　ultimatum

同盟国　ally
劣化ウラン弾　depleted-uranium shell
戦争行為　hostilities
戦場　battlefield
貧者の核兵器（生物化学兵器のこと）poor man's atomic bomb

生物化学兵器　bioweapon
ゲリラ戦　guerrilla warfare
地上戦　ground war
空襲　air strike

砲撃　bombardment
巡航ミサイル　cruise missile
反撃　counteroffensive
偵察　reconnaissance
誤爆　friendly fire

兵站(へいたん) **logistics**
スパイ行為 espionage
停戦 cease-fire, truce
勝利 **victory**
野放しの核 loose nuke

作戦 **operation**
侵略 aggression
侵入 invasion
戦闘 **combat**
退却 retreat, withdrawal
中立 neutrality

国防 **national defense**
軍拡 expansion of armament
軍縮 disarmament
軍事産業 **munitions industry**
武力行使 use of military force
戦争放棄 renunciation of war

In Article 9 of the Constitution of Japan, we declared a "renunciation of war".
(われわれは日本国憲法第9条で「戦争放棄」を宣言した)

家族に関することば

1962年といえば、ソ連共産党書記長で首相のフルシチョフが、同盟国の社会主義国キューバに、核ミサイルを持ち込もうとして、若き米国大統領ケネディに阻止された、キューバ危機の年であった。ちょうどそのとき僕は、ソ連の首都のモスクワで商社マンとして働いていた。

ロシア語が話せないまま、駐在員になったため、コミュニケーションが上手くとれず、塗炭の苦しみをなめた。4年間駐在した。はじめモスクワッ子は、社会主義的厳格さの中でストイックな生活を強いられているものとばかり思っていた。

ところが、現実はまったくその逆であった。スターリン批判を大々的に繰り広げ、米ソの共存を打ち出していたフルシチョフの時代だったから、ソ連社会は開放的で市民の顔にも厳しさはなかった。それでも、米ソの溝は深く、日本から来た者にとっては、いつもどこか緊張するものがあった。ただ一つ大きな例外があった。社会主義国にもかかわらず、こと性生活になると、彼らはことのほかおおらかだった。「不倫」といえば、湿っぽく暗い「社会主義とフリーセックス」が実に見事に共存していた。

イメージを受けるのだが、彼らのセックスは明るく不潔感はなかった。

「なぜだろう？」

帝政時代から社会主義時代になっても、ロシア人の「気象条件とセックス」の関係は変わらなかったからだ。寒い冬を迎えると、北の国では、特に冬場、これといって楽しいことがない。そこで自然に生まれてきた遊びが、酒を飲むこととセックスを楽しむことだった。

あの余りにもおおらかなロシア人の性に対する考え方を外国人として観察するとき、夫婦関係が成り立ちにくいのではないかといぶかった。ソ連の離婚率は、正確な数字は知らなかったが、街の噂（うわさ）では50％以上にのぼるのではないかということだった。僕はこの現実を、生活者として観察してきたので、ソ連という国をそれほど恐しい国とは思っていなかった。セックスは別にして、彼らの家族の絆（きずな）が特に弱いようにも見受けられなかった。社会主義国であっても、資本主義国の日本人とソ連女性との結婚は許されていた。一緒に駐在した同僚は、モスクワ市内にあるホテルに勤めていたバレリーナのようにスリムで理知的な顔をしたロシア女性と結婚し、1人の子供をもうけた。もう何十年も昔のことである。

家族 (family) に関することば

家族 **family**
大家族 **extended family**
核家族 **nuclear family**
4人家族 **family of four**
母子家庭 **fatherless family**

世帯 **household**
世帯主 **householder**
生みの母 **birth mother**
生みの親 **birth parent, biological parent**
継母（ままはは） **stepmother**

継父 **stepfather**
継子 **stepson, stepdaughter**
育ての母 **foster mother**
シングルマザー **single mother**
代理母 **surrogate mother**

一児の母 **mother of one**
子育て **parenting**
保育所 **child-care center**
託児所 **day-care center**
教育ママ **education-minded mother**

口うるさく言う **nag**
一人っ子 **only child**
末っ子 **baby of the family**
男女の別を問わないときのきょうだい **sibling**
甘ったれた子 **spoiled child**

甘やかす人 **spoiler**
鍵っ子 **latchkey child**
マイホーム主義者（家族思いの父） **family man**
大黒柱 **breadwinner**
離婚する **divorce**
再婚する **remarry**

配偶者 **spouse**
共稼ぎ夫婦 **working couple, dual-career couple**
おしどり夫婦 **loving couple**
夫婦喧嘩 **quarrel between husband and wife**

従兄弟 **cousin**
姪 **niece**
義理の兄 **brother-in-law**
義理の妹 **sister-in-law**

They abruptly divorced after thirty-five years of marriage.
(35年の結婚生活を送ったあと、彼らは突然、離婚した)
She remarried a rich businessperson for money.
(彼女は金目当てに金持ちの実業家と再婚した)

「科学技術」編

「日本はどこに行くのだろうか」

ときどき僕は、講演を依頼される。講演のテーマは、中国経済と日本経済を絡ませたものが多い。新聞や雑誌それにテレビなどでも中国経済をよく特集する。そこで書かれ、語られることを話したのでは、講演の弁士としては落第である。講演を聞きに来る人のレベルは極めて高い。

「その話は、あそこで聞いた」

「その話も、昔、聞いたことがある」

普通の話をしたのでは、とても彼らを満足させることはできない。

話を戻すが、中国経済と日本経済のことになると、問題になるのは、日本は経済規模だけでなく技術でも中国に抜かれる日が来るのではないか、ということだ。日本には、本当に明日はないのか。僕は講演の最後で、よく触れることがある。

「このままでいけば、日本の明日はないでしょう。一番大切なのは、この事実をよく認識することです」

こう説明すると、会場から強い反発が上がる。

「そんな日本滅亡論を聞くために、わざわざここに足を運んだんじゃないぞ。悲観論ばかりいわないで、もっと希望の持てる話をしてほしいのだよ」

「その点は、よく承知しています。では、明日の日本の姿として、皆さんに一つ問題を投げかけてみましょう」

「……」

「日本再建の道は、二つあります。一つは、経済的には二流国家になるかも知れませんが、文化国家を目指すことです。街は少し汚れるかも知れません。着る物もこれまでと違い、何となくやぼったいものを身につけることになるかも知れません。所得が落ちるのですから止むをえません。アフターファイブを自分の生き方に合うように工夫するのです。広場で繰り広げられる音楽や仲間内(うち)で作った映画の鑑賞会を楽しむとか、マラソンを楽しむとか、とにかく趣味を第一義的に考えるライフスタイルを確立することです。一言でいえば、さまざまな庶民文化を生活の柱に置くことです。そんな庶民の生活の総体として国家があるのです」

「……」

「もう一つは、これまで以上に経済的に強い国家を目指すことです。資源のない国、賃金の高い国の宿命としてやるべきことは労働集約型の仕事ではありません。新しい技術を開発するしかほかによい方法が日本の20分の1の中国には勝てません。

「では、どんな技術が日本を救うことになるのでしょうか」

「僕は常温超伝導だと思っています。確かに21世紀の前半を代表する技術はITとバイオテクノロジーとナノテクノロジーだと一般的にいわれています。それぞれかなり大きな規模の産業にはなるでしょう。裾野も広いですしね。しかし、問題があります。どんなに技術が進んでも、人を雇用しないことには、日本経済はよくなりません。国内総生産（GDP）の約60％が個人消費によって支えられているからです」

「で、超伝導は？」

「もし、摂氏0度以上の常温超伝導の技術が開発されたら、輸送手段も産業機械も電力に対する考え方も何もかも変わってしまうでしょう。何よりも、超伝導によって作られるものは、人手を食いそうです。労働力を確保することができます。収入があれば、消費も伸びます。社会が回り、経済が回ります。幸い、日本は超伝導の研究では

世界のトップレベルを走っています。いつか常温超伝導が可能になる日を期待しています」

僕が常温超伝導に興味を抱くようになったのは、新潮選書で『特許の文明史』（1994年）を書いた際、超伝導についてかなり取材したことがあったからである。

（図：常温超伝導、IT、バイオ、アフター5、日本再建）

「科学技術 (scientific technology)」編

破壊的技術 (これまでにない全く新しい技術)
destructive technology

高温超伝導 **high-temperature superconductivity**

ヒト型ロボット **humanoid robot**

介護ロボット **robot for nursing care**

産業用ロボット **industrial robot**

二足歩行型ロボット **robot walking on two legs**

燃料電池 **fuel cell**

バイオテクノロジー **biotechnology**

Numerous scientists believe fuel cell technology as being the most challenging. (多くの科学者たちは、燃料電池の技術がもっとも挑戦的なものだと信じ込んでいる)

遺伝子技術　**gene-related technology**

遺伝子解読　**gene identification**

遺伝子組み換え
genetic modification (alteration)

遺伝子組み換え食品　**genetically modified food**

DNA鑑定　**DNA test**

遺伝子治療　**gene therapy**

生物学的多様性　**biodiversity**

高度交通システム　**ITS, intelligent transport systems**

DVD　**Digital Versatile Disc**

中央演算処理装置　**CPU, central processing unit**

CD-ROM
compact disc read-only memory

コンピューター＆インターネットに関することば

いま僕には、嫌いな言葉が三つある。「情報」「コンピューター」「インターネット」である。実は、昔から機械類は嫌いで、ワープロがはじめて登場した頃も、結局使わなかった。ワープロで原稿を書くと、想像力が奪われたからである。パソコンが登場するまで、僕は原稿を手書きしていた。

書籍の編集者が僕にいった。

「申し訳ないのですが、今後、原稿はフロッピーに入れて渡してください」

「はっ？」

編集者に僕は不意をつかれ、目の前が真っ暗になった。いくらパソコンのワード機能を使って、原稿を書けといわれても、自分には絶対にできない。断固、手書きに固執しようかと逡巡(しゅんじゅん)していると、編集者は畳み掛けるようにいった。

「フロッピーでお願いします」

イエスともノーともつかぬ曖昧(あいまい)な返事をして、その日は別れた。原稿をフロッピーで出しなさい。これは私の命令です。そういわれているようであった。

〈無名の書き手は、著名な小説家とは違う。手書きを主張できるわけがない〉
時間をかけて僕は、自分を懸命に説得していた。
パソコンのワード機能を使って、それも最低限の機能を何とかごまかしごまかし使いながら、原稿を仕上げていった。
僕はほとんどパソコンのワード機能しか使えない。もちろんメールを送るぐらいなら何とかできるのだが、それ以上の機能を駆使してパソコンを自分のものにしようとは思わない。原稿を書くのに追われる毎日だ。
「想像力、想像力、想像力」
こう念仏を唱えるように書き進む。いや打ち進む。
〈パソコンを自由に使いこなすcomputer geek（コンピューターおたく）だけには、死んでもなりたくない。想像力の持ち主は、パソコンを拒絶する人間なのだから〉
そう叫びつづけている。
でも現実の僕は、随分、パソコンのお世話になっている。この矛盾を、どう自分の中で処理したらよいのだろうか？

コンピューター&インターネット（computers & Internet）に関することば

コンピューター大型汎用機　**mainframe**
ビッグアイロン（大きくて高価で高速なコンピューター）　**big iron**
役に立たないコンピューター　**bitty box**
デジタル機器　**digital equipment (devices)**
初期化する　**initialize**

取り込む　**download**
バグ　**bug**
人工頭脳　**artificial intelligence**
テレビ会議　**videoconference**

Business trips have decreased drastically because video-conferences are often held.
（テレビ会議が頻繁に開かれるので出張が激減した）

デジタル署名　**digital signature**
迷惑メール　**junk e-mail, spam**
海賊ソフト生産　**software piracy**
コンピューターおたく　**computer geek, nerd**

コンピューター嫌い　cyberphobe
電子商取引　electronic commerce, e-commerce
ネット取引　online trading
企業間電子取引
business-to-business electronic commerce, B-to-B e-commerce, B2B e-commerce

消費者向け電子取引
business-to-consumer electronic commerce, B-to-C e-commerce, B2C e-commerce
電子マネー　electronic money
電子決済　electronic settlements

ウイルス感染　virus infection
ハッカー　cracker
善玉ハッカー　white-hat hacker
ウイルス対策ソフト　antivirus software, vaccine software
暗号ソフト　encryption software

国内経済・財政・金融・株式に関することば

　国内経済の成績表の一つは、国内総生産（GDP）の伸び率の大小である。昔は、企業の設備投資が圧倒的に大きかったことから、GDPを押し上げるには、この設備投資を拡大させる手があった。
　ところが最近は、個人消費が景気の動向を左右する。マクロ経済の中で論じられる「消費」という言葉は、抽象的で庶民にはあまりぴんとこない。「個人消費」となると誰でも、自分の行為が日本経済活性化にささやかながらも直接貢献できるのではないかと思えるにちがいない。
　僕は70歳になろうとしているのに、これまでお金をためるのが苦手で、入ればどんどん使ってきた。
「老後はどうするんですか。生活設計はちゃんとされているんですか」
　友人は、僕の高い消費性向が気にかかるらしい。これまでは稼いだだけ全部使ってきた。貯金が嫌いで、貯金をするぐらいなら、そのお金で、1人でも多くの友を作るのに使った。しかし、これからは、少し方針を変えないと悲惨な老後が待ち受けてい

るかも知れない。

● 「財政」は、僕の場合、税金と絡んでくる。たいした金額も払っていないのだから、大きな口はきけない。ただ、黙々と税務処理をしているだけである。

● 「金融」は、個人的にあまり関係がない言葉だが、銀行から借りた住宅資金がまだ少し残っている。そして、近く外国のシンクタンクに支払わなければならない外貨が1万ドル銀行に預けてある。1ドルが135円のころ、ドルを買い入れて外貨預金していたから、かなり損をした。無理をしてドルに替える必要はなかった。必要なとき、円をドルに替えればいいだけの話であった。

ただ、僕の円に対する評価はかなり低い。購買力平価 (purchasing power parity) で円の価値を割り出せば、1ドルは160円ぐらいが妥当だと思っている。今のレートは円の過大評価である。そう思っているものだから、円安に触れていたときなので、円をドルに替えて将来の支払いに備えたわけだ。そして、大損をしてしまった。

● 「株式」は、僕には無縁の存在である。人生で1度も株を買ったことがない。1980年代の後半、僕が未だ大阪にいたとき、同僚の大学の先生が、毎日、せわしく株の売買をやっていた。必ず損をするものであると思っている。一つの信念に近い。株は

「守先生、今日は50万円儲けました。今週は全部で200万円ぐらいの稼ぎになりましたかね。守先生、株をやらなくちゃ」

「僕は、株が苦手でしてね。原稿と講演で1週間、200万円は逆立ちしても稼げる金額ではなかったが。

といっても原稿と講演で稼ぎますから、株は……」

90年代に入りバブルが弾けると、株価の下落が始まった。大阪から名古屋の愛知学院大学に職場を変えたので、その株名人がどれだけ損をしたのか知らない。それとも、うまく売り逃げたかも？

頭をゆるめるコラム

cakeは「洋菓子」だが……

　もう日本語になっているcake（洋菓子）といっても、そう単純なものではない。
　bake a cake（ケーキを焼く）なら誰でも分かるが、a cake of soap（石けん1個）となると、もうかなりの人が初耳かも知れない。
　さらにややこしいのは、a piece of cake。
　この表現、確かに、「ケーキ一切れ」という意味もあるのだが、もう一つの意味は、ふつう想像もつかない。
　それは、「朝飯前だ」（楽々とできること）という意味だ。やさしい言葉に隠れた意外な顔である。

the eleventh hour（第11番目の時間）って何？

　第1、第2、第3……は序数といわれる。これを使った表現として、
・the first experience（初体験）
・The second thoughts are best.（再考は一番いい）
・Third time does the trick.（3度目の正直）……
・tenth-rate（最低な。第10番目なら"最低な"といわれても仕方ない）
　以上いずれも第何番目という表現に関連した言い回しだ。それでは、次の「第11番目の時間に」は、どんな意味になるかといえば……。
・at the eleventh hour（土壇場で）
　この決まり文句は、覚えておくと便利だ。

国内経済・財政・金融・株式 (domestic economy, public finance, finance and stocks) に関することば

(国内経済)

国内総生産 gross domestic product (GDP)
個人消費 personal spending
需要と供給 supply and demand（英語では順序が逆）
景気見通し economic forecast
景気 economic performance

にわか景気 boom
好況 prosperity
景気動向 business trend
景気循環 business cycle
景気変動 business fluctuation

季節変動 seasonal fluctuation
景気後退 recession
構造不況 structural recession
複合不況 multiple recession
マイナス成長 negative economic growth

景気停滞 slump, stagnation
降下 decline
経済危機 economic crisis
デフレ deflation
インフレ inflation

調整インフレ adjustment inflation
インフレ緩和 disinflation
スタグフレイション stagflation
不況 depression
恐慌 depression, panic

崩壊 crash, collapse
経済指標 economic indicator
消費者物価指数 consumer price index (CPI)
卸売物価指数 wholesale price index (WPI)
住宅着工件数 housing starts
買い替え需要 replacement demand

設備投資 capital investment
内需拡大 expansion of domestic demand
内需主導の成長 domestic demand-led growth
景気回復 business recovery
経済成長 economic growth
成長率 growth rate

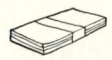

(財政)

財政　public finance
財政難　fiscal difficulties
緊縮財政　austere fiscal policy
会計年度　fiscal year

歳入　revenue
歳出　expenditure
財政赤字　budget deficit
財政黒字　budget surplus

国家予算　national budget
暫定予算　provisional budget
補正予算　supplementary budget
公共事業　public works project

削減する
cut, reduce, curtail, curb
日本国債　Japanese government bond
赤字国債
deficit-covering government bond

国債格下げ
downgrading of Japanese government bonds

地方債　local government bond

国税　national tax

財政投融資　fiscal investment and loan program

復活折衝　renegotiations over budget allocations

消費税　consumption tax

付加価値税
value-added tax (VAT)

累進課税　progressive taxation

所得税　income tax

減税　tax cut

脱税　tax evasion

税収　tax revenue

財務省　Ministry of Finance

(金融)

金融　finance
不良債権　bad loans
債権回収　credit recovery, loan collection
公的資金　public funds
資本注入　capital injection

金融不安　financial instability
銀行取付け　run on a bank
金融政策　monetary policy
公定歩合　official discount rate
ゼロ金利政策　zero-interest rate policy

低金利政策　low-interest rate policy
金融緩和　monetary easing, credit easing
債務不履行　default
貸し渋り　credit crunch
貸し倒れ　loan delinquency, default

預金 **deposit**
担保 collateral, security on a loan
複利 compound interest
満期 **maturity**
無担保ローン unsecured loan

無利子の **interest-free, no-interest**
不渡り手形 dishonored bill
円相場 yen-dollar moves
ドル高 **appreciation of the dollar**
ドル安 depreciation of the dollar
人民元 **yuan**

市場介入 **market intervention**
円売り介入 **yen-selling intervention**
協調介入 concerted intervention
プラザ合意 **Plaza Accord**
ドル安進行 further dollar depreciation
円高圧力 upward pressure on the yen

(株式)

株式　**stock, share**
株主　stockholder, shareholder
株式市場　stock market
株式取引　stock trading
株式取引所　stock exchange

出来高　**turnover**
証券会社　securities company
平均株価　**stock average**
先物取引　futures

投資信託　investment trust
有価証券　securities
主要銘柄　selected issue
上場株　listed stock

He is dealing dollar futures on a large scale.
(彼はドルを先物で大量に売買している)

優良株 blue chip

強気の相場 bull market

弱気の相場 bear market

カラ売り short-selling of stock

配当金 dividend

株価暴落 stock plunge, stock crash

急落する plummet

大暴落 crash

高騰する surge, soar

急騰する jump, skyrocket

最安値を更新する hit a new low

薄商い thin trading

大商い heavy trading

買い占め cornering

投売りする panic-sell

バブル崩壊後最安値 post-bubble low

原油先物 crude oil futures

「宗教」編

イスラエルの日本大使館は、エルサレムではなく、同国最大の商業都市テルアビブにある。僕はここを過去10回訪れた。僕なりにイスラエルに対する考え方はあるものの、同国の政治経済情勢について幅広く意見をきくために、日本大使館を訪れた。応対してくれたのは、日本語の達者なイスラエル国籍を持つ事務官だった。話を終えた後、彼が最後に口にした言葉を、今も鮮明に覚えている。

「イスラエル人の約半分は、宗教に無関心です。」

イスラエルについて報じる日本のテレビは、まず、エルサレムの旧市街の「嘆きの壁」で、祈りをささげる敬虔なユダヤ教徒の映像から始める。イスラエルのユダヤ人は、ほとんどが宗教的で信仰の世界に生きていると感じさせてしまう。確かに、教えに従って、土曜日は安息日であり、イスラエルの航空会社であるエルアル航空は運休する。土曜日のエルアル航空のカウンターはガラッとして誰もいない。これを見て、イスラエルは100パーセント宗教国家だと決め付けてしまう人がいるが、僕が体感した限りでは、ユダヤ人の日常生活は意外に宗教色が薄かった。

「宗教 (religion)」編

宗教 religion
宗派 sect, denomination
教祖 founder of a sect
教義 doctrine
経典 holy scripture

改宗 conversion
説教 sermon
礼拝 worship
破門 excommunication
棄教 apostasy

信教の自由 freedom of religion
政教分離 separation of church and state
仏教 Buddhism
大乗仏教 Mahayana Buddhism
小乗仏教 Hinayana Buddhism

仏教徒 Buddhist
キリスト教 Christianity
新教徒 Protestant
旧教徒 Catholic
新約聖書 New Testament

旧約聖書　Old Testament
イスラム教　Islam
イスラム教徒　Muslim
スンニ派教徒　Sunni Muslim, Sunnite
シーア派教徒　Shiite Muslim

イスラム教寺院　mosque
ユダヤ教　Judaism
ユダヤ教徒　Judaist
ユダヤ教会堂　synagogue
信仰心のある　religious

世俗の　secular
牧師　priest
僧侶　bonze
改宗者　convert
無神論者　atheist

宿命　fate
犠牲　sacrifice
死　death
罪（道徳上の）　sin
偶像　idol

迷信　superstition
迫害する　persecute
予言する　prophesy
瞑想する　meditate
祈る　pray

テレビに関することば

自分が特に懐疑的な人間だとは思っていないが、あまり信用していない。20％ぐらいしか真実がないと思っている。ことテレビの映像に関しては、僕が30代のころ、大手のTV局のドキュメンタリー番組でレポーターを時々やっていた。そのとき担当ディレクターによく疑問をぶつけたものである。

「被写体を動かすのは、どうみてもドキュメント番組を撮影するには相応（ふさわ）しくない」

「守さん、限られた時間内で、視聴者に少しでもこちらの気持ちを伝えようと思えば、ある程度効果的な方法をとるのは当然のことですよ」

「えっ？」

そのときから、テレビに映し出されるものを疑ってかかるようになった。中東に通い始めた頃、日本のテレビで、砂漠で死んだ駱駝（らくだ）の風化した死体が大写しにされたことがあった。まさに、これが中東の砂漠であると訴えていた。僕は疑問に思った。砂漠へも何度か足を運んだが、駱駝の屍骸（しがい）を見たことはない。TV局は、駱駝の死という非日常的なことを、あたかも日常に置き換えて画像を流していたのである。

テレビ（television）に関することば

テレビセット
television, television set, TV set

ブラウン管テレビ
cathode-ray tube (conventional) television

液晶テレビ
LCD (liquid-crystal display) television

薄型大画面テレビ
large-screen flat-panel television

壁掛けテレビ
hanging (wall-mounted) television

20インチのカラーテレビ　**20-in. color TV**

テレビ局　**television station, TV station**

テレビ放送
television broadcast, telecast

テレビニュース
telenews, television news broadcast

ニュース速報 news flash
バラエティ番組 **variety show**
クイズ番組 **quiz program [show]**
テレビ映画 **TV movie, telefilm, telepicture**

テレビ討論 television debate
テレビドラマ **TV drama, teleplay**
テレビタレント **TV personality;《集合的》TV talent**
コマーシャル **commercial**
視聴率 **audience rating**

```
What's on TV tonight?
(今晩テレビでどんな番組やってる？)
```

気象に関することば

数年前、夏季語学研修のため19名の愛知学院大学の学生を引き連れて、米国のイリノイ大学に行った。田舎町にあるイリノイ大学のキャンパスは、清潔で広大であった。レンガでおおわれた3、4階建ての瀟洒(しょうしゃ)なビルの中で、日本から来た学生たちは、英会話の特訓を受けていた。特にやることもなかったので、ビルの中を歩き回った。地下室があった。その入り口に単純な竜巻の絵が張られていた。単なる飾りだろうと思ったら、その絵こそトルネード(竜巻)で、避難口を指していたのである。

「イリノイ州もトルネードの通過地点になりうる」

大学の関係者がいった。帰国後、テレビでトルネードが家も車も空中高く舞上げているシーンを見て腰を抜かした。

気象 (weather, atmospheric phenomena) に関することば

天候　weather
気候　climate
天気予報　weather report, weather forecast
気象台　meteorological observatory
気象庁　Meteorological Agency

天気予報キャスター　weathercaster
気象衛星　meteorological satellite
気象警報　weather warning
大雨警報　heavy rain warning
洪水警報　flood warning

気圧　atmospheric pressure
風速　wind speed, wind velocity
降水確率　probability of precipitation
不快指数　discomfort index (DI)

冷夏　unusually cool summer
猛暑　severe heat
寒波　cold wave
台風　typhoon

The wind speed at present is 13 miles per hour.
(現在の風速は時間当たり13マイルである)

厳冬 severe winter
暖冬 mild winter
寒気団 cold air mass
集中豪雨 rainstorm, localized torrential downpour
夕立 evening shower

湿度 humidity
霧 fog
霞 mist
入道雲 thunderhead
稲妻 lightening

雪崩 avalanche, snowslide
竜巻 tornado
そよ風 breeze
オーロラ aurora
緯度 latitude

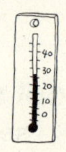

経度 longitude
寒暖計 thermometer
摂氏 centigrade
華氏 Fahrenheit

The thermometer reads −12℃ (minus twelve degrees centigrade [Celsius]).
(温度計は摂氏マイナス12度を指している)

健康・医学に関することば

もう10年以上になるだろうか。排尿の際、痛みを感じ、生まれて始めて泌尿器科医(urologist)を訪れた。若いころ泌尿器といえば性病(venereal diseases)と関係するので、恥ずかしくて泌尿器科など間違っても行くものではないと思っていた。

しかし、現実に排尿する際、痛みを感じた以上、医者には行かなければならない。できれば内科医(physician)の門をくぐりたかった。しかし、尿道の痛み解消のためには渋々、泌尿器科医のところに足を運ばざるをえなかった。

「前立腺(せん)がんの疑いがあるので、手術のできる大病院に行った方がよい」

その医者は、肛門から人差し指を入れて前立腺をさわり、何か大きくて堅いものを感じたようだった。前立腺がんがかなり進行していると読んだのではないか。

毎日新聞の池田知隆記者(現・論説委員)の紹介で、大阪府立成人病センター(関西のがんセンター)の泌尿器科に古武敏彦先生を訪れた。先生の笑顔と話し方は患者に希望を抱かせる、噺家(はなしか)顔負けの話芸の持ち主だった。

「少し進んだがんかも知れませんが、かなり有効なホルモン療法もありますし、実際

「生検って何ですか」

「前立腺に針を刺して、細胞を取り出し、顕微鏡でがんかどうか調べる検査です」

正直いって、ダメかと思った。池田記者と神戸新聞の伊良子序(はじめ)記者（現・論説委員、当時・社会部記者）と3人で、"最後の別れ（？）"を告げるため会食した。

検査結果は「白」だった。良性の前立腺炎であった。検査入院した病室の窓から見た風景は、灰色のビルのはずなのになぜかオレンジ色に輝いていた。

現在では、優れた前立腺がんの検査マーカーがある。PSAだ。50歳になったら、血液検査の際、PSAを検査項目に入れてほしい。数値が「4」を越えたら、泌尿器科医の門をくぐってほしい。4―10はグレイ・ゾーンだ。10以上はがんである可能性が高い。前立腺がんは沈黙のがんである。気がついたときは末期がんであることが多かった。PSAを測れば、がん予防の最大の武器になる。肉食と過度の性行為が前立腺がんの主要な原因だといわれている。欧米では男性の場合、がんの中で1位は肺がんで、2位は前立腺がんだ。泌尿器科医の社会的地位もことのほか高い。

「若者よ、君の未来は前立腺がん！ 50歳になったら、PSA検査で身を守ろう！」

に生検をやってみないと断定できませんね」

健康・医学 (health & medicine) に関することば

重症急性呼吸器症候群（サーズ）
SARS, severe acute respiratory syndrome
後天性免疫不全症候群（エイズ）
AIDS, acquired immune deficiency syndrome
HIV（エイズウイルス） **human immunodeficiency virus**

血液製剤 **blood products**
輸血 **transfusion**
潜伏期間 **incubation period**
免疫系 **immune system**
感染症 **infectious disease**

エボラ出血熱 **Ebola hemorrhagic fever**
BSE（狂牛病[牛海綿状脳症]）
bovine spongiform encephalopathy, mad cow disease
アトピー性皮膚炎 **atopic dermatitis**
痴呆症 **dementia**

花粉症 **hay fever, pollenosis**
生活習慣病 **lifestyle-related illness**
高血圧 **hypertension, high blood pressure**
糖尿病 **diabetes**
がん **cancer**

うつ病 depression
抗うつ剤 antidepression agent
喘息 asthma
前立腺がん prostate cancer
胃潰瘍 stomach ulcer

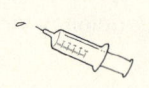

過食症 bulimia
拒食症 anorexia
不眠症 insomnia
健忘症 amnesia
アレルギー性鼻炎 allergic rhinitis

痛風 gout
大衆薬 over-the-counter drugs, mass-market drugs
抗生物質 antibiotic
臓器移植 organ transplant
腎臓移植 kidney transplant
脳死 brain death

下痢 diarrhea
便秘 constipation
下剤 laxative
ぎっくり腰 sprained back
妊娠した pregnant
二日酔い hangover

動物の鳴き声に関することば

朝9時ごろ、ゴミ収集車が来る。どこからともなく、黒い物体が飛来する。カラスの軍団だ。ゴミ収集場に堆く積まれた生ゴミが狙いである。人間が近くにいると、さっと逃げるが、いなくなると生ゴミをせっせとつつき始める。散らかった生ゴミが、異様な臭いを発する。食いちぎられたゴミが散乱し、見苦しい風景が広がる。

ところが人間様は、このカラスのいたずらを許さない。ゴミの山に網を掛けることになった。カラスの襲来からゴミの散乱を防ぎ、ゴミ収集後の団地の優しくきれいな風景を生み出してくれた。誰もが憎きカラスを退治できたと喜んでいた。

しかし、僕は悲しかった。人間と共存してしか、生命を維持できない鳥になってしまったカラスは、一体、どこで餌を探すのだろうか。カラスは利口な鳥である。餌のありかを懸命に探す。必要とあれば、餌を誰からも気付かれないところに隠す。止まっている電線の上から人間様の行動を凝視する。どうやったら餌にありつけるかと、人間様の隙を狙っている。

ゴミ収集車がゴミを集めて立ち去ったあとでも、カラスは電線に止まったままだっ

た。カラスがかわいそうだった。できれば家からカラスが食べそうなものを持ち出して、誰にも見られないように、そっと地面に置いてこようかと思ったりした。しかし、周りに何人かの主婦の目が光っていたので諦めた。

電線の上で、餌にありつけなかったカラスが、カーカーと鳴いていた。僕には小さいときから聞き慣れたように「カーカー」としか聞こえなかったが、英語では、"caw[kɔː(コー)]"である。

どうして日本語で「カー」が、英語だと「コー」になるのだろうか。

日本人の動物の鳴き声に関する感性と、英米人のそれとは余りにもかけ離れているように思える。日本語では「コケコッコウ」が英語では「カッカドゥードゥルドゥー」になるのだから、頭が混乱する。どっちの耳が現実に近い音を聞き分けているのだろうか。英語で表現する以上、英語方式に従わざるをえないのだが。

動物の鳴き声 (cries of animals) に関することば

犬のほえ声
ワンワン
bowwow [báuwáu]

雌鶏の鳴き声
コッコッ
cluck [klʌk]

牛の鳴き声
モー
moo [muː]

羊の鳴き声
メー
baa [bɑː]

豚の鳴き声
ブーブー
oink [ɔiŋk]

雄鶏のときの声
コケコッコー
cock-a-doodle-doo
[kákədúːdldúː]

I like to hear a rooster's loud cock-a-doodle-doo early in the morning.
(早朝、雄鶏が発するコケコッコーの大声を耳にするのが好きだ)

ネズミの鳴き声
チューチュー
squeak [skwiːk]

アヒルの鳴き声
ガーガー
quack [kwæk]

猫の鳴き声
ニャオ
meow [miáu]

馬のいななく声
ヒヒーン
neigh [nei]

カラスの鳴き声
カーカー
caw [kɔː]

鳩の鳴き声
クークー
coo [kuː]

cock-a-doodle-doo
meow
bowwow
neigh

蛇の進む音
シュー
hiss [his]

蜜蜂の音
ブンブン
buzz [bʌz]

小鳥のさえずり
チッチッ
tweet [twiːt]

日用品・電気製品に関することば

正式の英語でないことは百も承知だが、でも、なぜか使いたくなる和製英語がある。

クーラー……cooler
ミキサー……mixer

これらの本当の英語は、

クーラー……air conditioner
ミキサー……blender

どうみても和製英語のほうが、実体を表しているように思えて仕方がない。しかし、いくらそう思ったところで、和製英語が世界で通用するようになるとは思えない。

日用品・電気製品 (daily necessities & electrical appliances) に関することば

洗面器　washbowl
体重計　scale
電気かみそり　shaver
本箱　bookshelf

洗濯機　washing machine
粉石鹸　laundry soap
ほうき　broom
はたき　feather duster

雑巾　rag
殺虫剤　insecticide
防虫剤　mothballs
懐中電灯　flashlight

扇風機　electric fan
ストーブ　heater
ポリ容器　plastic container
ポリバケツ　plastic bucket
ティッシュペーパー　tissue paper

This air conditioner works very well.
(このクーラーはすごく調子がいい)

ルーペ　magnifying glass
缶きり　can opener
栓抜き　bottle opener

魔法瓶　vacuum bottle
レンジ　range, cook stove
泡立て器　whisk

I always mix several fruits with a blender.
(いつも僕は、数種類の果物をミキサーで混ぜ合わせる)

文房具に関することば

WTO（世界貿易機関）とFTA（自由貿易協定）について、グローバリゼーション（globalization）とリージョナリズム（regionalism）の関係の中で教えている大学の「国際取引論」の授業では、僕は原則として何も見ないで講義する。学部の学生、大学院生に資料を渡すときもあるが、自分は見ない。手ぶらで教室に入っていくと、最初は、

〈この先生、本もノートも持ってこないで授業できるのかな〉

学生たちは一様に不安げな顔をする。なぜ本もノートも持たず、教室に現れるのか。

理由は、三つある。

① 学生に考えながら、自分流にノートをとらせたいからである。考える、きちんと話を聞く、理解して書きとめる。この何気ない行為が脳を活性化させると思うからだ。何も見ないで講義することは、本や資料に頼りすぎて授業をすると、怠慢になるからである。

② 教員の方も、事柄を精緻（せいち）に観察し、自分なりの論理をそれなりに確立しておかないと授業はできない。必要事項は完全に理解してから、自分の記憶細胞に

流し込む。関係する全ての数字、人物、国名、場所等々だ。論理がとおればおおかた覚えられる。

③ まったく個人的な理由からである。年をとると記憶力が衰える。50歳になってから、その傾向が強くなった。ならば記憶力を回復してやろうという欲求が強くなった。真剣勝負の場で試すしかない。大学の授業と外部での講演のときだ。何も見ないで話す。相手に資料を渡しても自分は見ない。何十でも何百でも、すべて頭に収める。大学と大学院では同じ科目でも内容は違う。社会人大学院でも教えているが、T社に勤務しながら僕の授業に出ている院生は、さりげなくいった。

「授業料に見合った授業をしてください。その日の授業のレジュメはいりません。必要に応じて、自分で考えながら書いた方が頭に入ります」

要求は厳しいが僕の主義と一致するので嬉しい。

どうやって数字を覚えるのかとよくきかれる。授業の準備は毎回3〜4時間かける。覚えられない数字は最低50回ぐらい書いて書いて書きまくって覚える。そのとき必要なのは、「1本のボールペン（ballpoint pen）」と新聞に挟まれて配達される「裏が白いチラシ」である。

文房具（stationery）に関することば

ボールペン **ballpoint pen**
鉛筆削り pencil sharpener
万年筆 **fountain pen**
シャープペンシル mechanical pencil

替え芯 **refills, leads**
のり glue
消しゴム eraser, rubber
三角定規 **triangular ruler**

T型定規 **T square**
粘着テープ Scotch tape
両面テープ **double-sided tape**
メモ帳 memo pad

スタンプ台 **stamp pad**
ホチキス stapler
クリップ paper clip
カッターナイフ **box cutter**
修正液 correction fluid

I drew lots of lines with a triangular ruler.
（僕は三角定規を使ってたくさんの線を引いた）

ホテルでよく使われることば

僕には所有欲があまりない。もし所有するという概念があるとすれば、「健康」とか「何かをやろうという意欲」ぐらいだろうか。大きな家に住みたいという欲望は全くないが、こと「ホテル」となると、急に欲張りになる。

日本では、目的に応じて、ホテルを使い分ける。

数人しか読んでくれそうもない学術論文を書くときは、教鞭(きょうべん)をとっている愛知学院大学(愛知県日進市)に歩いて通える距離のアパートで書いたり、時には自宅の書斎で書いたりするが、書けなくなる瞬間が訪れると安いビジネスホテルに潜って、残りの部分を書き足す。大きなホテルだとなぜか学術論文は書けない。書く気が起らない。

でも、この本のように一般書の原稿を書くときは、ちょっと違ったホテルを選ぶ。できるだけ立派なホテルで、豪華な部屋を使う。

「なぜ、そんな贅沢(ぜいたく)をするの?」

よくきかれる。

「立派な部屋は値段が高い。長く滞在すると、原稿料が部屋代で消えていく。だらだ

らしていたら、原稿料以上に部屋代を払わされる危険な状態に陥る。ならばと、ペンが進む。期限に間に合う」

こんな説明をして、豪華なホテルに泊まることは、貧乏性の僕にはできない。何か理屈をつけないと豪華ホテルに泊まる人生の、至福のときは、朝の光を優しく跳ね返す地中海のアクアグリーンの、あるときは濃いブルーに染まった海面に視線を走らせながら、朝食につく一杯のコーヒーを口元に運ぶときだ。この喜びを毎朝感じながら、地中海に面した小さなホテルの一室で、計画している本の原稿を書いてみたい。そのためなら、いくらホテル代を払ってもいい。僕のホテルのイメージは確かに贅沢だと思うのだが、ひょっとしたらこれが今の僕の、最高の娯楽かも知れない。

とにかく僕はホテルが好きだ！

ホテル (hotel) でよく使われることば

フロント **front desk**
予約 **reservation**
宿泊手続き **registration**
シングル・ルーム **single room**

ツイン・ルーム **twin room**
バス付 **with bath**
シャワー付 **with shower**
朝食付 **with breakfast**

税込み **with tax included**
貴重品 **valuables**
ロビー **lobby**
ベルボーイ **bellhop**

ポーター **porter**
支配人 **manager**
レストラン **restaurant**
バー **bar**
トイレの水 **toilet flushing**

I made a reservation for five nights. (5泊予約しています)
Can I get a room with a sea view?(海の見える部屋ありますか)
Does this include a bath? (この部屋はバスつきですか)
Do you have any vacancies today? (今日、空き室ありますか)
All our rooms are filled up. (全館満室です)

チェック・インする **check in**
チェック・アウトする **check out**
請求書 **bill**
領収書 **receipt**
明細書 **itemized bill**

トラベラーズチェック **traveler's checks**
メッセージ **message**
交換台 **operator**
クリーニング **laundry**
料金 **charge**

静かな **quiet**
うるさい **noisy**
値段が高い **expensive**
値段が安い **inexpensive**
修繕する **repair**

鍵を閉める **lock**
モーニングコール **wake-up call**
非常口 **emergency exit**
非常階段 **emergency staircase**

I locked myself out of my room.
(鍵を部屋の中に置いたまま、ドアを閉めてしまいました)
When is the checkout time?
(チェックアウト・タイムは何時ですか)
Will you wake me up at 6:30 tomorrow morning?
(明朝、6時30分に起こしてください)
Can I use a credit card?
(クレジット・カードを使えますか)

電話に関することば

僕は典型的な「おしゃべり」だ。

「しゃべりすぎは人に嫌われる」

これまでに何回、反省したことか。

この生来の悪癖は、電話の世界でもあまり変わらない。長電話の大家である。それによく人に電話をかける。ただ長電話になりそうな予感がするときは、相手からかかってきた電話を切って、自分のほうからかけ直す。相手に"莫大な"電話料金を払わせることだけは避けたいと思うからである。

「守の長電話」「守の電話魔」などと、これまで随分たたかれてきた。事実だから、反論もできない。ただただ沈黙を守るだけだった。

そこで問題を一つ出してみよう。

「電話魔を英語で何といいますか」

——答え。phone junkie.

電話（telephone）に関することば

携帯電話　**cell phone**
留守番電話　**answering machine**
間違い電話　**wrong number**
フリーダイヤル　**toll-free number**
市内電話　**local call**

市外電話（長距離電話）　**long-distance call**
国際電話　**overseas call**
市外局番　**area code**
公衆電話　**pay phone**
いたずら電話　**prank call**

長電話　**to talk on the phone endlessly**
テレビ電話　**video telephone**
電話番号案内　**directory information service**
電話盗聴　**phone tapping**
「はい私です」　**Speaking.**
電話で話す　**talk over the phone**

I'd like to make an overseas call to China.
(中国へ国際電話をかけたいのですが)
I'm afraid you must have the wrong number.
(番号違いだと思いますが)
He is now on another line.
(彼はいま、別の電話に出ていますが)
Will you please leave a message for our boss?
(われわれのボスのために伝言お願いできますか)
Can I speak with Mr. Smith?　(スミスさんをお願いします)
Hold the line, please.　(ちょっとお待ちください)

ちょっと気になる略語18

① UFO   unidentified flying object   ユーフォー；未確認飛行物体
② IQ   intelligence quotient   知能指数
③ ATM   automatic teller machine   現金自動預払機
④ UV   ultraviolet   紫外線
⑤ BLT   bacon, lettuce and tomato   ベイコン、レタス、トマトが入ったサンドイッチ
⑥ D&D   deaf and dumb   完全黙秘
⑦ F1   Formula One   エフワン；最上級の四輪競技用自動車
⑧ DVD   Digital Versatile Disc   デジタル多用途ディスク
⑨ WASP   White Anglo-Saxon Protestant   ワスプ；白人でアングロサクソン系の新教徒
⑩ ICU   intensive care unit   集中治療室
⑪ OEM   original equipment manufacturing   相手先ブランドによる生産
⑫ GDP   gross domestic product   国内総生産
⑬ NGO   nongovernmental organization   非政府組織
⑭ MBA   Master of Business Administration   経営学修士
⑮ R&D   research and development   研究開発
⑯ M&A   mergers and acquisitions   企業の合併・買収
⑰ ODA   official development assistance   政府開発援助
⑱ CEO   chief executive officer   最高経営責任者

ちょっと気になる略語12

①the IMF　the International Monetary Fund　国際通貨基金
②the WHO　the World Health Organization　世界保健機関
③the WTO　the World Trade Organization　世界貿易機関
④the PLO　the Palestine Liberation Organization　パレスチナ解放機構
⑤the CIA　the Central Intelligence Agency　(米)中央情報局
⑥the EU　the European Union　欧州連合
⑦the UNHCR　the United Nations High Commissioner for Refugees　国連難民高等弁務官事務所
⑧OPEC　Organization of Petroleum Exporting Countries　石油輸出国機構
⑨ASEAN　Association of Southeast Asian Nations　東南アジア諸国連合
⑩NAFTA　North American Free Trade Agreement　北米自由貿易協定
⑪NASA　National Aeronautics and Space Administration　(米)航空宇宙局
⑫NATO　the North Atlantic Treaty Organization　北大西洋条約機構

——IMFのように、I,M,Fとアルファベットで呼ぶ組織や機関には、theをつける。ASEANのように、一つの単語として発音するものには、theはつけない。ただし、NATOは一つの単語のように発音するので、略語にはtheをつけないが、フルで綴ったときは例外的にtheをつける。なお、米国の組織や機関は例外が多い。要注意！

頭をゆるめるコラム

IMF（国際通貨基金）には、「解雇された」という意味がある？

　1998年11月3日、愛知学院大学経営学部4年生のO君が僕に面白い話を聞かせてくれた。内容はこうだった。
　――97年7月2日に始まったタイの金融危機の煽りを食って翌98年、韓国経済は危機的な状況に追い込まれた。彼は韓国の首都ソウルの中にある1日700円の安宿に泊った。床暖房の機器にIMFという文字が印刷されていた。あとは韓国語だったので読めなかった。「床暖房とIMF」との関係がどうしてもつかめず首をかしげていると、同宿のエチオピア人が「IMFは『特別価格』、そう特別に安い価格のことだ」と教えてくれた。韓国経済は行き詰まり、IMFの援助借款で何とか金融危機を乗り越える。ところがいわゆる「IMF方式」なる援助計画は、被援助国に徹底的な緊縮財政を強いる。景気は下降、会社は倒産、労働争議が頻発、失業者は増加した。その結果、韓国ではIMFとは「縮こまる」ことを意味する。従って、IMF価格とは「縮こまった価格」、すなわち「安い特別価格」を指すようになった。食べ物屋に入っても、「本日のメニューはIMF価格」と安さを表すのにIMFという言葉が使われていた――
　O君はなおもつづけた。
　「さらにIMFはI'm fired.（私は解雇された）の略語として使われていました。IMFから国が金を借りると、企業は合理化を求められ、労働者は首を切られるからです」

「日本の文化 (Japanese culture)」編

パラサイトシングル
"parasite singles", immature adult children living with their parents

ガングロ
ganguro, "black face", special makeup with dark-tanned appearance

ヤマンバ
yamanba, literally "old witch" with dark make-up

援助交際
compensated dating

帰国子女
children, who have lived overseas, with fluent English-speaking ability

バブルの崩壊
collapse of bubble economy

リストラ
restructuring

不良債権
bad loans

拉致
abduction, kidnapping

高齢化社会
aging society

携帯電話
cellular phone

漫画
manga, comics

義理
social obligation

人情
human feelings

恩
appreciation of favor

本音 real intention, true feelings	**建前** stated reason
身内 family circle	**お世辞** compliment
恥 dishonor	**村八分** ostracism
暗黙の了解 tacit approval	**以心伝心** unspoken understanding
根回し prior consultation	**世間体** reputation
茶道 tea ceremony	**華道** flower arrangement
書道 calligraphy	**浮世絵** ukiyoe(woodblock print)
絵巻物 narrative picture scroll	**水墨画** India ink painting
盆栽 dwarf trees	**漆器** lacquer ware

琴
koto, a kind of horizontal harp;
a traditional 13-stringed musical instrument

三味線
shamisen, a traditional three-stringed musical
instrument with a catskin-covered sound box

着物
kimono, Japanese traditional
wear with wide sleeves

落語
comic storytelling

歌舞伎
kabuki, a highly stylized traditional Japanese play,
stemming from noh

能
noh, a stylized and symbolic musical play performed
with unique classical costumes and masks

文楽
bunraku, a puppet play, now a classical art form on a par
with noh and kabuki

短歌
tanka, a short lyric poem expressing emotion,
consisting of 5 lines of 5,7,5,7 and 7 syllables

俳句
haiku, a short poem of 17 syllables arranged
in a 5-7-5 pattern, dealing with life and nature

柔道
judo, a traditional sport of unarmed self-defense, taking
advantage of the opponent's strength and movement

剣道
kendo, the Japanese version of fencing for self-defense with a bamboo sword

空手
karate, a traditional sport developed as an unarmed self-defense art

じゃんけん
rock, paper, scissors

にらめっこ
staring contest

羽根突き
battledore and shuttlecock

綾取り
cat's cradle

指相撲
thumb wrestling

お中元
midsummer gifts

お歳暮
year-end gifts

刺身 sliced raw fish	**鮪（まぐろ）** tuna
鰹（かつお） bonito	**鰯（いわし）** sardine
鯛（たい） sea bream	**平目** flat fish
烏賊（いか） cuttlefish	**蛸（たこ）** octopus
車海老（くるまえび） prawn	**ハマチ** yellowtail
鯖（さば） mackerel	**雲丹（うに）** sea urchin
イクラ salmon roe	**数の子** herring roe

赤貝 ark shell	鳥貝 cockle
鯨（くじら） whale	鮑（あわび） abalone
	餅 rice cakes
梅干 pickled plum	豆腐 bean curd, tofu
納豆 fermented soybeans	うどん wheat noodles
煎餅 Japanese crackers	羊羹 bean-paste jelly

日本の祝日
Japanese National Days

元旦（1月1日）
New Year's Day

成人の日（1月第2月曜日）
Coming-of-Age Day

建国記念の日（2月11日）
National Foundation Day

春分の日（3月21日ごろ）
Vernal Equinox Day

みどりの日（4月29日）
Greenery Day

憲法記念日（5月3日）
Constitution Day

こどもの日（5月5日）
Children's Day

海の日（7月第3月曜日）
Marine Day

敬老の日（9月第3月曜日）
Respect-for-the-Aged Day

秋分の日（9月23日ごろ）
Autumnal Equinox Day

体育の日（10月第2月曜日）
Sports Day

文化の日（11月3日）
Culture Day

勤労感謝の日（11月23日）
Labor Thanksgiving Day

天皇誕生日（12月23日）
Emperor's Birthday

日本の年中行事
Japanese Annual Events

正月 (1月)	初詣
New Year	one's first visit of the year to shrine or temple

年始参り	新年会
New Year's visit	New Year party

節分 (2月3,4日ごろ)	雛祭り (3月3日)
The Traditional End of Winter	Girls' Festival, Doll Festival

彼岸 (3月,9月の20日前後)	花見 (3-5月)
Equinoctial Week	Cherry blossom viewing

端午の節句 (5月5日)	七夕 (7月7日)
Boys' Festival	Star Festival

盆 (7月ないし8月の13-16日)	月見 (9月の中頃)
Festival of Souls	Moon Viewing

七五三 (11月15日)	大晦日 (12月31日)
Seven-Five-Three	New Year's Eve

忘年会	年越しそば
year-end party	year-end dish of buckwheat noodles

除夜の鐘

the bell, which is rung 108 times, beginning just a little before midnight on New Year's Eve

決まり文句（その1）

もちろん!
Sure!

すごい!
Great!

よくやった!
Good job!

助けて!
Help!

ありがとさん!
Thanks a lot!

どう致しまして!
My pleasure!

ほっといてよ!
Leave me alone!

ばんざーい!
Hurray!

しまった!
Oh no!

頭にきたよ。
I'm really angry.

黙れ!
Shut up!

アレルギー持ちなの。
I'm allergic!

決まり文句（その2）

困っているんです。
I'm in trouble.

どうしたの？
What happened?

続けて!
Go on!

今に見ていろ!
You'll see!

よく言うよ!
What are you talking about?

こんちくしょう!
Shit!
Darn it!

ばか!
You dummy!

それ、とっても迷惑なんですけど!
It's very annoying!

緊急です!!
Emergency!

お気の毒に!
That's too bad.
Sorry to hear that.

落ち着けよ!
Take it easy!
Calm down!

お気になさらずに!
No problem!
Don't worry about it!

生活の中の様々な音に関することば

ジャラジャラ	[固い物がぶつかり合って]
jingle-jangle	

ストン	[落下して]
plunk/plonk	

カチカチ	[時計などが音を立てて]
ticktick/ticktock	

ガタガタ	[揺れて音を立てて]
rattle-rattle	

ビリビリ	[電気で]・[裂けて]
zzzt/bzzt ・ rip	

バチャッ	[水などがはねて]
splash/splat	

グツグツ	[煮えたぎって]
bubble-bubble	

グシャッ	[つぶれて]
splat/squash/smash	

ガン	[ひどくなぐられて・ぶつかって]
conk/clonk ・ bang/clang	

ガラガラ	[壊れて]
crash/rattle-crash-bang	

ポカッ	[なぐって・強烈な一撃]
bop/whack/whop ・ zonk/bonk	

リーンリーン	[ベルが]
jingle-jingle	

ポン	[破裂して・軽くたたいて]
pop ・ ponk	

ビシッ	[激しい一撃・むちで]
whap/whack ・ crack	

バン	[ひっぱたいて・銃声が]
whack/whap/wham ・ bam/blam	

コンコン	[軽くたたいて・戸を]
tap-tap ・ knock-knock	

ギーギー	[固い物でこすって]
scrape	

カサカサ	[落ち葉などが]
rustle-rustle	

ドカーン	[爆発して・大砲が]
baboom/barroom ・ boom	

チョキチョキ	[切って]
clip-clip	

トン	[軽くたたいて]
tap	

パリパリ	[物が砕けて]
crunch-crunch	

ポタッ	[したたって]
drip-drip	

ポチャン	[水に落ちて]
plop	

ピシャッ	[平手でたいて]
whap/whack	

ヒュー、ピュー	[弾丸などが・笛の音・むちが]
whiz/zip ・ tweet ・ swish	

ピーン	[はじいた音]
ping	

ダダダ	[機関銃の発射音・ドリルで]
rat-a-tat-tat ・ bratatat	

ズドン	[発射音]
bang/blam	

　以上、生活の中の様々な音は、次の小冊子より引用させていただきました。
信　達郎、ヤヌシュ・ブダ監修
『imidas'99別冊付録　最新英語雑学事典』1999年　206―212頁

もうチョット知りたい現代用語

【「社会生活」編】

変造硬貨	*counterfeit coin*
エリート	*the elite*
骨抜きにする(法案を)	*water down*
援助交際	*compensated dating*
イージス艦	*Aegis vessel*
テポドン	*Taepodong ballistic missile*
スパイ衛星	*spy satellite*
公共事業	*public work projects*
抵抗勢力	*anti-reformer*
避妊	*contraception*
流産	*miscarriage*
中絶	*abortion*
生理	*period*
高齢出産	*late childbirth*
縄張り争い(官僚間の)	*bureaucratic turf war*
中途採用	*mid-career recruiting*
デマ	*groundless rumor*
同性愛者	*homosexual, gay, lesbian*
臨死体験	*near-death experience*
生物学的多様性	*biodiversity*
絶滅危惧種	*endangered species*
銃社会	*gun society*
リンチ	*lynch, beat up*

活断層 ……………………………………………… active fault
震源地 ……………………………………………… epicenter
在宅勤務 …………………………………………… teleworking
コレステロール …………………………………… cholesterol
財テク ……………………………………… financial manipulation
貸し渋り ………………………………… reluctance to grant loans
族議員 …………………………………………… lobbyist-politician
試験管ベイビー ………………………………… test-tube baby
消費税 …………………………………………… consumption tax
サイン（名士の）………………………………………… autograph
動物性脂肪 ………………………………………………… animal fat
無印商品 ………………………………………………… generic brand

【「環境問題」編】

騒音公害 ………………………………………………… noise pollution
南極などの氷の溶解 …………………………… melting of polar ice
降雨パターンの変化 ……… change in precipitation patterns
二酸化硫黄 ………………………………………………… sulfur dioxide
オゾン層破壊の原因となるフロンガス
 ……………… ozone-depleting chlorofluorocarbon gases
よりクリーンな燃焼 …………………………… cleaner burning
石炭発電所 ………………………………………………… coal plant
天然ガス発電所 ………………………………… natural gas plant
排煙脱硫 ………………………………………… flue gas desulfurization
環境白書 ………………………… White Paper on the Environment
環境保全 ……………………………………… environmental preservation
公害防止 ………………… prevention of environmental pollution
温暖化ガス排出権 ………… greenhouse gas emission rights
環境会計 environment account, environmental accounting
環境経営 ……………………………………… environmental management
環境税 …………………………………… environment tax, green tax

【労働問題でよく使われることば】

雇用不安	job insecurity, employment insecurity
雇用調整	job reductions, labor adjustments
一時解雇	layoff
パートタイマー	part-time worker, part-timer, part-time staff
雇用対策	measures to create employment
年功序列型賃金制度	seniority-oriented wage system
能率給	efficiency wage
セクハラ	sexual harassment
ワークシェアリング	work-sharing
業績評価	performance appraisal
懲戒	discipline
停職	suspension from duty
左遷	degradation
配置転換	job rotation
転任	relocation
出向	temporary transfer
週休2日制	five-day week
有給休暇	paid holidays
辞職	resignation
職業斡旋	job placement
転職	job hopping, to change jobs

【「ビジネス用語」編】

ブランド資産	brand equity
商品が同士討ちする	cannibalize
ダブル・フランチャイズ	co-branding
カテゴリー・キラー（特定商品の安売り大型店）	category killer
ワンストップ・ショッピング（効率のいい買い物の仕方）	one-stop shopping

グリーン・マーケティング（環境を考えたマーケティング）
………………………………………………… *green marketing*
カスタマー・インティマシー（顧客を全人格的に捉えること）
………………………………………………… *customer intimacy*
顧客維持 ………………………………… *customer retention*
製造小売業（アパレルの）
… *specialty-store-retailer of private label apparel*（SPA）
サプライ・チェーン・マネージメント
………………………………………… *supply chain management*
企業の中の問題児 ……………………………… *problem child*
職場の人種の多様性重視 ………………………… *diversity*
管理職（大物、自分を大物と見込んでいる者）……… *big wheel*
社員の首を切る ………………………………… *cut throats*
再就職支援 ……………………………………… *outplacement*
（企業業績が期待を）大きく上回る ……………… *outperform*
中核事業 ………………………………………… *core business*
法令順守 ………………………………………… *compliance*
キュービクル（米国企業の仕切られた仕事場）………… *cubicle*
豊富な資金 ……………………………………… *deep pockets*
箇条書きされた要点 ……………………………………… *bullet*
戦略提携 ……………………………………… *strategic alliance*
持ち株会社 …………………………………… *holding company*
ナレッジマネージメント ……………… *knowledge management*
社内企業家 ………………………………………… *intrapreneur*
エンジェル（生まれたばかりの企業に投資する個人投資家）… *angel*
複雑系 ………………………………………… *complex system*
ネズミ講 ……… *multilevel marketing, network marketing, cooperative marketing, pyramid scam, pyramid scheme*
民間企業 ……………………………………… *private company*
国営企業 …………………………………… *state-run enterprise*
多国籍企業 …………………………… *multinational corporation*

複合企業	conglomerate
外資系企業	foreign-affiliated company
経営幹部	executive
一般社員	rank and file
支払い遅延	delay in payment
未払い	outstanding balance
督促状	reminder
製造物責任	product liability (PL)
広告	advertisement
合意	agreement
決裂	breakdown
電子商取引	e-commerce
電子商店街	e-mall
サイバーショッピング	cyber shopping
不当解雇	unfair dismissal
赤字会社	profit-losing company
大量解雇	mass dismissal, mass discharge
設備廃棄	plant closing, disposal of equipment
会社分割	split-off
累積債務	accumulated debt
債務不履行	default
自主廃業	voluntary liquidation
会社解散	corporate dissolution
破産管財人	trustee in bankruptcy
企業経営	business management
経営理念	management principles
健全経営	sound management
多角経営	multiple operations
独立採算	self-supporting accounting
外部委託	outsourcing
業務提携	business partnership

資金調達 ……………………………………… fundraising
インキュベーター …………………………………… incubator
企業会計 ……………………………… corporate accounts
財務諸表 ………………………………… financial statements
貸借対照表 …………………………………… balance sheet
キャッシュフロー計算書 ………… statement of cash flow
売上げ原価 ……………………………………… cost of sales
時価会計 ………………………… mark-to-market accounting

【「国際貿易用語」編】

互恵関税 …………… bargaining duties, reciprocal duties
関税撤廃 ………………………………… elimination of tariffs
市場アクセス …………………………………… market access
ガット（関税貿易に関する一般協定）
　GATT (1947～1994) General Agreement on Tariffs and Trade
無差別原則 ……………………… principle of nondiscrimination
中国のWTOへの加入 ……………… China's entry into the WTO
自由貿易協定 …………………………… FTA, Free Trade Agreement
農業保護 ………………………………… agricultural protection
食糧自給率 ………………………… food self-sufficiency ratio
禁輸措置 ……………………………………………… embargo
輸入課徴金 …………………………………… import surcharge
報復関税 ………………………… retaliatory tariff, punitive tariff
不公正貿易慣行 …………………………… unfair trade practices
信用状（L/C）………………………………… letter of credit
FOB（本船渡し価格）…………………………… free on board
CIF（運賃保険料込み価格）…… cost, insurance and freight
輸出決済レート ………………………… export settlement rate

【「国内政治」編】

電子政府 ………………………………… electronic government

公的年金	public pensions
保険料の不払い	no payment of insurance premium
主要政党	major political parties
自由民主党	the Liberal Democratic Party
民主党	the Democratic Party of Japan
公明党	the New Komeito
日本共産党	the Japanese Communist Party
社会民主党	the Social Democratic Party
保守新党	the New Conservative Party
与党	ruling party
少数与党政権	minority government
安定多数	stable majority
絶対安定多数	absolute majority
二院制	two-chamber system
衆議院	the House of Representatives
参議院	the House of Councilors
小選挙区	small-sized constituency
中選挙区	medium-sized constituency
公認候補	officially ticketed candidate
選挙運動	election campaign
選挙違反	election violation
投票率	voter turnout
開票	counting of votes
政党交付金	public subsidy for political parties
政権	political power, government, administration
連立与党	coalition party
単独政権	single-party government
政権交代	change of power, change of government

【「国際政治」編】

伝統的米外交政策	traditional U.S. diplomatic policy

孤立主義	isolationism
モンロー主義	the Monroe Doctrine
国際刑事裁判所発足	launch of International Criminal Court (ICC)
国連安全保障理事会	the U.N. Security Council
常任理事国5カ国	permanent 5 (P5)
国連平和維持活動	U.N. peacekeeping operations (PKO)
核兵器の拡散	proliferation of nuclear weapons
核抑止力	nuclear deterrent capacity
パレスチナ解放機構	the PLO, the Palestine Liberation Organization
イスラム原理主義	Islamic fundamentalism
アラファトPLO議長	PLO chairman Yasser Arafat
アナン国連事務総長	U.N. Secretary-General Kofi Annan
パウエル米国務長官	US Secretary of State Colin Powell
シャロンイスラエル首相	Israeli Prime Minister Ariel Sharon
オスロー合意	Oslo Peace Agreement
当時の首相イツハク・ラビン	then-Prime Minister Yitzhak Rabin
ノーベル平和賞	the Nobel prize for peace
重債務貧困国	heavily indebted poor countries (HIPCs)
重債務貧困国への債権放棄	Debt Cuts to HIPCs
レイムダック	lame duck
ファーストレディー（大統領夫人）	first lady
米大統領専用機	Air Force One
補佐官	aide
国家安全保障	national security
紛争	conflict
領土論争	territorial dispute
領事部	consular section
暫定政権	transitional government
夜間外出禁止令	curfew
戦争犯罪裁判所	war crimes tribunal
ブッシュ・ドクトリン	Bush Doctrine

一国主義 ··· *unilateralism*

【「戦争・軍事」編】
通常兵器による戦争 ······················· *conventional war*
核兵器 ··· **nuclear weapons**
化学戦 ··· *chemical warfare*
細菌戦争 ··· *biochemical warfare*
バイオテロリズム ······························· *bioterrorism*
非殺傷兵器 ···································· **non-lethal weapon**
非対称的脅威（正規軍に対してテロ攻撃）··· *asymmetric threats*
サイバーテロリズム ···························· *cyberterrorism*
デュアル・ユース（技術が民生・軍事両用）·········· *dual-use*
コンゲイジメント（和戦両用の政策） ········ **congagement**
エシュロン（米国と英語圏の国による世界の通信傍受システム）
 ··· *Echelon*
米本土ミサイル防衛 ············ *NMD, National Missile Defense*
戦域ミサイル防衛 ··············· *TMD, Theater Missile Defense*
包括的核実験禁止条約 ··· *CTBT, the Comprehensive Test Ban Treaty*
核拡散防止条約
 ······ *Treaty on the Non-proliferation of Nuclear Weapons*
軍隊 ··· **armed forces, troops**
陸軍 ··· *army*
海軍 ··· *navy*
空軍 ··· *air force*
戦力 ··· *war potential*
戦争犯罪人 ··· *war criminal*

【家族に関することば】
パパ ··· *dad, daddy*
ママ ··· *mom, mommy*
子供のいない共働きの夫婦 ··· *DINK（double income no kids）*

別居 ······ separation
養子縁組 ······ adoption
里親 ······ foster parent
養育権 ······ child custody
親戚 ······ relative
おじ ······ uncle
おば ······ aunt

【「科学技術」編】
ナノテクノロジー(「10億分の1」を単位とする超微細技術)
······ nanotechnology
ナノマシーン ······ nanomachine
カーボンナノチューブ ······ carbon nanotube
代替燃料 ······ alternative fuel
超ひも理論 ······ super string theory
セレラ・ジェノミックス社(人間の遺伝子解読をやっている米ベンチャー企業)
······ Celera Genomics
クローン ······ clone
DNAを複製すること ······ cloning DNA
ドリー(世界最初のクローン羊) ······ Dolly
DNAチップ ······ DNA chip
ES細胞 ······ embryonic stem cell
マーズ・オデッセイ(米火星探査機) ······ Mars Odyssey
カーボン・シンク(大気中のCO_2を吸収する森林など) ··· carbon sink

【コンピューター&インターネットに関することば】
基本ソフト ······ operating system (OS)
リナックスOS ······ Linux operating system
パソコン ······ personal computer (PC)
ノート型パソコン ······ notebook computer
ラップトップ型パソコン ······ laptop computer

デスクトップ型パソコン	*desktop computer*
ネットワーク・コンピューター	*network computer*
ランチボックス（ラップトップより大き目の持ち運び可能なコンピューター）	*lunch box*
分子コンピューター	*molecular computer*
量子コンピューター	*quantum computer*
分類型コンピューティング	*distributed computing*
ユビキタス・コンピューティング	*ubiquitous computing*
コンピューター・リテラシー	*computer literacy*
コンピューター化	*computerization*
3次元CAD	*3D computer-aided design*
コンパクトディスク	*compact disc*（CD）
フロッピーディスク	*floppy disk*
フラッシュメモリー	*flash memory*
CD-RW（書き換え可能なCD）	*CD rewritable*
MPU（超小型演算処理装置）	*microprocessor unit*
PDA（携帯情報末端）	*personal digital assistant*
USB（ユニバーサル・シリアル・バス）	*Universal Serial Bus*
HTML（ホームページ作成用コンピューター言語）	*hypertext markup language*
フリーウェア（無料で使用可能なプログラム。しかし営業目的では使用禁止）	*freeware*
フリーウェイ（作者の権利放棄により誰でも使えるソフト）	*freeway*
オープンシステム	*open system*
キラーアプリケーション（優れたソフトウェア）	*killer application*
グループウェア	*groupware*
シェアウェア（試用は無料だが、正式利用は有償のソフトウェア）	*shareware*
モバイル	*mobile*
ワークステーション	*workstation*

データベース	database
虫取り（バグ取り用プログラム）	DDT
インターフェイス	interface
情報技術	information technology (IT)
IT革命	IT revolution
電子メール	e-mail
インターネット	Internet
インターノート（インターネット利用者）	internaut
インターネット・プロバイダー	Internet service provider (ISP)
アプリケーション・サービス・プロバイダー	application service provider (ASP)
イントラネット	Intranet
ウェブサイト	Web site
WWW	world wide web
検索サイト	search engine site
コンテンツ	contents
接続性	connectivity
サイバースペース	cyberspace
シームレス	seamless
システム開発	systems development
情報ハイウェイ	information highway
ADSL（非対称デジタル加入者線）	Asymmetric Digital Subscriber Line
ブロードバンド（大容量回線）	broadband
デジタル・デバイド（情報格差）	digital divide
非接触型ICカード	noncontact IC card
バーコード	bar code
閲覧ソフト・ブラウザー	browser
サイバーカフェ	cybercafe
ファイヤーウォール（情報漏えい防止システム）	firewall
ミドルウェア	middleware

サイバーポルノ	cyber sleaze
サイバー泥棒	cyberthief
ナードリング（初歩のコンピューターおたく）	nerdling
マウスポテト（インターネットに嵌っている人）	mouse potato
ドッグイヤー（情報化社会における変化の速さの喩え）	dog year
仮想商店街	virtual shopping mall
オンラインショッピング・モール	online shopping mall
サイバーモール	cybermall
逆オークション	reverse auction
チェインメール	chainmail
オンライン賭博	online gambling
侵入する	penetrate
クラッカー	cracker
ニムダ	Nimda
ワーム（ネットワーク上で自己増殖をつづけ害を与えるプログラム）	worm
パケットスニファー（ネット上のデータ盗み取りプログラム）	packet sniffer
リバースエンジニアリング	reverse engineering
ネチケット	netiquette
CERT（ネット上におけるセキュリティ監視団体）	Computer Emergency Response Team

【国内経済に関することば】

平成不況	the Heisei Recession
景気の軟化	slowdown, weakness, slack
経済のひずみ	economic maladjustment
インフレ経済	inflationary economy
コストインフレ	cost-push inflation
コンドラチェフの波	Kondratiev cycles
工業	industry

商業	commerce
農業	agriculture
第1次産業	primary industry
第2次産業	secondary industry
第3次産業	tertiary industry
景気調整	economic adjustment, cyclical adjustment
景気対策	cyclical countermeasures
生産調整	production adjustment
景気刺激策	stimulative step
有効需要	effective demand
需給ギャップ	supply-demand gap

【財政・金融・株式に関することば】

金融機関	financial institution
金融庁	Financial Services Agency
債権放棄	debt forgiveness
債権の証券化	securitization of credit receivable
国債直接引き受け	direct purchases of Japanese government bonds by the Bank of Japan
日銀特融	BOJ's special loans
7カ国蔵相・中央銀行総裁会議	meeting of G-7 finance ministers and central bank governors
国際決済銀行	(BIS) the Bank for International Settlements
BIS規制	BIS's capital adequacy requirements
自己資本規制	regulatory capital requirements
邦銀向け上乗せ金利	Japan premium
個人金融資産	individual financial assets
債務保証	loan guarantee
融資	loan, lendings, exposure
最優遇貸出金利(プライムレート)	prime lending rate
変動金利	floating rate

金融大改革（ビッグバン）	Big Bang financial reforms
ペイオフ	payoff
為替相場	exchange rate
為替変動	exchange rate fluctuations
為替リスク	foreign exchange risks
為替予約	forward exchange contracts
為替差益	exchange gain
ペッグ制（連動相場制）	pegging system
変動相場制	floating exchange rate system
固定相場制	fixed exchange rate system
実効為替レート	effective exchange rate
内外価格差	price gaps
購買力平価	purchasing power parity（PPP）
東京証券取引所	Tokyo Stock Exchange
ニューヨーク証券取引所	New York Stock Exchange
ロンドン証券取引所	London Stock Exchange
利益確定売り	profit-taking
金融派生商品	derivatives
転換社債	convertible bond
個人投資家	individual investor
機関投資家	institutional investor
日経平均株価	the Nikkei Stock Average
東証株価指数	Topix Index
ダウ工業平均株価	the Dow Jones industrial average
ナスダック複合指数	the NASDAQ Composite Index
指標銘柄	benchmark stock
オンライン取引	online trading
インサイダー取引	insider trading
株式公開買い付け	takeover bid（TOB）
信用取引	margin trading
株価操作	stock price manipulation

店頭市場	over-the-counter market
店頭株	stocks traded over the counter
値がさ株	high-priced issue
ハイテク株	high-tech issue
輸出関連株	issues of export-related companies
地震デリバティブ	earthquake derivatives
天候デリバティブ	weather derivatives

【「宗教」編】

寺	temple
神道	Shinto
神社	shrine
新教	Protestantism
旧教	Catholicism
教会	church
キリスト	Christ
聖書	the Bible
マホメット	Muhammad, the Prophet
アラー	Allah
コーラン	the Koran
メッカ巡礼	hajj, haj, hadj
聖戦	Jihad
トーラ(モーセの五書、律法を中心とする旧約聖書)	the Torah
タルムード(ユダヤ律法とその解説の集大成の本)	Talmud
ラビ(ユダヤ教の聖職者)	rabbi
ヒンズー教	Hinduism
神聖な	holy, sacred
儀式の	ceremonial
儀式ばった	ceremonious
信心深い	faithful
ムラー(イスラム聖職者)	mullah

アヤトラ（シーア派聖職者の最高位） ··················· *ayatollah*
イマーム（スンニ派ではモスクにおける導師；シーア派ではマホメットの直系子孫のイスラム最高指導者） ·········· *imam*
修道士 ·· *monk*

【健康・医学に関することば】

HIV抗体検査 ··· *HIV antibody test*
HIV陽性 ·· **HIV-positive**
カクテル療法 ··· *multi-drug cocktail treatments for AIDS patients*
マラリア ·· *malaria*
結核 ··· *tuberculosis*
ヤコブ病 ································· **Creutzfeldt-Jakob disease**
口蹄疫 ····························· *foot-and-mouth disease [FMD]*
アルツハイマー病 ······························· **Alzheimer's disease**
脳障害 ·· *brain disorder*
物忘れ ··· *forgetfulness*
C型肝炎 ·· *hepatitis C*
インポテンツ（勃起不全）··· *impotence, erectile dysfunction*
バイアグラ ······························· *Viagra (anti-impotence drug)*
血圧降下剤 ························· **hypertension treatment drug**
高コレステロール ·························· *high levels of cholesterol*
統合失調症 ··· *schizophrenia*
骨粗鬆症 ··· *osteoporosis*
インフルエンザ··· *influenza, flu*
エコノミークラス症候群 ··· *economy class syndrome* (ECS)
心的外傷後ストレス障害（PTSD）*post-traumatic stress disorder*
くも膜下出血 ································ *subarachnoid hemorrhage*
虫垂炎 ·· **appendicitis**
肺炎 ··· *pneumonia*
白血病 ·· **leukemia**
肝硬変 ·· *cirrhosis*

淋病	*gonorrhea*
梅毒	*syphilis*
はしか	*measles*
神経痛	*neuralgia*
遺伝病	*genetic disease*
安楽死	*euthanasia, mercy killing, easy death*
コンピューター断層撮影装置(CT)	*computerized-tomography (CT) scanning equipment*
磁気共鳴画像装置(MRI)	*magnetic resonance imaging equipment*
再生医療	***regenerative medicine***
免疫抑制剤	*immunosuppressant drug*
臨床試験	***clinical test***
人工臓器	*artificial organs*
人工心臓	***artificial heart***
医療過誤	*medical malpractice*

第5編　英単語の盲点

第10章 英単語に潜む毒牙に要注意!

英語を学習している人の行き着く先に、もちろん僕自身も含めての話だが、二つの大きな落とし穴が仕掛けられている。それは必ずしも、積極的に仕掛けられたものではないが、たとえ消極的なものであっても、落とし穴であることには違いない。恐ろしいことだ。

①やさしい単語は、改まって辞書を引こうとは思わないし、実際、絶対といっていいほど、引かない。

例えば、pianoという単語を目にしたとき、たまには辞書を引いて何か面白いことでも発見してやろうと、思う人が何人いるだろうか。まずいない。

正直いって、僕自身、pianoという単語を辞書で引いて、使い方の妙を楽しもうなどと考えたことはない。時間の無駄だと心得ていたからだ。

② かなりゆとりというか、実力がないと、一つの単語について、いくつもの意味を覚えようという気にはなれない。

正直なところ、一つの単語について、一つの意味を持ったものだといわれればよしとしてしまう。ただ、この単語は、多義語でいろいろな意味を持ったものだといわれれば、三つや四つぐらいなら、特別に覚えることに抵抗はない。ただし、すべての単語について、同じことをいわれたら、拒絶するだろう。

そこに盲点が潜んでいる。次に紹介するように、普通の単語でも、常識で知っている意味とは、時として正反対の意味を兼ね備えていることもあるから気をつけたい。これまでの常識的な訳語だけでは埒(らち)が明かない。

founder, lemon, traffic, doctor そして **contract** も、クセモノだし、よくぞ正反対の意味を同時に備えて、平気な顔をしていられるものだと文句の一つもいってやりたいほどだ。

民族を表す言葉になると、歴史的な背景を知らない場合には、なぜそれほどひどい意味をかぶせるのか、腹立たしくなってくる。しかし、歴史と言語のかかわりを知れ

普通の単語の怖い顔

> **founderは名詞では「創設者」、動詞になると？「沈没する」！**

「founderという単語ほど、英語を学ぶ者を惑わせるものはないと思います。少し英語を嗜(たしな)んだ人は、founderが『創設者』ないし『設立者』というぐらいの意味は知っています。レベルでいえば、英検2級程度の単語です。簡単すぎるもので、そこそこ実力のある人なら、この単語の意味を辞書で確かめることは、まず、ないと思います」

ここで僕は一息入れる。

「そこに、思わぬ落とし穴があるんですね」

英語の学習会に招かれた僕はいつも、こんな話から英語の不思議、恐ろしさについて語り始める。

find（見つける）の過去形はfoundで、過去分詞は同じくfoundである。

find found found

この活用は、中学時代に習う英語の話だ。で、過去形の **found** が、現在形で使われると、「創設する」「設立する」という意味になる。この **found** に **er** をつけると、**teach**（教える）に **er** をつけて **teacher**（先生）となるように、**founder** になり「創設者」、「設立者」の意味になる。

ところが、この **founder** こそ「悪魔の言葉」なのだ。いやいや「悪魔そのもの」である。

founder が「創設者」「設立者」であることを知らない人は、何でもかんでも辞書を引く。そこから、思わぬヒントを得る。僕がいつもかばんの中に忍ばせている小型の辞書がある。学研が出している「パーソナル英和辞典」だ。この辞書を使って、いま問題にしている **founder** を引いてみた。

founder 1 ［名］設立者、創設者、基金寄付者。
founder 2 ［自］（馬が）疲労して倒れる、（船が）浸水して沈む、失敗する、（会

社が）つぶれる

[他]（馬を）乗りつぶす、（船を）沈没させる

同じfounderでも、名詞と動詞では意味の開きがありすぎる。名詞では、強い前向きな感じが滲(にじ)み出ているのに対して、動詞は極めて後ろ向きである。破壊的で否定的な言葉で塗りつぶされている。名詞だけの意味しか知らないと、founderが文章の中に出てきた場合、解釈不能に陥ってしまう。

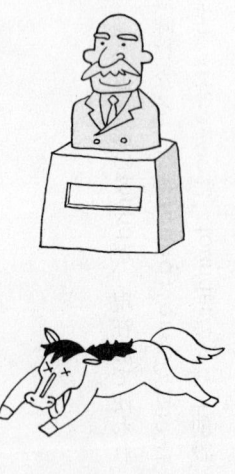

実は、この否定的な意味を持つ動詞の**founder**を探すため、日本で発行されている英字新聞はもとより、**The New York Times, The Financial Times, The Wall Street Journal**など世界的な新聞を漁り、何年間かまるで殺人犯を追う刑事のように、執拗に追い求めていった。何年たっても成果は出なかった。

ところが日本で発行されている英字新聞の2002年10月1日付**The Herald Tribune/The Asahi Shimbun**の中の、**The Asahi Shimbun**部分で、動詞の**founder**をやっと発見した。何十年間も逃亡中の犯罪者を遂に発見し、逮捕に漕ぎ着けた刑事の感覚があった。

新聞の大きいタイトルは、**Environmental awareness growing in Asia**（アジアにおける環境意識の拡大）で、東アジア全域の地図が載っており、その東アジア地域の中で、いま具体的に起きている大きな環境問題を六つ挙げていた。

① **Spread of yellow sand** （[中国での]黄砂の拡大）
② **The Three Gorges Dam** （[中国の]三峡ダム）
③ **Forest fires in Indonesia**（インドネシアの山火事）

④ Widespread forest fires in Siberia (2002)（シベリアにおける広範に拡大した森林火災 [2002]）

⑤ Low-lying islands under threat from global warming（[南太平洋の] 気象温暖化により水没の脅威にさらされている海抜の低い島々）

そして、極め付きは、

⑥ **Oil spill in the Sea of Japan after Russian tanker Nakhodka founders (1997)**
（ロシアのタンカー "ナホトカ号" の浸水による沈没後、日本海に石油流失 [1997]）

まさに founder が動詞として、「浸水によって沈没する」意味に使われているではないか。

被害の現実は悲しいが、その単語が使われているという現実はうれしかった。いや感動と歓喜で飾られた、何年間かかかってようやく手に入れた素晴らしいもう一つの

lemonの香りは鼻腔に心地よいが、その第何番目かの意味は？「欠陥品」

現実であった。

僕はビタミンCの爽やかなイメージの強いlemonが大好きだ。では、なぜビタミンCに惹かれるのか。実は、祖母も叔父も胃がんで他界し、その上僕は生まれつき胃が弱かったため、胃がんになるかも知れないという不安をいつも持っていたからである。

「では、ビタミンCと胃がんとがどう関わるのか」

当然出てくる問いである。

動物性蛋白質をとると胃袋の中で、胃酸と結合してニトロソアミンが生成される。そのニトロソアミンが胃がんを発生させるといわれている。問題のニトロソアミンを作らせない方法として、ビタミンCを含んだものを一緒にとるとよい。動物性蛋白質と胃酸との化学反応によるニトロソアミン生成を邪魔するといわれているからだ。

この話を聞いて、僕はビタミンC党になった。ビタミンCといえば何といってもレモンである。あの新鮮なレモンの香りをかぐと心が癒され、かつ胃がんを抑えてくれ

る。こんな素敵なものは、この世にないと思っていた。レモンは120％プラス・イメージの果物であった。好感度は抜群だ。

ところが、この世間一般のイメージを覆したのが、lemonという英単語の第何番目かの意味である。「プロシード英和辞典」で、この単語を引いてみた。

① レモン
② レモンの木
③ レモン色
④ レモンの風味、レモンジュース
⑤ (俗) だめな人、いやなやつ、**魅力のない人**
⑥ (俗) **欠陥品、欠陥車**

普通、辞書で単語の意味を確かめるとき、正直いって、5番目、6番目までは目が届かない。まして (俗)、つまり「俗語」となれば、ますます5番目は遠のく。僕も高校時代までは、lemonは口にする香りのいいレモンしか念頭になかった。どこで知るよ

うになったかは定かではないが、⑤⑥の意味があることを認識するようになった。AP通信社が公式に使っている辞書のWebster's New World College Dictionaryでlemonの項目を調べてみた。第4番目のところに、次のような説明を載せていた。

[Slang（俗語）]
a) something, esp. a manufactured article, that is defective or imperfect（欠陥のある、または不完全なもの、特に製造品）
b) an inadequate person（不適切な人）

なるほど日本語の辞書も米国の代表的な辞書も大体、同じ内容だが、ただ人とモノの順番が違っていただけだ。僕自身も欠陥商品をあらわすときには、これまでよくlemonを使ってきた。

This car is a lemon.
(この車は欠陥車だ)

This machine tool is a lemon.
(この工作機械は不良品だ)

あの爽(さわ)やかな味のレモンは、「欠陥商品」に化けてしまった。実は、日本に輸入されているレモンも、実は、「欠陥商品」なのである。輸入品のレモンのほとんどは、輸送途上でカビが生えないように、防カビ剤のOPP, DP, TBZのいずれか一つを使用している。ところが米国ではこれらの防カビ剤は発がん性物質につき国内用には使用禁止になっている。しかし、輸出用は許される。ほとんどの日本人はこの事実を知らずに、ニコニコ顔で輸入レモンを口にしている。詳しくは、拙著『ドキュメント　日米レモン戦争』(家の光協会刊) を参照願いたい。日常的に口にしている果物の中で、「意外な意味を持つもの」を三つに分け、さらに「中立的なもの」を加えてみる。

①悪い意味を持つもの

　　lemon（欠陥車）

　　banana（白人にこびる黄色人種）

　※ go bananas [(俗)一時的に気が変になる、かんかんに怒る]

②よい意味を持つもの

　　peach（[古風] 素敵な人、美人、きれいな人）

　※ This is a peach of a car. [これはすごく素敵な車だ]

　　plum（素敵なもの）

③悪い意味とよい意味の両方を持つもの

　　apple

　※ polish apples [ごまをする]

　※ the apple of a person's eye [目の中に入れても痛くないほど大切なもの（人）]

④どちらでもなく中立的なもの

　　orange, strawberry, pineapple, etc.

traffic（交通）は動詞にすると「麻薬取引する」、doctor（医者）は「改竄(かいざん)する」、contract（契約）は「縮小する」

かねがね僕は、英単語の変身の術みたいなものに興味を持ち、辞書の中に忍者になりすました単語を見つけては、ノートに書きとめてきた。founderもlemonもそうだが、traffic, doctor, contractもなかなかの曲者(くせもの)である。「フェイバリット英和辞典」（東京書籍）で調べてみた。

traffic ［名］① （車・人などの）往来、交通、交通量
② （旅客・商品の）運送、運送業
③ （特に不正な）商取引、貿易、売買

　the traffic in drugs 麻薬取引

［動］（次の成句で用いる）

traffic in ……（特に不正に）……を取引する

traffic in cocaine コカインの取引をする

trafficとくれば「交通」だ。ところが、この**traffic**には、麻薬取引の影がつきまとう。

doctor [名] ①医者、医師、(呼びかけ) 先生
② (しばしばD-) 博士、博士号

[動] ①……を治療する、《主に英》(動物を) 去勢する
② (文書などを) 勝手に書き換える
③ (飲食物などに) 混ぜ物をする、薬 (毒) を盛る

doctorとくれば「医者」「博士」。動詞になると、「勝手に書き換える(改竄する)」では、あまりの変身に、開いた口が塞がらない。

He doctored the secret document. (彼はその秘密文書を改竄した)

contract [名] 契約、請負、契約書、同意書

[自] ①契約をする、請け負う
②縮む、縮小する、収縮する、縮まる

contractといえば、「契約」だ。それが動詞になると、反対の概念を持つ。「縮む、縮小する」である。**The Japanese economy also con-**

tracted this year.（今年、日本経済も後退した）

以上にあげたもの以外にも、全く別の概念を同時に持ちあわせた単語は、探せばまだまだあるような気がする。暇つぶしに辞書を引き引き掘り出すのも、結構、楽しい作業かも知れない。

民族を表す単語に秘められた恐るべき差別

① 大文字のJew（ユダヤ人）を小文字のjewにしたら、恐ろしい意味の単語が生まれる。「だます」！

「ユダヤ人を英語で何といいますか」

少し英語をかじった人であれば胸を張って、次のように答えるに違いない。

"Jew."

"Jew."

問題はこの大文字のJew(ユダヤ人)を小文字のjewにしたときだ。明らかにユダヤ人差別の強い意志が浮上してくる。

僕が持っている旺文社や講談社の英和中辞典には、小文字のjewは載っていない。そこでさらに僕は、最近改訂された分厚なThe New Oxford Dictionaryの中でJewの小文字を探したが、残念ながら見当たらなかった。ところが小学館の「プログレッシブ英和中辞典」では、小文字のjewに次のような訳語をつけている。

jew……〈人を〉〈商売で〉値切り倒す (down)

愛用しているWebster's New World College Dictionaryでこの単語を引いてみると、

1) 大文字のJewでは、まさしく「ユダヤ人」の説明をしている。特に、解説もコメントも加える必要はないだろう。
2) 小文字のjewには、次のような解説がされていた。結論から先にいえば「だます」という意味に使われていたのである。

vt. [fol. by associ. with occupation of Jews as moneylenders in Middle Ages] (Slang) to swindle; cheat; gyp- **jew someone down** to get or bargain for better terms from someone in a business transaction, esp. in a petty or niggardly way

USAGE ─── this is a vulgar and offensive usage, even where the speaker or writer is not consciously expressing an anti-Semitic attitude

これを訳すと、

[他] (中世における金貸しとしてのユダヤ人の職業と関連して出てきたもので)

─── **jew someone down**

だます、ごまかす、だまし取る

(特にしみったれでかつけちけちしたやり方で、商取引において相手から少しでもいい条件を引き出そうと交渉する)

使い方 ─── この単語は、話し手ないし書き手が反ユダヤ的態度を意識

第5編　英単語の盲点

的に示さなくても、それでも、野卑で無礼な使い方である」

シェークスピアの有名な戯曲に「ベニスの商人」があるが、その中に登場するシャイロックは、狡猾なユダヤ人高利貸しとして描かれている。中世はもちろん近世に入っても、ユダヤ人は高い金利をキリスト教徒に課す汚れて醜い人間とみなされてきた。このヨーロッパの歴史的背景からJewを小文字にしてjewとすると「他人をだます」意味に使われるようになってしまった。英語はこのように民族を表す言葉に、時として平気で悪い意味をかぶせる。

英国は自国の産業振興の一環として、ユダヤ人移民を積極的に受け入れておきながら、彼らから商売の方法、貿易の仕方などを覚えると、13世紀末、手のひらを返すように彼らを英国本土から追放してしまった。ユダヤ人が再度、英国に同じ理由で移民として迎えられたのは、17世紀半ばであった。シェークスピアが「ベニスの商人」を書いたのは、16世紀後半で、当然、英国本土ではユダヤ人追放劇はまだつづいていた。ユダヤ人の高利貸しというイメージにぴったりな単語を二つ挙げてみよう。

① usurer 高利貸し
② usury [法定利率以上の] 高利、高利で金を貸すこと

これらの単語は常にユダヤ人とダブって使われる。では、シェークスピアが描いたように、ユダヤ人は忌み嫌われるような高利貸しを自ら好んでやるようになったのであろうか。答えは「否」である。

イスラエルの地を追われたユダヤ人は、中世および近世におけるヨーロッパの中で、手工業の職人組合のギルドにも入れてもらえず、土地所有についても例外はあるが、原則として禁止されていたため農業に従事することもできなかった。「エ」と「農」から締め出されたユダヤ人は、生きのびる手段として、国際取引に従事するか、金融業に従事するしかなかった。(当時、カトリック教徒は聖書の教えにより、金利を取る金融業は表面上、禁止されていた)

しかし大航海時代を迎え国際取引が盛んになると、大型金融の必要性が生まれ、何とこの金融業の世界にキリスト教徒が参入してきた。

16世紀初めルターの宗教改革が起こり、彼らはカトリックに抗する人という意味でプロテスタントと呼ばれるようになった。このプロテスタントの流れの中で、カルビンが登場すると、金利を取ることも利潤を上げることも共に「善」であるとみなされるようになった。

まずキリスト教徒のプロテスタントが金融業に参入することになり、遅れてカトリック教徒も金融業を認めるようになった。その結果、ユダヤ人の金融業での地位は急速に下降していった。大きな国際金融取引はキリスト教徒の手に落ちた。ユダヤ人は生きんがために庶民の金融をまかなう質屋に生存の糧を求めた。ユダヤ人の大手金融機関であるロスチャイルドは生き延びたが、これは例外でユダヤ人の金融業の大部分は一般的に大きく後退した。

歴史に翻弄されたユダヤ人の無念さをよそに、英語ではこともあろうにjewを「だます」という意味で使うようになった。英国人がユダヤ人に放った1本の毒矢である。英国人が放った毒矢はjewだけにとどまらなかった。

> Dutch（オランダの、オランダ人の）は名詞や動詞と合わせて使うと、ろくな意味にならない。なぜ？

Dutch

日本人にとってオランダは、けっして印象の悪い国ではない。むしろ江戸時代に長崎の平戸にオランダ商館があったことから、親しみさえ感じられる。風車の国、チューリップでおおわれた綺麗な国といった印象が強い。

ところが英語とオランダの関係になると、一挙に険悪な様相を呈する。英語の中でオランダという国は、「ろくでもない国」の扱いしか受けていない。要するに、「オランダの、オランダ人の、オランダ語」を表すに、名詞や動詞や前置詞がつくと思わぬ否定的な表現が続々と生まれて来る。英国人はオランダが相当嫌いらしい。常識を超えている。これには、歴史的な背景がある。

17世紀、オランダは英国と制海権をめぐって覇を競った。結果的には、英国がオランダを抑え込んで、世界に覇を唱えることになるのだが、オランダの海軍力にはよほど手こずったようである。当時の2国間の熾烈な葛藤から、英国はオランダ嫌いになり、Dutchという言葉を否定言語にして現在も使っている。当時の英国人の感情が丸ごと出ているといってもよい。

英国人がDutchを否定的な意味に使う例

①**Dutch courage** … 酒の上のカラ元気
　　He had a drink to give him Dutch courage.
　（彼はカラ元気を出すため、一杯ひっかけた）
②**Dutch bargain** … 一杯やりながら取り結ぶ売買契約
③**Dutch auction** … 逆せり、せり下げ
④**Dutch lunch** …… 費用を自弁でする昼食
⑤**Dutch treat**……… 割り勘の食事（会、旅行）
⑥**go Dutch**………… 割り勘にする
　　Let's go Dutch for lunch.（昼食は割り勘にしよう）
⑦**in Dutch** ………… 困って、（人の）機嫌を損ねて
⑧**Dutch concert** … バラバラな合唱、がやがや
⑨**Dutch defense** … 退却、降伏
⑩**Dutch comfort** … さっぱりありがたくない慰め
⑪**Dutch gold**……… （銅と亜鉛の合金で摸造金箔とし
　　　　　　　　　　て用いる）オランダ金
⑫**double Dutch**…… ちんぷんかんぷん
　　It is double Dutch to me.（私にはちんぷんかんぷんだ）

―――― ここまでDutchをけなしまくると、当のオランダ人は英国人に対してどんな感情を持つのだろうか。昔のことだと笑ってすますのだろうか？

French（フランスの）、Hun（フン族）、Greek（ギリシャ語）も英国人の手にかかると？？？

1588年、英国艦隊はスペインの無敵艦隊（the Armada）を撃破した。制海権は英国の手に入った。実に300年余り、1919年、第1次世界大戦が終わるまで世界は英国の覇権の下にあった。英国の強大な艦隊の後押しで世界に広がっていった。英語は英国の強大な艦隊の後押しで世界に広がっていった。軍事力を持って言葉を広げていくのだからかなわない。

言語社会学者はいう。

「英語帝国主義だ！」

英国人は世界の民族そのものも、蔑視する態度をとった。それが相手の言葉にマイナス・イメージを与えつづけた。

「けしからん、許せないといっても、歴史の産物である」

一応、僕はあるがままの認識だけはしておこうと思う。

愛用の旺文社の「英和中辞典」から、曰くつきの言葉を拾ってみた。

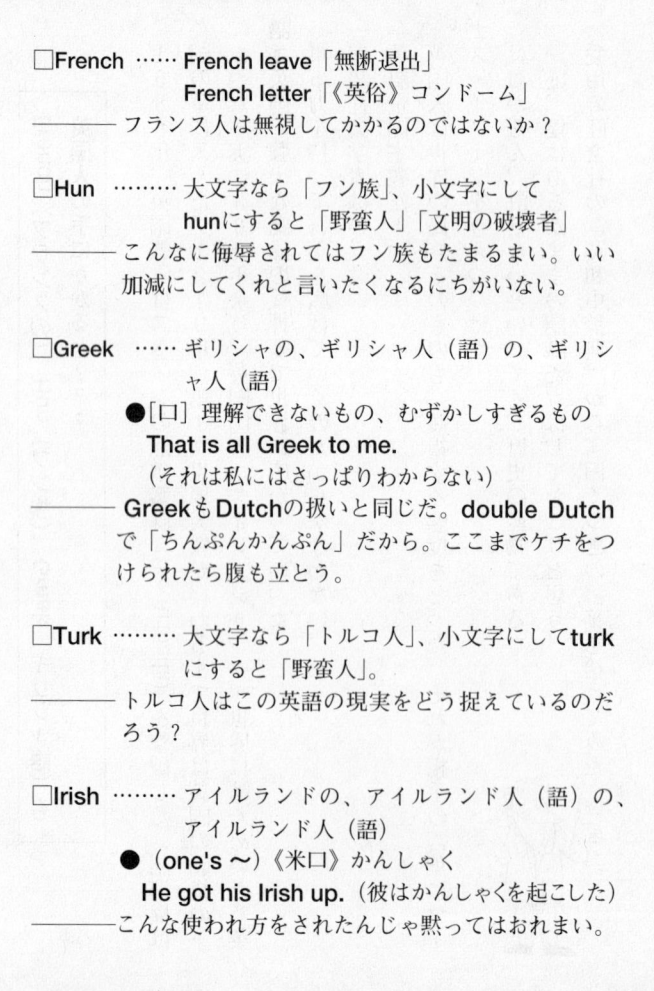

□French …… French leave「無断退出」
　　　　　　French letter「《英俗》コンドーム」
───── フランス人は無視してかかるのではないか？

□Hun ……… 大文字なら「フン族」、小文字にして
　　　　　　hunにすると「野蛮人」「文明の破壊者」
───── こんなに侮辱されてはフン族もたまるまい。いい加減にしてくれと言いたくなるにちがいない。

□Greek …… ギリシャの、ギリシャ人（語）の、ギリシャ人（語）
　　　　　　●[口] 理解できないもの、むずかしすぎるもの
　　　　　　That is all Greek to me.
　　　　　　（それは私にはさっぱりわからない）
───── GreekもDutchの扱いと同じだ。double Dutchで「ちんぷんかんぷん」だから。ここまでケチをつけられたら腹も立とう。

□Turk ……… 大文字なら「トルコ人」、小文字にしてturkにすると「野蛮人」。
───── トルコ人はこの英語の現実をどう捉えているのだろう？

□Irish ……… アイルランドの、アイルランド人（語）の、アイルランド人（語）
　　　　　　●（one's 〜）《米口》かんしゃく
　　　　　　He got his Irish up.（彼はかんしゃくを起こした）
───── こんな使われ方をされたんじゃ黙ってはおれまい。

第11章 日本人がよく間違える単語の数々

どういうわけかカタカナで英語を覚える人がいる。おそらくきちんと英語をやる気はないが、海外を旅行したり、仕事柄少し必要なので、嗜(たしな)んでおきたいと思っている人なのであろう。また、少し英語はやってある程度のレベルに達しているのだが、ときどき上手(うま)く発音できない単語にぶつかると、とりあえずカタカナで発音を書く人がいる。

カタカナ英語を頭から馬鹿(ばか)にはできない。本格的に英語をやる者は、カタカナ英語を否定するが、僕は目的に応じて、多様な英語学習があってもいいと考えている。いわゆる「カタカナ英語」と「本当の英語」が発音で少々違っていても、意味が一致していれば問題ない。ところが、一歩違うとトンチンカンな言葉になってしまう。

また、日本人にとって間違いやすい単語がある。発音、綴(つづ)り、アクセント等で思わぬミスを犯してしまうことがままある。あえて、それらを"盲点"と呼ぶなら、その日本人の盲点を明らかにし、英語の精度を高めたい。

「カタカナ英語」と「本当の英語」を区別せよ！

カタカナ英語の単語 と 本当の英単語 が一致している場合

① バランス ………… **balance**
② チャレンジ ………… **challenge**
③ サーカス ………… **circus**
④ チャンネル ………… **channel**
⑤ パターン ………… **pattern**
⑥ トースト ………… **toast**
⑦ エキゾチック ……… **exotic**
⑧ イメージ ………… **image**
⑨ カーテン ………… **curtain**
⑩ エラー ………… **error**

⑪ マラソン ………… **marathon**
⑫ エレベーター ……… **elevator**
⑬ スープ ………… **soup**
⑭ パンフレット ……… **pamphlet**
⑮ ピッチャー ………… **pitcher**
⑯ オーナー ………… **owner**
⑰ ヘルメット ………… **helmet**
⑱ ドラム ………… **drum**
⑲ コンサート ………… **concert**
⑳ デザイナー ………… **designer**

第5編　英単語の盲点

カタカナ英語の単語 と **本当の英単語** が違う場合

① ガソリンスタンド …… **gas station**
② ゴールデン・アワー … **prime time**
③ ダンプカー …………… **dump truck**
④ シルバーシート ……… **priority seat**
⑤ テーブル・スピーチ … **speech**
⑥ オーダー・メイド …… **made-to-order**
⑦ アフターサービス …… **after-sales service**
⑧ プリン ………………… **pudding**
⑨ アルバイト …………… **part-time job**
⑩ ガードマン …………… **security guard**

⑪ カークーラー ………… **car air-conditioner**
⑫ キャッチボール ……… **play catch**
⑬ スキンシップ ………… **physical contact**
⑭ ゲームソフト ………… **software game**
⑮ プレイガイド ………… **theater ticket agency**
⑯ フロントガラス ……… **windshield**
⑰ バックミラー ………… **rearview mirror**
⑱ マークシート ………… **mark-sensing card**
⑲ モーニング・コール … **wake-up call**
⑳ ビジネスホテル ……… **no-frills hotel**

「カタカナ英語の単語」に対して「それに見合う英単語」の表現ないし意味が違う場合

① クラシック ………… **classic**
日本語では一般に「クラシック音楽」のことを意味している。これを英語ではclassical musicといい、classic musicとはいわない。

② コンプレックス …… **complex**
英語では「劣等感」という意味はない。「込み入った」とか「複合体」といった意味に使われる。劣等感は英語ではinferiority complex.

③ スマート ………… **smart**
英語では「抜け目のない」「しゃれた」という意味で、「すらっとした」という意味はない。英語ではslimという。

④ ドライ …………… **dry**
日本語では「割り切った」「打算的な」という意味だが、英語にはそのような解釈は全くない。英語ならbusiness-likeとなる。

⑤ クリーン・アップ …… **cleanup**
日本の野球では3番、4番、5番打者を表しているが、英語では4番だけを指している。要注意だ。

⑥ボディチェック ········· **body check**
空港で保安のために行われる身体検査だが、英語ではこの表現は使わない。security checkという。body checkはアイスホッケーやレスリングで使われる用語である。

⑦リベート ················ **rebate**
英語では「賄賂」の意味で使われることはない。日本人の感覚では全く想像もつかない単語で、商品の価格とかサービス代金のことであり、また利息などの一部割引を意味している。

⑧バイキング ·············· **Viking**
「北欧の海賊」を意味する。いわゆる「バイキング料理」という意味で使うのなら、smorgasbordという。スウェーデン語からきている。

⑨スチュワーデス ········ **stewardess**
航空乗務員のことだが、いまでは特に米国では差別用語として忌み嫌われている。flight attendantという。

⑩ホームパーティー
いかにも英語らしい英語のように見えるが、home partyとはいわない。house partyである。

頭をゆるめるコラム

ブッシュ米国大統領は何代目？

米国歴代大統領は次の通り。

〈代〉	〈氏名〉	〈党〉	〈任期〉
1	George Washington	F	1789-1797
2	John Adams	F	1797-1801
3	Thomas Jefferson	D-R	1801-1809
4	James Madison	D-R	1809-1817
5	James Monroe	D-R	1817-1825
6	John Quincy Adams	D-R	1825-1829
7	Andrew Jackson	D	1829-1837
8	Martin Van Buren	D	1837-1841
9	William H.Harrison	W	1841
10	John Tyler	W→D	1841-1845
11	James K. Polk	D	1845-1849
12	Zachary Taylor	W	1849-1850
13	Millard Fillmore	W	1850-1853
14	Franklin Pierce	D	1853-1857
15	James Buchanan	D	1857-1861
16	Abraham Lincoln	R	1861-1865
17	Andrew Johnson	D	1865-1869
18	Ulysses S. Grant	R	1869-1877
19	Rutherford B. Hayes	R	1877-1881
20	James A. Garfield	R	1881
21	Chester A. Arthur	R	1881-1885

22	Grover Cleveland	D	1885-1889
23	Benjamin Harrison	R	1889-1893
24	Grover Cleveland	D	1893-1897
25	William McKinley	R	1897-1901
26	Theodore Roosevelt	R	1901-1909
27	William H. Taft	R	1909-1913
28	Woodrow Wilson	D	1913-1921
29	Warren G. Harding	R	1921-1923
30	Calvin Coolidge	R	1923-1929
31	Herbert Hoover	R	1929-1933
32	Franklin D. Roosevelt	D	1933-1945
33	Harry S.Truman	D	1945-1953
34	Dwight D. Eisenhower	R	1953-1961
35	John F. Kennedy	D	1961-1963
36	Lyndon B. Johnson	D	1963-1969
37	Richard M. Nixon	R	1969-1974
38	Gerald R. Ford	R	1974-1977
39	James Earl Carter	D	1977-1981
40	Ronald W. Reagan	R	1981-1989
41	George H. W. Bush	R	1989-1993
42	William J. Clinton	D	1993-2001
43	George W. Bush	R	2001-

★政党略語
F=Federalist D-R=Democratic-Republican
D=Democrat W=Whig R=Republican

参照:"The New GLOBAL English-Japanese Dictionary"
木原研三・福村虎治郎編 三省堂 1994 p.1374

発音に盲点があり難しい単語

① indict ────── 起訴する ────── [indáit]
────[indíkt]と綴りどおりに発音したいところだが、cは発音しないから、気を付けよう！

② cupboard ────── 食器だな ────── [kʌ́bərd]

③ victuals ────── 食料 ────── [vítlz]
────この発音ができない米国人がいた。受験英語の参考書には、この単語が堂々と載っていた。難しい発音例として。

④ threshold ────── 敷居 ────── [θréʃhould]
⑤ cough ────── 咳 ────── [kɔ(ː)f]
⑥ corps ────── 軍団 ────── [kɔːr]
⑦ colonel ────── 大佐 ────── [kə́ːrnel]
⑧ mortgage ────── 抵当 ────── [mɔ́ːrgidʒ]

⑨ raspberry ────── きいちご ────── [rǽzberi]
────pはまったく発音しない。言語学者ではないので、理屈はいえないのだが、英語を使っている者として、もしsの発音を[s]にしたらpを発音すると思う。ところが実際の発音は[z]だから、pは口ごもり、結局、pの音は消えてしまう。きいちごの瓶詰めのジャムは日常口にしているので、発音しないpはいつも気になっている。

⑩ viscount───── 子爵─────────[váikaunt]

⑪ Versailles ───ベルサイユ─────[vəːrsái]
─────フランス語の発音を英語の世界に持ち込んだので、仕方がないが、フランス語の苦手な者にとっては、こんな異端は許せないかも知れない。

⑫ mnemonics ── 記憶術─────────[niːmániks]
─────この単語、ギリシャ語を語源としているらしい。ギリシャ語の素養があればそれなりに説明がつくのだろうが、いずれにしても全く発音しないmが頭に付いているのは気になる。目で楽しんで発音しないおかしな単語といった感じだ。しかし、mをとると何となくすわりが悪くなる。無駄でもmはやっぱり必要なんだろうな（？）

⑬ Guinea ─────ギニア──────────[gíni]

⑭ Ireland ────アイルランド───[áiərlənd]
─────日本語では「アイルランド」である。それを英語式に[アイアランド]と発音せよといわれても、おっとどっこいそうは問屋が卸さない。どうしても違和感が残る。

綴りに盲点のある単語

何かの拍子に間違えて覚えてしまい、何十年もその間違いに気づかないでいる人が案外多い。僕もその1人であった。いや、いまもそうかも知れない。こうして本を書いている以上、間違いは許されない。もちろん間違いを指摘してもらうために、多くの人の協力を仰ぐわけだが、誰も間違いに気づかないまま本が出版されてしまうことだってありうる。

本来、僕は英文学者でも英語の先生でもない。ただ、コミュニケーションの手段として英語を日常的に使っているに過ぎない。でも、できるだけ正確に英語を綴りたいと心掛けている。

とにかく毎日、何十回も辞書を引く。やさしい単語でも引くこともある。辞書の改訂版が出たら、できるだけ購入するようにしている。辞書は時代の空気を存分に吸い込みながら、どんどん変わっているからだ。

日常の暮らしの中で気になった綴り字の間違った単語について触れてみよう。

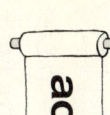

accommodations（宿泊設備）の巻

We need accommodations for 100.（われわれは100人分の宿泊設備がほしい）

書店でTOEIC対策用の単語の本を購入した。偶然開いた頁(ページ)に載っていた一つの単語を見て、僕は愕然(がくぜん)とさせられた。

本来、accommodationsにはmが二つなければならないのだが、その本にはmが一つしかない間違った単語を載せていた。

accomodations

誤植か執筆者自身が間違えているのか。僕の想像では執筆者自身が間違えて覚えているのではないかと勘ぐりたくなった。

実をいうと僕自身も、mを一つしか入れないで綴っていた時期もあったからである。何かの機会でそれに気づき、今では正しく綴れるようになった。この単語は、実はよく間違える典型的なものだ。

しかし、**accommodations**が特別な単語かというとそうでもない。

☐ **commission**（任務） mm ss
☐ **committee**（委員会） mm tt ee
☐ **successful**（成功した） cc ss
☐ **reconnaissance**（偵察） nn ss

現実には一つの単語の中に、二つ以上のアルファベットがダブっているものも結構ある。それにしても**accommodations**は、なぜか多くの人がよく間違える。不思議な単語だ。

flea market（蚤の市）の巻

He made a good find at the flea market.
(彼はフリーマーケットで掘り出し物をした)

各人が自分の持ち物を持ち寄って、適当に値をつけて、自由に売買する「自由市場」のことを「蚤(のみ)の市(いち)」という。蚤を英語ではfleaというから、「蚤の市」といえばflea marketになるのだと説明すると、誰でも納得する。しかし、「フリー・マーケット」と日本式に発音する若者の中には、

free market

だ、と頭からそう信じてかかる者も案外多い。

ninth（第9、第9の）の巻

(ベートーベンの第9交響曲は日本では有名です)

Beethoven's Ninth Symphony is well-known in Japan.

- □ nine……………9
- □ nineteen………19
- □ ninety…………90

これら三つの単語を綴れない人は、まず、いないだろう。いずれも9にあたるnineがスペルの中に入っている。従って、「第9」もついついnineを入れてninethと綴ってしまう人が意外に多い。もちろん間違いだ。正しくはninthと綴らねばならない。簡単な単語だからといって、あなどってはいけない。

threshold（敷居）の巻

He hesitated to cross the threshold of her house.
(彼は彼女の家の敷居をまたぐのをためらった)

いつもリュックの中に入れて持ち歩いている学研辞書編集部編「パーソナル英和辞典」で、thresholdの項を引いてみた。訳語の一番目に出てくるのは「敷居」である。さして難しい言葉ではないが発音は[θréʃhould]となっているため、この発音からイメージできる綴りは、hhとhをダブって綴られた単語である。

thresh + hold = threshhold

でも、これは明らかに間違いだ。正しいスペルは、hが一つのthresholdで、発音するときに一つのhを2回使っている。

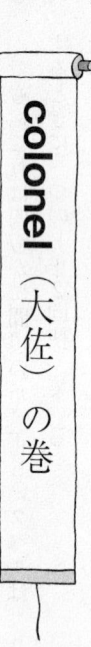

colonel（大佐）の巻

Col. Brown was seriously wounded in the leg at the battlefront.
（ブラウン大佐は戦場で足に重傷を負った）

2003年3月20日開戦したイラク戦争を伝える英字新聞を読んでいたら、Col.という言葉に出くわした。「大佐」のことで、「カ〜ナる」と発音する。60代で英語がそこそこできる人は、「カ〜ナる」を耳にすると「大佐」だとすぐわかる。ところが、戦争用語は日常的にあまり使われないため、スペルの方はすっかり忘れていることが多い。

Col.はcolonelの略で「大佐」である。英語のできる60代は、綴りを書いてみせると「ああ、そうだったな」という確かな反応を返してくれる。若者にcolonelという語を見せて、きいてみた。

「この単語、何だかわかる？」
「全然、見たことも聞いたこともない」
「この colonel をどう発音するかわかる？」
「コロネルでしょう？」
「いや、違う。[kə́ːrnl] カ〜ナる]と発音し、『大佐』の意味なんだよ。大学受験英語では、発音と綴りが難しい単語の典型としてよく登場する」
「……」

英単語のスペルには、案外、落とし穴がある。自分は絶対に間違えるはずがないと思っているやさしい単語でも、間違って覚えていることだってある。英和辞典をいつもかばんの中に入れて持ち歩き、喫茶店の中で人を待っている間など、よく知っているはずの単語でも、辞書でスペルを確かめておくのも悪くない。

複数形に盲点のある単語

data

長い間、英語を使っていても名詞の複数形に特に関心を払うようなことはなかった。

複数形を作るには大体、sをつければよい。information のような集合名詞は、複数形になってもsはつかない。many informations にはならない。much information も文法的には間違いではないが、一般的には lots of information（多くの情報）という。

これぐらいの複数形に関する知識は一般に持たれているようだ。

でも名詞の複数形は、意外に奥が深い。

日常的に日本語でも英語でもよく口にする言葉がある。

「データ」

このカタカナ表示の日本語を英語に直すのには、さして苦労もいらない。

実に簡単である。ごちごちの英文法を持ち出せば、**data**は**datum**（資料）の複数形である。同類の単語を左記してみよう。

単数	複数
☐datum（資料）	data
☐spectrum （スペクトル、分光）	spectra （またはspectrums）
☐stratum（層）	strata （またはstratums）

単数形のspectrumやstratumはそのまま使用するが、datumはほとんど使われず、半ば死語に近い。「一つの資料」という場合には、a datumは使わず、

one of the data

となる。
ここで問題になるのは、複数形のdataは、米語の口語では単数形としても使われることが多いことだ。

This data is based on a scientific survey.
(この資料は科学的な調査にもとづいている)

もちろん複数形として、
These pollution data are now under review.
(これらの汚染データはいま吟味中である)

要は、dataという単語は、本来複数形だが今日では、「複数」としても「単数」としても使えるのである。

最近僕は1冊の英文法に関する本を購入した。杉山忠一著『英文法詳解』(学習研究社 2001年 第5刷)である。この本の第3章「名詞の数・格・性」には、複数形について優れた解説がのっている。その部分を参考にしながら、「意外な複数形」について僕なりに整理してみたい。

意外な複数形（1）

～2種類の複数形を持つ不思議な語～

- □cloth …………………… ①cloths（布）
  ②clothes（衣服）
- □genius …………………… ①geniuses（天才たち、鬼才たち）
  ②genii（守り神）

――They are all geniuses in biochemistry.
（彼らは皆、生化学の鬼才たちだ）

- □penny …………………… ①pennies《貨幣の数》
  ②pence《金額》

意外な複数形（2）

～外国語の複数形をそのまま使っている語～

□on ─ a	phenomenon（現象）…	phenomena
	criterion（基準） ……………	criteria
□is ─ es	axis（軸） …………………	axes
	crisis（危機） ………………	crises
□um ─ a	medium（媒介物）…………	media
	spectrum（スペクトル）…	spectra
□us ─ i[ai]	radius（半径） ……………	radii
	stimulus（刺激） …………	stimuli

── His heart didn't respond to any stimuli.
（彼の心臓はいかなる刺激にも反応しなかった）

□eau ─ eaux[ouz] bureau（局）………… bureaux
　　　　　　　　　　　（ただし、bureausでもよい）
　　　　　　　plateau（台地）………… plateaux

意外な複数形（3）

～語尾にsがついても単数または単数／複数両方になる語～

■sがついても単数になる語 
☐links（ゴルフ場）
☐news（ニュース）
☐billiards（ビリヤード）
──They played billiards all night.
（彼らは一晩中ビリヤードをやっていた）

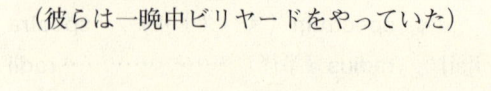

■sがついても単数/複数になる語 
☐amends（賠償）
☐headquarters（司令部）
☐summons（召喚）
☐means（手段）
☐species（種）
──The Origin of Species was written by Darwin.
（「種の起源」はダーウィンによって書かれた）

意外な複数形（4）

~学術名の語には語尾にsがつくものが多い~

□physics（物理学）

□linguistics（言語学）

——I majored in linguistics at university.

（私は大学で言語学を専攻した）

□mathematics（数学）

□statistics（統計学）

□economics（経済学）

学問はSがお好き

意外な複数形（5）

～単数、複数が同じ語～

■動物や魚で単数、複数が同じの語
- sheep（羊）
- deer（鹿）
- salmon（鮭）
—— I like smoked salmon.
  （私はスモーク・サーモンが好きだ）
- trout（鱒）
- carp（鯉）

■民族で単数、複数が同じの語
- Japanese（日本人）
—— They are Japanese.（彼らは日本人です）
- Chinese（中国人）
- Portuguese（ポルトガル人）

意外な複数形（6）

～よく見かけるが頭の整理に！～

☐gentleman（紳士） ············· gentlemen

☐mouse（はつかねずみ） ············· mice

——When the cat is away, the mice will play.

（猫がいないと、ネズミが遊ぶ[鬼のいぬ間に洗濯]）

☐louse（しらみ）············· lice

☐goose（ガチョウ） ············· geese

☐ox（去勢牛）············· oxen

意外な複数形（7）

~語尾がoで終わる語の複数形はややっこしい。
でも一応、ルールがある。例外もある~

■「母音＋o」で終わる語は、例外なくsをつければよい。

□radio（ラジオ受信機）……………… radios
□studio（スタジオ）………………… studios
□portfolio（運用資産）……………… portfolios
——He tripled his portfolio's wealth in spite of the present depression.
（彼は現在の不況にもかかわらず、自分の運用資産を3倍に増やした）
□bamboo（竹）……………………… bamboos

母のオー（O）にはエス（S）をつけよ

■「子音＋o」で終わる語は、原則としてesをつければよい。

☐tomato（トマト） …………………… tomatoes
☐potato（じゃがいも） …………… potatoes
──I like mashed potatoes more than French fries.
（私はフライドポテトよりマッシュポテトのほうが好きです）
☐veto（拒否権） ……………………… vetoes
☐embargo（出入港禁止） …………… embargoes

子のオー（o）には イエス（es）と答えよ

アクセントに盲点のある単語

「声を出して発音しながら、次の20語のアクセントを付けてください」

① **photograph** …… 写真
② **agriculture** …… 農業
③ **diplomacy** …… 外交
④ **guarantee** …… 保証（する）
⑤ **overlook** …… 見下ろす
⑥ **resource** …… 資源
⑦ **complicated** …… 複雑な
⑧ **academic** …… 学問の
⑨ **faculty** …… 才能、学部
⑩ **mischief** …… 害
⑪ **mathematics** …… 数学
⑫ **individual** …… 個人（の）
⑬ **impact** …… 衝撃
⑭ **manifest** …… 明白な
⑮ **comprehend** …… 理解する
⑯ **diminish** …… 減らす
⑰ **transplant** …… 移植（手術）
⑱ **adolescence** …… 青春期
⑲ **interfere** …… 干渉する
⑳ **Mediterranean** …… 地中海の

[正解]

① phótograph
② ágriculture
③ diplómacy
④ guarantée
⑤ overlóok
⑥ résource
⑦ cómplicated
⑧ académic
⑨ fáculty
⑩ míschief
⑪ mathemátics
⑫ indivídual
⑬ ímpact
⑭ mánifest
⑮ comprehénd
⑯ dimínish
⑰ tránsplant
⑱ adoléscence
⑲ interfére
⑳ Mediterránean

80％できたら一応、合格である。60％では心もとない。アクセントを間違えると、単語の意味が聞いていて全くつかめないときがある。

「ネイティブでない日本人は、少々アクセントを違えてもいいのさ」

こんな居直りは、なんの得にもならない。やめたほうがよい。正しいアクセントのほうが、絶対いいに決まっている。どうせ単語を覚えるなら、正しい発音を覚えたいものだ。

ところで、アクセントの難しい典型的な単語について、考えてみたい。

concise この単語は三省堂が長年にわたり出しつづけてきた有名な英和辞典で、誰でも知っているものだ。「コンサイス英和辞典」で通る、英語の辞書の王者である。それが実は、アクセントを破壊する元凶になっている。この日本式で発音する「コンサイス」のアクセントは、紛れもなく「コ」のところにある。一方、英語では、「サ」のところにあるからややこしい。conciseのアクセントの位置はconciseと後にくる。要注意だ。英語の発音と日本語の発音とが異なるので悲劇である。

「もう一つの意味」に盲点のある単語

高校時代、仲間と単語の暗記競争をやった。1語について一つの訳語しか覚えなかった。1語について一つの訳語は、仲間の間では当然の約束事になっていった。だったからだ。

いまから思うと全く馬鹿げた競争をやったものだと、反省している。しかし、若い10代に、無茶を承知であらっぽい単語記憶競争に突き進んでいったからこそ、いまがあるのだと思う。これも一つの単語の覚え方だった。

しかし、後年、ビジネスの世界で英語を使うようになって、「1単語1訳語」では役に立たないことを悟った。必要なら1語について複数の訳語も知っておかなければならないと認識するようになった。

いまも高校時代の悪癖が残っている。「1単語1訳語」のワクを飛び出せず苦労している。とにかく1単語について「もう一つの意味」ぐらいは知っておきたいものだ。

「もう一つの意味」に意外なものをもつ単語

●初級レベルの単語

	第一義的な意味	ちょっと意外な意味
☐ fix	固定する	修理する
☐ run	走る	経営する

My father runs a small firm.
（私の父は小さな会社を経営している）

☐ society	社会	付き合い
☐ magazine	雑誌	弾薬庫
☐ mine	私のもの	地雷
☐ safe	安全な	金庫
☐ want	欲する	不足
☐ fine	素敵な	罰金
☐ word	言葉	約束
☐ room	部屋	余地
☐ change	変える	つり銭
☐ game	ゲーム	獲物

He shot big game in the forest.
（彼は森の中で大きな獲物を撃った）

☐ hold	保つ	考える
☐ gift	贈り物	才能
☐ bright	明るい	聡明な

「もう一つの意味」に意外なものをもつ単語

●中級レベルの単語

	第一義的な意味	ちょっと意外な意味
□ gather	集める	推測する
□ name	名前	有名人
□ soul	精神	人
□ company	会社	人と一緒にいること

When I was young, I enjoyed my own company.
(若い頃、私は一人でいるのが好きだった)

□ stuff	材料	性格
□ will	〜であろう	意思、遺言
□ bar	バー	弁護士業
□ calling	呼ぶこと	職業
□ base	基礎	卑しい
□ observe	観察する	述べる
□ mankind	人類	男性
□ charm	魅力	魔法

This medicine worked like a charm.
(この薬は魔法のように効いた)

「もう一つの意味」に意外なものをもつ単語

●上級レベルの単語

　　　　　　　　第一義的な意味　　　ちょっと意外な意味
- matter ──── 事柄 ──────(傷の) うみ
- history ──── 歴史 ────── 過去の人
  He is now history.（彼はもう過去の人だ）

- loud ─────(音声が) 大きい ── 派手な
- angel ───── 天使 ────── レーダー上の未確認物体
  He recognized an angel on the screen.
  （彼はスクリーン上に未確認物体を認めた）

- something ── 何か ────── 大した者（物）
- carry ───── 運ぶ ────── 身ごもる
  She carries a baby.（彼女は身ごもっている）

- beef ────── 牛肉 ────── 不平
- bomb ────── 爆弾 ────── 大失敗
- vegetable ── 野菜 ────── 植物人間
- influence ── 影響 ────── 有力者
  She is an influence in our community.
  （彼女はわれわれのコミュニティーの中では有力者だ）

紛らわしい盲点のある単語

単語を何千何万と知っていても、苦手意識があると、いつになっても正確に覚えられないものがある。

「なぜ覚えられない単語があるの？」

よくきかれる。ある種の単語は覚える前に頭が錯乱し、覚える気にもなれないからだ。最近は覚えるのをやめて、その都度、辞書を引くようにしている。

僕がどうしても覚えられない単語を紹介しよう。

> ???　覚えにくいなぁ...

- [ ] moral [mɔ́(:)rəl] … 道徳上の、倫理上の
- [ ] morale [məræl] …（軍隊、集団などの）士気

- [ ] statue ………… 像、彫像
- [ ] stature ………… 身長
- [ ] status ………… 地位
- [ ] statute ………… 制定法、成文法

僕自身何万語か単語を知っているはずだ。単語を覚える術も知っているはずだ。しかし、苦手意識を持った単語はやはり覚えられない。はっきり記憶に残ってはいないのだが、自分用の手書きの単語帳をつくるとき間違って書き込んでしまい、非常に困ったことがあった。多分、その時の後遺症がいまだに治癒できず、ここで紹介する単語を見ただけで拒否反応を起こしてしまうのだろう。まったくばかばかしいような話だが、現実だから仕方がない。

似たような単語を同時に見せられると、どれがどれだかさっぱり分からなくなり、いやなものだ。そこが我慢のしどころで、この際、正確に覚え込んでしまったら、単語に対する曖昧な記憶が薄れ、自信がきっと湧いてくるに違いない。

紛らわしい単語

●初級編

□□□ advice　忠告
□□□ advise　忠告する

□□□ unit　単位
□□□ unite　結合する

□□□ adapt　適合させる
□□□ adopt　採用する

□□□ employer　雇い主
□□□ employee　雇われ人

□□□ breath　息
□□□ breathe　息をする

□□□ color　色
□□□ collar　襟（えり）

□□□ bath　入浴
□□□ bathe　入浴する

□□□ allow　許す
□□□ arrow　矢

□□□ lose　失う
□□□ loose　ゆるい

□□□ brow　眉（まゆ）
□□□ blow　吹く

紛らわしい単語

●中級編

- □□□ expand　拡大する
- □□□ expend　費やす

- □□□ beside　のそばに
- □□□ besides　さらに

- □□□ industrial　工業の
- □□□ industrious　勤勉な

- □□□ principal　主要な
- □□□ principle　主義

- □□□ wildness　野生
- □□□ wilderness　荒野

- □□□ globe　地球（儀）
- □□□ glove　手袋
- □□□ grove　小さい森

- □□□ successive　連続した
- □□□ successful　成功した

- □□□ eminent　著名な
- □□□ imminent　切迫した

- □□□ disease　病気
- □□□ decease　死亡

- □□□ humane　慈悲深い
- □□□ human　人間の

紛らわしい単語

●上級編

□□□ severe 厳しい
□□□ sever 切断する

□□□ surgeon 外科医
□□□ sergeant 軍曹

□□□ realty 不動産
□□□ reality 現実

□□□ defer 延期する
□□□ differ 異なる

□□□ decent 礼儀正しい
□□□ descent 下降

□□□ seize つかまえる
□□□ siege 包囲

□□□ banish 追放する
□□□ vanish 見えなくなる

□□□ rebel 反乱を起こす
□□□ revel 大変喜ぶ

□□□ respectable (世間的に)まともな
□□□ respectful 丁重な
□□□ respective それぞれの

□□□ credible 信用できる
□□□ creditable 賞賛に値する
□□□ credulous だまされやすい

第12章　語尾の「s」で変身?!　語尾は「-er」か「-or」か?

僕が中学生のとき、はじめてcolorsという単語に出会った。colorは「色」で、複数を作るときは、語尾にsをつければいい。従って、「colorにsがつけば、colorsになり、二つ以上の色を指すだけの話じゃないか」

僕は恥も外聞もなく、確信をもって、自分の信じているままを言い放った。心のどこかに、誰にも負けない自信のようなものがあった。このとき、英語は一番得意な科目だった。

確か仲間の1人が僕に向かっていった。

「守君、colorにsがついて、colorsになると国旗という意味になるんだよ」

「えっ!?」

僕はそのとき、僕より英語ができる奴がいると思った。正直、悔しかった。彼と別れてから、恐る恐る英和辞典を引いた。「軍旗、国旗」と載っていた。僕はかなり長い間、敗北感を持ちつづけた。

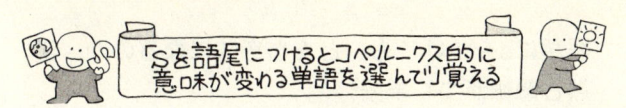

「sを語尾につけるとコペルニクス的に意味が変わる単語を選んで」覚える

語尾にsをつけても、どんな意味になるか想像がつきやすい単語

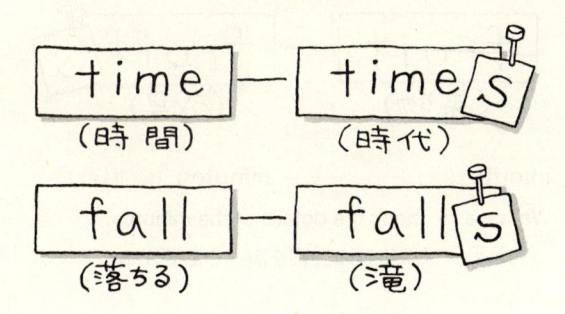

time（時間） ― times（時代）

fall（落ちる） ― falls（滝）

□**paper**（紙）――― **papers**（書類）

These papers will be submitted to the authorities soon.

（これらの書類は、まもなく官庁に提出されます）

□**travel**（旅）――― **travels**（旅行記）

They recently published his travels.

（彼らは最近、彼の旅行記を出版した）

語尾にsをつけても、どんな意味になるのか、漠然と想像がつく単語

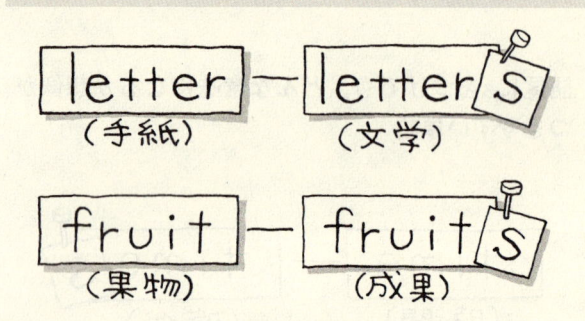

letter（手紙） ～ letters（文学）

fruit（果物） ～ fruits（成果）

□**minute**（分）———— **minutes**（議事録）

We have to check the details of the minutes.

（われわれは議事録の詳細を調べる必要がある）

□**ground**（大地）———— **grounds**（根拠）

We cannot allow it on public grounds.

（公共的理由により、われわれはそれを受け入れることはできない）

□**manner**（方法）———— **manners**（行儀作法）

She is very particular about manners.

（彼女は礼儀作法にとてもうるさい）

語尾にsをつけると、まったく想像もつかないような意味になる単語

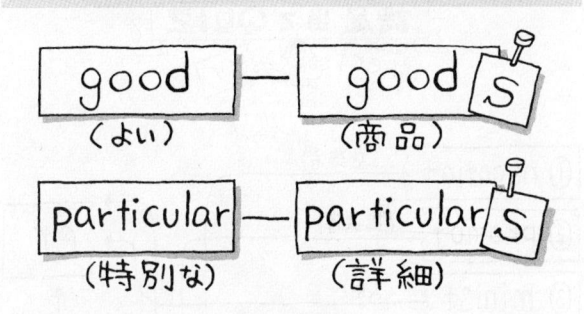

| good (よい) | — | goods (商品) |
| particular (特別な) | — | particulars (詳細) |

□**more**（もっと）——— **mores**（社会習慣）

As long as they live in the village, they should observe its mores.

（村に住んでいる以上、村の社会習慣を守らなければならない）

★mores [mɔ́ːriːz]

□**office**（事務所）——— **offices**（世話）

No one could succeed without the benefit of his good offices.

（彼の世話がなかったら、誰も成功できなかった）

□**odd**（奇妙な）——— **odds**（勝ち目）

The odds are against me.

（私には勝ち目がない）

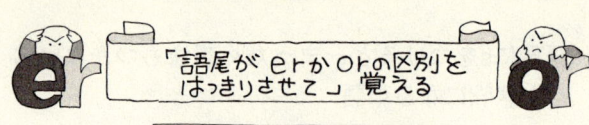

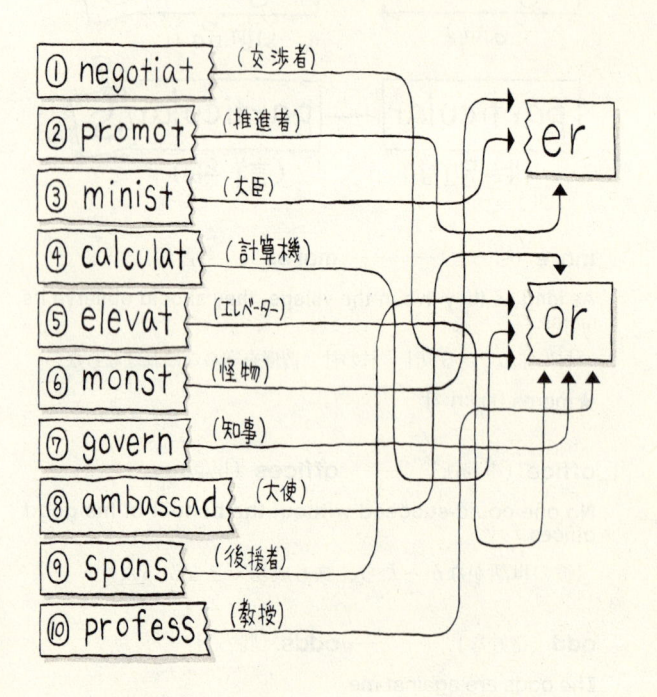

「語尾が er か or の区別をはっきりさせて」覚える

語尾当てQUIZ
-er / -or

① negotiat （交渉者）
② promot （推進者）
③ minist （大臣）
④ calculat （計算機）
⑤ elevat （エレベーター）
⑥ monst （怪物）
⑦ govern （知事）
⑧ ambassad （大使）
⑨ spons （後援者）
⑩ profess （教授）

「いくつできましたか」

　右の10問は決して難しい問題ではないが、案外、全部正確には答えられないかも知れない。一見、単純だが難しい。

　この際、語尾が-erか-orの単語のうち、日常、比較的顔を出す単語を、それぞれ12個、選び出したので、覚えていただきたいものだ。

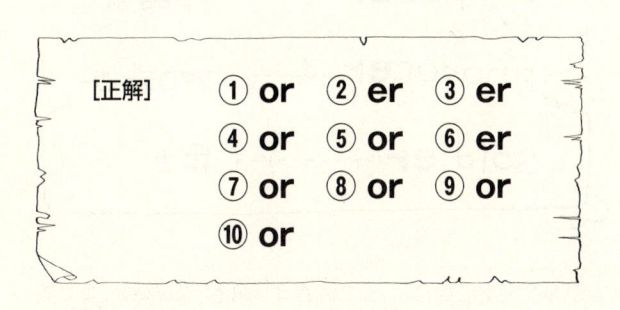

[正解]　① or　② er　③ er
　　　　④ or　⑤ or　⑥ er
　　　　⑦ or　⑧ or　⑨ or
　　　　⑩ or

日常、比較的よく出てくるもので、語尾が-erで終わる単語12語

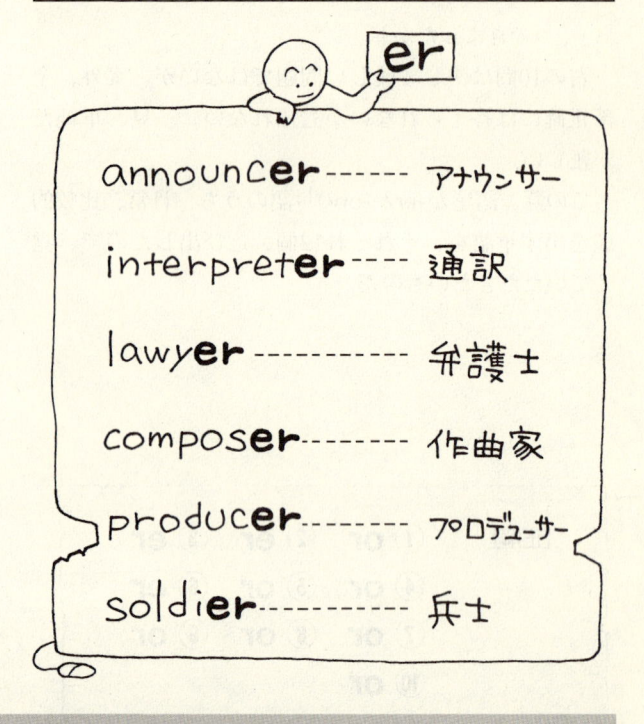

announcer ------ アナウンサー

interpreter ---- 通訳

lawyer ---------- 弁護士

composer -------- 作曲家

producer -------- プロデューサー

soldier --------- 兵士

しかし、現実的には、-orで終わる単語も、日常的によく顔〔を出す〕。1語独立して記憶していく以外に方法はない。〔そうすれ〕ば、かえって正確に覚えられるものである。

第5編 英単語の盲点

er

- helicopter —— ヘリコプター
- prisoner —— 囚人
- manufacturer —— 製造業者
- computer —— コンピューター
- wholesaler —— 卸商
- retailer —— 小売商

―――― 語尾が-erの方が、-orより圧倒的に多いと思う。
を出すので、語尾の違いを注意しながら、1語
何か気になることがある単語は、その気になれ

日常、比較的よく出てくるもので、語尾が-orで終わる単語12語

conductor --------- 指揮者

supervisor -------- 監督

predecessor ------- 前任者

commentator ------- 解説者

sponsor ----------- 後援者

inventor ---------- 発明者

1語1語必要に応じて求められるので、何度も書き何度も発だと思う。

or

director	演出家
refrigerator	冷蔵庫
compressor	コンプレッサー
escalator	エスカレーター
projector	プロジェクター
razor	剃刀

―― まとめて覚えるのも悪くはないが、現実には、音をして、1語1語独立して覚えた方が実践的

第6編　遊びに徹する休憩時間

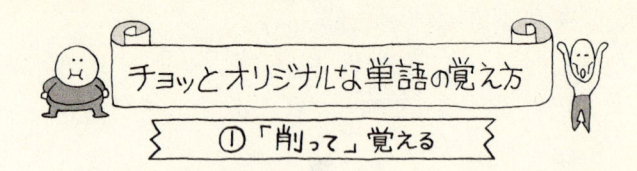

チョッとオリジナルな単語の覚え方
①「削って」覚える

ここで挙げるのは、あくまで参考例である。自分で英和辞典の中から、適当に単語を選び、アルファベットを削って、新しい単語づくりに挑戦していただきたい。

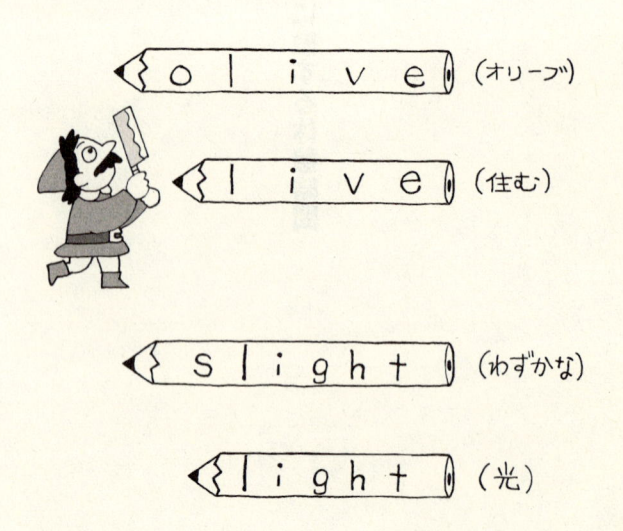

olive（オリーブ）

live（住む）

slight（わずかな）

light（光）

419　第6編　遊びに徹する休憩時間

- equality（平等）
- quality（質）

- cheat（だます）
- heat（熱）
- eat（食べる）
- at（〜において）

- charm（魅力）
- harm（害する）
- arm（腕）

s t r a y (道に迷う)
t r a y (盆)
r a y (光線)
a y (賛成!)

p r o o f (証明)
r o o f (屋根)
o o f (お金)
o f (への)

●2字削って覚える

- **trail**（引きずる）
  - **rail**（レール）
  - □ **ail**（病む）

- **screed**（長広舌）
  - **creed**（教義）
  - □ **reed**（あし）

- **slump**（不調）
  - **lump**（かたまり）
  - □ **ump**（umpireの略 アンパイア）

- **chair**（椅子）
  - **hair**（髪）
  - □ **air**（空気）

- **demotion**（降格）
  - **emotion**（情緒）
  - □ **motion**（運動）

- **slice**（一切れ）
  - **lice**（louse［しらみ］の複数形）
  - □ **ice**（氷）

- **revolution**（革命）
  - **evolution**（進化）
  - □ **volution**（うず巻き）

単語をひっくり返すという発想それ自体、邪道である。しかし、好奇心の旺盛な僕は、見知らぬ世界を覗いてみたい誘惑にすぐ駆られてしまう。実際、単語を覚える方法はいっぱいあるだろう。正攻法の覚え方には、確かさがある。しかし、ずっとやっていくと飽きてくる。途中で挫折してもいいやという投げやりな気分になる。

そこで、正攻法に飽きたころ、あえて邪道を歩むのも悪くはない。この「ひっくり返して」は、まさに小型飛行機の宙返りに似て、実際にひっくり返してみると通常の飛行とはまったく別次元の世界が広がってくる。

「ひっくり返して」みると、やさしい単語から、思いもよらぬ単語が現れてくることがある。そこが面白い。突破口が開ける。〈なるほど世の中には、自分が考えもしなかった世界があるんだな〉きっとそう思われるに違いない。

宙返り単語征服術の始まり始まり！

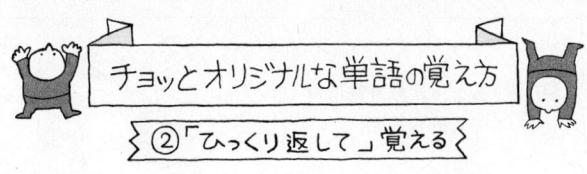

チョッとオリジナルな単語の覚え方
②「ひっくり返して」覚える

《初級》

◆宙返り単語記憶術その①
~宙返りすると思わぬ単語が出てくる~

wed (結婚する) / dew (つゆ)

《中級》ちょっと意外性に驚く。
でも許容範囲。

① **rail** (レール) —— **liar** (嘘つき)
② **part** (部分) —— **trap** (わな)
③ **mood** (気分) —— **doom** (運命付けられる)
④ **keep** (保つ) —— **peek** (覗き見る)
⑤ **room** (部屋) —— **moor** (舫う [船を岸辺につなぐ])

《上級》非日常が待っている。単語の幅を思い切って広げるチャンス。

① **leek** (にら) —— **keel** (竜骨)
② **pool** (プール) —— **loop** (糸の輪)
③ **tool** (道具) —— **loot** [lu:t] (戦利品)

◆宙返り単語記憶術その②
　～宙返りしても変わらない。前から読んでも後ろから読んでも同じである～

① **pop**（ポップミュージック）
② **tot**（小さい子供）
③ **noon**（正午）
④ **deed**（行為）
⑤ **kook**（[米俗] 変人）
⑥ **peep**（覗き見する）
⑦ **poop**（船尾）
⑧ **level**（水準）
⑨ **reviver**（生き返る人）
⑩ **deified**（神聖化された）

チョッとオリジナルな単語の覚え方
③「文字を抜いて」覚える

次の単語の違い分かりますか？

① learn

(後ろから2番目のrを抜くと②になる)

② lean

チョッとオリジナルな単語の覚え方

③「文字を抜いて」覚える

《正解》

① 習得する

② 傾く

　一つの単語から1文字抜くと、思わぬ単語が生まれる。この一見バカバカしい遊びの中から、単語の持つ不思議な力というか、魔力のようなものを摑むと痛快である。あまり真面目に考えすぎず、抜いて出てきた単語をまるで自分の子供のように可愛がると、単語1語1語に愛着が持てるようになる。

文字を抜いて楽しもう！

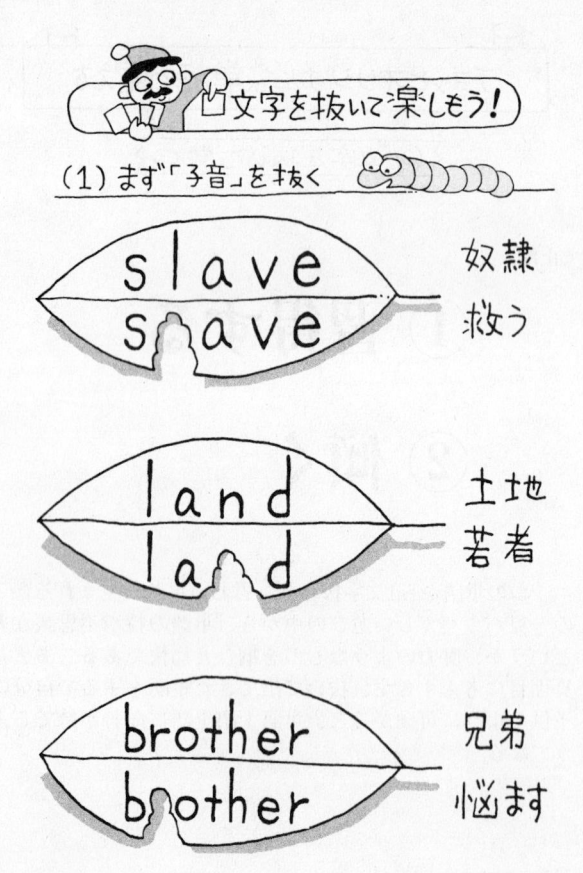

(1) まず「子音」を抜く

slave	奴隷
s_ave	救う

land	土地
_ad	若者

brother	兄弟
b_other	悩ます

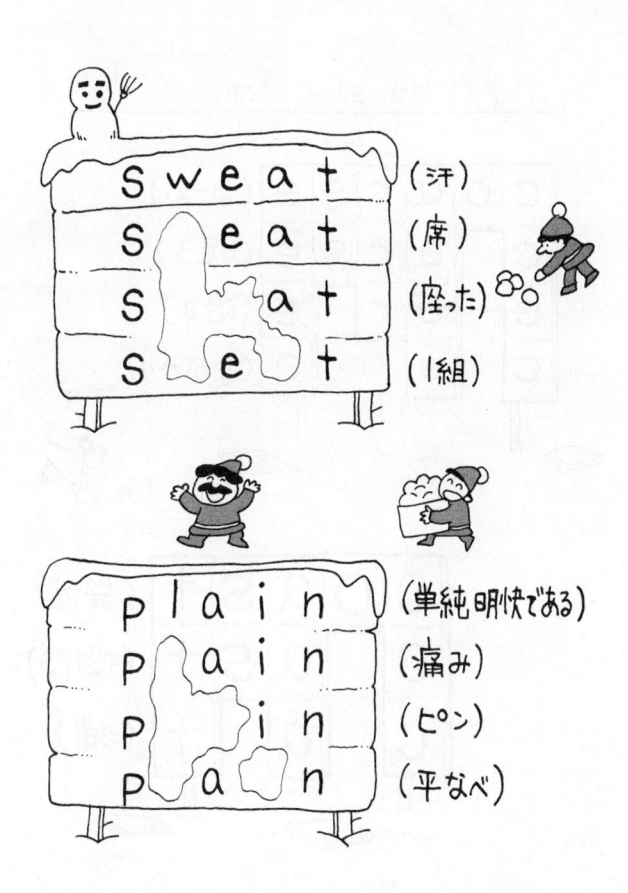

429　第6編　遊びに徹する休憩時間

sweat　（汗）
seat　（席）
sat　（座った）
set　（1組）

plain　（単純明快である）
pain　（痛み）
pin　（ピン）
pan　（平なべ）

(2) まず「母音」を抜く

- course（コース）
- curse（呪う）
- cure（治す）
- cue（手がかり）

- coast（岸辺）
- cast（投げる）
- cat（猫）

「**chin-chin**、この意味を知っていますか?」

教員の僕は、学生に向かって小さな声で呟く。女子学生は僕の方をそっと睨みつける。

「**chin-chin**、」

まるで、こんな言葉を僕にぶつけてきそうな気配を感じた。

「**chin-chin**といっても、男性の性器を指しているわけではありませんよ」

女子学生は生真面目ときているから、こちらがきちんと説明しようとしても、素直に聞こうという態度を示さない。敵対的なのである。

「**chin-chin**は、繰り返していいますが、男性の性器ではありませんよ」

「じゃあ、先生、何の意味ですか」

「英語の辞書に、ちゃんと載っています。それも極めてまじめな意味で……」

「まさか、そんな都合のよい説明をされても、先生が……あれが好きなのは、もうみえみえですよ」

「理屈をいわずに、辞書を引きたまえ!」

食ってかかってきた学生は、渋々、『旺文社 英和中辞典』を引き始めた。

chin-chinの意味は、

[名] ①丁寧な挨拶、儀式ばった話 ②おしゃべり
[自] ①丁寧に挨拶する、儀式ばって話す ②思いつくままにおしゃべりする
[間] ①ごきげんよう、さようなら ②[乾杯の際に]健康を祝って(中国で)

この中から、あえて一つ選ぶなら、乾杯の際にいう「健康を祝って」の意味をまず第一に挙げておきたい。以上の説明をして、生真面目な女子大生の追及をかわした。こちらは雑談でちょっと話を弾ませる手段に、chin-chinを持ち出したのだが、思わぬ災難に見舞われた。

でも、単語の数を増やす手段で、同じ単語を繰り返して作られる一つの単語をいくつか覚えることにした。単語の数を増やすには、様々な工夫が求められる。

このやり方は、「旺文社 英和中辞典」2500ページを、まるで自分で新しい単語を作るかのように、探していくのだ。辞書全部をめくる作業をするため、単語がどのように配列されているのか、作られているのかが感覚的に見えてくる。「物言わぬ英単語の響きのようなもの」を感じさせられる。

僕が辞書の中から探し出した単語を紹介しよう。時間があったら、喫茶店で時間つぶしに、やってみると面白い。

チョッとオリジナルな単語の覚え方
④「繰り返して」覚える

1 そのまま型

no-no …… 禁止事項
dodo …… 時代遅れの人

twenty-twenty .. 視力正常の

yo-yo …… ヨーヨー
mama …… ママ
go-go …… ゴーゴー(ダンス)
coco …… ココヤシ(の実)
mumu …… = muumuu
muumuu …… ムームー(ゆったりとした婦人服)
short-short .. 超短編小説
fifty-fifty .. 五分五分の
cancan …… (the ~) カンカン(踊り)

2 同じ単語の間に to が入る型

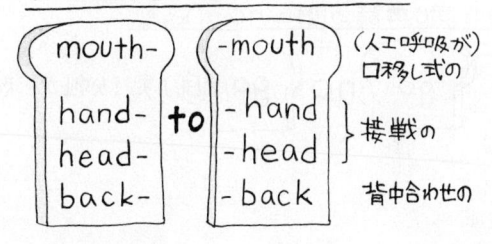

- mouth-to-mouth （人工呼吸が）口移し式の
- hand-to-hand ｝接戦の
- head-to-head
- back-to-back 背中合わせの

3 同じ単語の間に and が入る型

more often and more often　ますます　何度も何度も

4 同じ単語の間に no が入る型

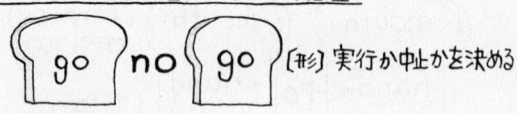

go no go 〔形〕実行か中止かを決める

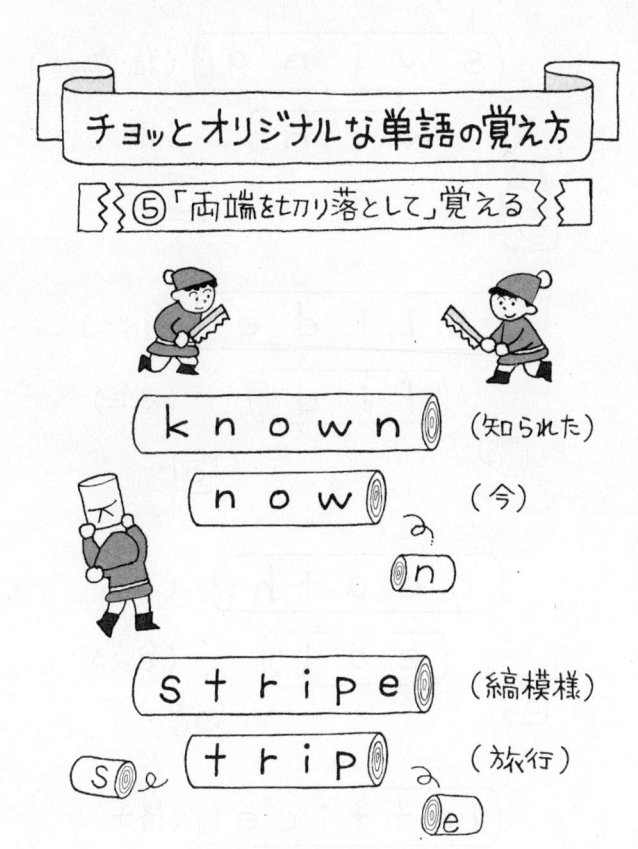

チョッとオリジナルな単語の覚え方

⑤「両端を切り落として」覚える

known （知られた）
now （今）
n

stripe （縞模様）
trip （旅行）
s
e

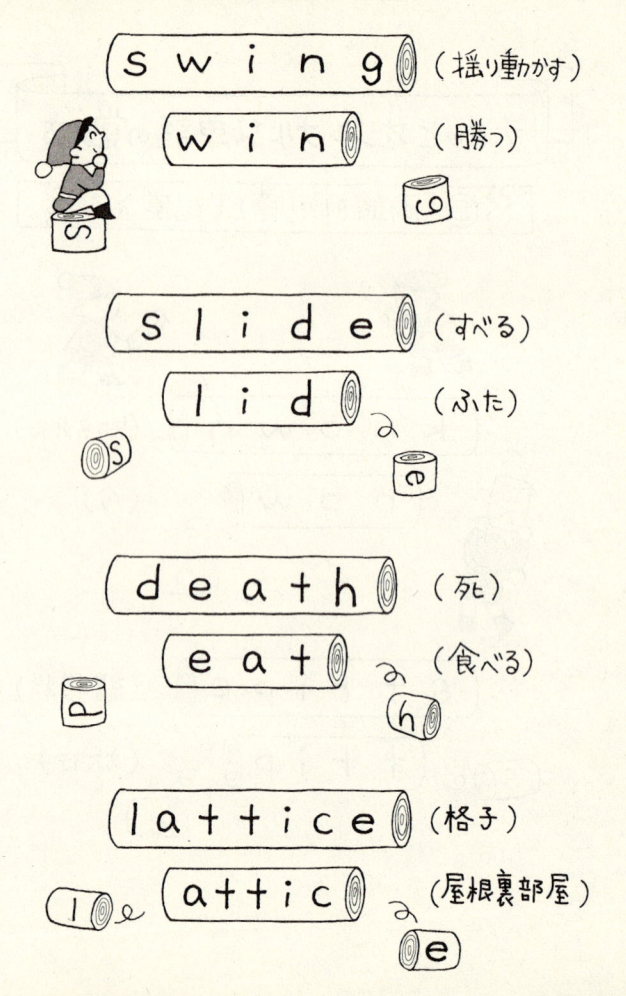

swing （揺り動かす）
win （勝つ）

slide （すべる）
lid （ふた）

death （死）
eat （食べる）

lattice （格子）
attic （屋根裏部屋）

heart（心）　　　　　ear（耳）

knot（ノット）　　　　no（〜でない）

stop（停止！）　　　　to（〜へ）

stoop（かがむ）　　　too（〜もまた）

rise（起こる）　　　　is（〜である）

ring（鐘が鳴る）　　　in（〜の中に）

gang（ギャング）　　　an（一つの）

stripe（縞模様）　　　trip（旅行）

swing（揺り動かす）　 win（勝つ）

seventy（70）　　　　event（出来事）

drown（おぼれる）　　 row（列）

brought　　　　　　 rough（荒い）
(bring「運ぶ」の過去、過去分詞)

tint（色合い）　　　　in（〜の中に）

あなたも辞書を見ながら自分でどんどん作ってください。
突飛な発想が、自分の世界に単語を呼び込むのです。

どうせ遊びである。あまり「英語学習法！」などと大上段に構えるような七面倒臭い論議は止めよう。一つの単語を、トコトンまでいじくりまわして、遊んでみようではないか。辞書を引く。辞書を読む。こんな遊びでも繰り返していけば、英単語に対する感性は自然についてくる。

次の単語を、削ったり、抜いたり、ひっくり返したりしていくと、9語の単語が誕生する。

kneel [niːl]
（ひざまずく）

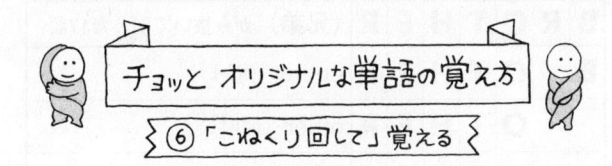

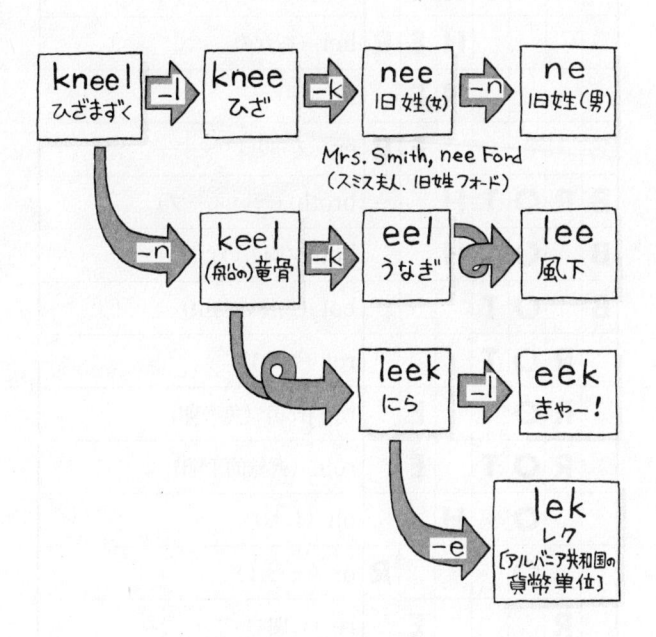

441　第6編　遊びに徹する休憩時間

チョッと オリジナルな単語の覚え方
⑥「こねくり回して」覚える

- **kneel** ひざまずく → −l →
- **knee** ひざ → −k →
- **nee** 旧姓(女) → −n →
- **ne** 旧姓(男)

Mrs. Smith, nee Ford
（スミス夫人, 旧姓フォード）

- −n → **keel** (船の)竜骨 → −k →
- **eel** うなぎ → **lee** 風下
- **leek** にら → −l → **eek** きゃー！
- −e → **lek** レク〔アルバニア共和国の貨幣単位〕

B	R	O	T	H	E	R	(兄弟) から抜いて削った17語
B		O	T	H	E	R	bother (悩ます)
		O	T	H	E	R	other (他の)
			T	H	E		the (その)
				H	E	R	her (彼女の)
				H	E		he (彼)
					E	R	er (えーと)
B	R	O	T	H			broth (薄いスープ)
B		O	T	H			both (両方の)
B		O	T				bot (馬蠅の幼虫)
	R	O	T				rot (腐る)
	R	O			E		roe [rou] (魚の卵)
	R	O	T		E		rote (機械的手順)
		O		H			oh (おお)
		O				R	or (または)
	R				E		re (に関して)
B		O					BO=body odor (体臭、悪臭)
B		O			E	R	Boer [bo:r] (ボーア人)

たくさんの単語を作ってください！

F A C T O R Y	(工場) から抜いて削った18語
F A C T O R	factor（要因）
A C T O R	actor（俳優）
A C T	act（行為）
A T	at（～において）
F A C T	fact（現実）
F A T	fat（太った）
F A	fa（[楽]ファ[ドレミファ唱法の第4音]）
F A　　　R	far（遠くに）
F　　O R	for（～のために）
T O R Y	tory（トーリー党の）
F　　　R Y	fry（油で揚げる）
C　R Y	cry（叫ぶ）
T　R Y	try（試みる）
T O　Y	toy（おもちゃ）
T O R	tor（[頂上のとがった]岩山）
O R	or（または）
T O	to（～へ）
C O　Y	coy（内気な）

あなたも英和辞典から適当に単語を一つ選び、選んだその1語から、

苦手意識のある「語尾が x で終わる単語」

皆が何となく嫌がる単語を覚えてやろうという天邪鬼(あまのじゃく)的な考え方が、誰の心の奥底にも棲みついている。そこで一案だが、語尾が x で終わる単語だけを狙い撃ちして、トコトン覚えてみるのも面白い。

逆に、x が頭にくる単語をあなたはどれだけイメージすることができるであろうか。僕が最近愛用し始めた小型版の『パーソナル英和辞典』（学研辞典編集部編 2001年）で、頭に x がつく単語を調べてみた。最低限、覚えなければならない単語を僕なりに拾ってみた。数は非常に限られる。

せいぜい、左上の6語だろう。ちなみに Xmas には、「ひげ」がつかない。つまり、よく街中で見かける X'mas は間違いだ。xylophone は幼児英語の世界でも登場する。アルファベットを説明するとき、x で始まる単語を何にするかで、書き手は迷う。この xylophone を採用する人と、box の x のところにアンダーラインを引いて x を覚えさせようとする人に分かれる。

- **Xmas** (クリスマス)
- **X-ray** (エックス線)
- **X-rated** ([映画が] 成人向けの [未成年禁止指定の])
- **Xerox** ([商標] ゼロックス)
- **xenophobia** (外国人嫌い)
- **xylophone** (木琴)

このように x が頭にくる単語の数は限られているのに、とにかく x がくると拒絶反応を起こしてしまって、この x 嫌いの延長線上で、語尾に x がくる単語を毛嫌いする人も結構多い。でも、実際に当たってみるとそれほどでもなく、案外、いけるじゃないかと思えてくる。毛嫌いする前に、語尾が x の単語を頭に描いてみよう。初級レベルなら、すぐ思い出せるし、やさしい単語群だ。

xenophobiaもxylophoneも受け付けない人がめっぽう多い。

何となく苦手意識の「語尾がXで終わる単語」を専門に覚える

(やさしい。知らない人は多分いないと思う)

初級レベル

- box ---- 箱
- six ---- 6
- mix ---- 混ぜる
- fix ---- 修繕する

(ちょっと難しい。でも、覚えるのに困難はない)

中級レベル　Mr. X

- perplex --- 混乱させる
- convex --- 凸状の
- vex ------ 悩ます
- lux ------ ルクス〔照度の国際単位〕

(かなり難しい。すぐ忘れてしまいそうだが)

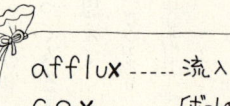

上級レベル

- afflux ----- 流入
- cox ------- 〔ボートの〕舵手
- lex ------- 法律
- lox ------- 液体酸素

「頭と尾っぽが同じアルファベットの単語」を辞書で引きながら覚える

「頭と語尾が同じアルファベットの単語」を頭に浮かべてみた。自分の前に現れてきたのは、次のようなものであった。

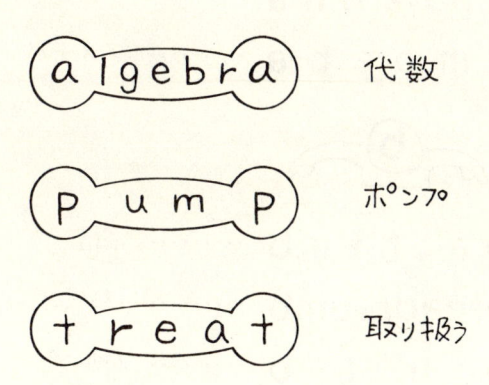

　　algebra　　　　代数

　　pump　　　　ポンプ

　　treat　　　　取り扱う

　さらにどんなものがあるか、辞書を引き引きあぶりだしてみたいと思う。辞書を引きながら探し出す中で、掘り当てた単語をきちんと覚えるのが、このやり方のミソである。自分の手持ちの辞書を使えば、誰でもいつでも参加できるので、案外、有効な単語を覚える手段の一つかも知れない。
　厚い辞書でも、一応全頁に渡って目を通すことになるので、辞書が自然に自分の世界に入ってくる。

a

acacia ……… アカシア

aurora ……… オーロラ

antenna ……… アンテナ

amoeba ……… アメーバ

b

bathtub ……… 浴槽

breadcrumb ……… パンくず

bulb ……… バルブ

c

chivalric ……… 騎士道的な

chronic ……… 慢性の

critic ……… 評論家

d

d a d ……… お父さん
dividend ……… 配当金
defend ……… 守る
d e a d ……… 死んだ

e

examine ……… 調べる
emphasize ……… 強調する
extreme ……… 極端な
emerge ……… 現れる

f

flyleaf ……… プログラムなどの余白
fireproof ……… 防火の

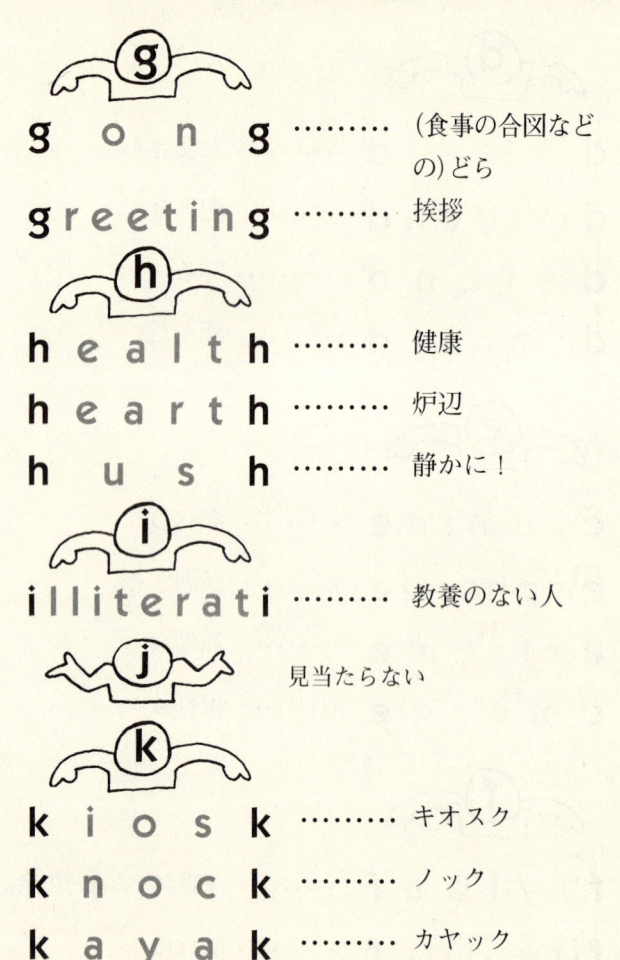

g

- gong ……… (食事の合図などの)どら
- greeting ……… 挨拶

h

- health ……… 健康
- hearth ……… 炉辺
- hush ……… 静かに！

i

- illiterati ……… 教養のない人

j

見当たらない

k

- kiosk ……… キオスク
- knock ……… ノック
- kayak ……… カヤック

l

- l a b e l ……… ラベル
- l u l l ……… あやす
- l e g a l ……… 法定の
- l o c a l ……… 地方の

m

- magnesium ……… マグネシウム
- m u m ……… 黙れ！
- mushroom ……… キノコ

n

- nitrogeon ……… 窒素
- narration ……… 語り
- notion ……… 概念
- neutron ……… 中性子
- nylon ……… ナイロン

o

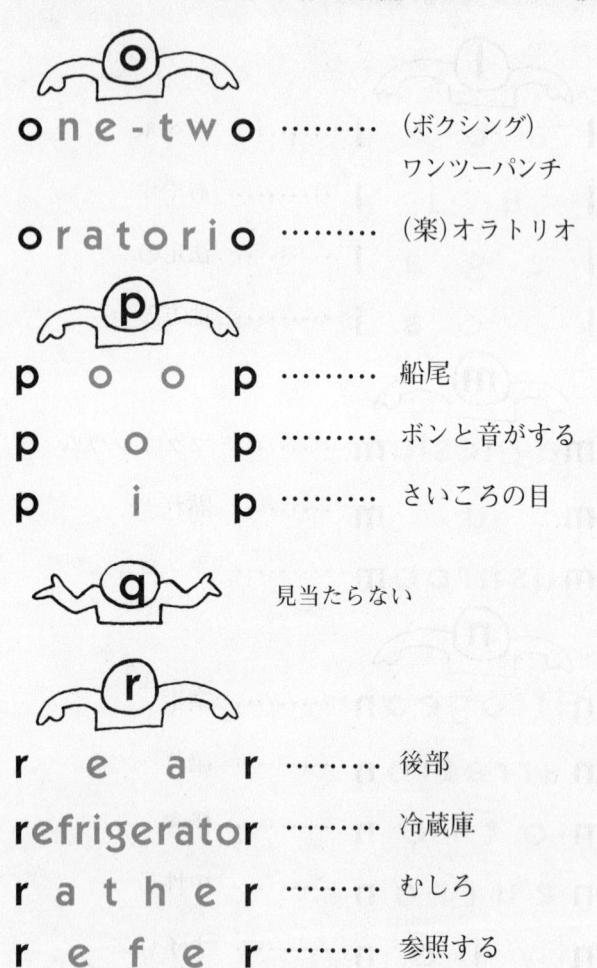

one-two ……… (ボクシング)ワンツーパンチ

oratorio ……… (楽)オラトリオ

p

poop ……… 船尾

pop ……… ボンと音がする

pip ……… さいころの目

q

見当たらない

r

rear ……… 後部

refrigerator ……… 冷蔵庫

rather ……… むしろ

refer ……… 参照する

s

- scissors ……… はさみ
- serious ……… まじめな
- stress ……… 緊張
- success ……… 成功

t

- transparent ……… 透明な
- transmit ……… 送る
- trumpet ……… トランペット
- tight ……… きつい

u

- Urdu ……… ウルドゥー語

v

- vav ……… ワウ（ヘブライ語のアルファベット第6字）

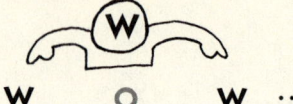

w o w ……… 〜で大当たりを取る

X e r o x ……… ゼロックスで複写する

yesterday ……… 昨日

yummy ……… (主に小児)おいしい

yeasty ……… イーストを含んだ

zzz [zí:zí:zí:] ……… いびきをかいている状態を表わすのに用いる

第7編 正攻法で単語を増やす PART I

第13章 どこまでも、どこまでも「正攻法」単語記憶術

単語を覚えるには、様々な方法がある。でも、真正面から正攻法で覚えるのが、実は一番効率がよい。「単語攻略の秘策」など実際にはありえない。しかし、何年も何十年も英語に付き合ってきたものの、一向に単語の数が増えず、頻繁に辞書を引くときの空しさ、もどかしさを経験されたことがきっとあるに違いない。

ここでは「正攻法」だが、少し視覚に訴えた方法で、単語の覚え方を紹介しよう。単語集を見ながら1語1語覚えていく「これまでの正攻法」に比べ「視覚で捉える正攻法」は、努力とエネルギーの使う量においては、さほど大きな違いはない。でも、視覚で覚える正攻法は、抵抗感が少ないはずだ。

反意語をセットで

若者は単語帳に載っている単語を1語ずつコツコツ覚えるのは苦手らしい。一方、

中高年は、脳の記憶細胞に単語を流し込んでもすぐこぼれてしまうため、覚える気力を失う。

そこで求められるのが知恵だ。反意語と一緒に、同時に2語覚えるのは実に効率がよい。でも、べったりと反意語が羅列されたら、「もうたくさん」と悲鳴をあげたくなる。ここでは、単語を厳選し、大きく①名詞 ②動詞 ③形容詞に分け、さらに難易度に応じて、次の二つに分類した。

① ちょっとやさしい反意語12語
② ちょっとむずかしい反意語12語

これだけの数の単語では少なすぎる。自分の知っている単語を書き止め、喫茶店などで時間つぶしに、「この単語の反意語は何だろうか」と辞書を引き引き探し当てるのも、単語を増やす方法としては極めて効率的である。

「どうせ覚えるなら、反意語とセットで行こう!」

ちょっとやさしい反意語12語〈名詞編〉

(輸出) export ↔ import (輸入)

(質) quality ↔ quantity (量)

(指導者) leader ↔ follower (従者)

(喜び) joy ↔ sorrow (悲しみ)

(真実) truth ↔ lie (うそ)

(成功) success ↔ failure (失敗)

(夫) husband ↔ wife (妻)

(利益) gain ↔ loss (損失)

(入力) input ↔ output (出力)

(長さ) length ↔ width (幅)

(雇い主) employer ↔ employee (使用人)

(現在) present ↔ past (過去)

ちょっとむずかしい反意語12語〈名詞編〉

(贅沢) luxury ←→ economy (倹約)

(知識) knowledge ←→ ignorance (無知)

(理論) theory ←→ practice (実践)

(勇敢) bravery ←→ cowardice (臆病)

(成熟) maturity ←→ immaturity (未熟)

(進歩) progress ←→ regress (後退)

(歳入) revenue ←→ expenditure (歳出)

(尊敬) respect ←→ contempt (軽蔑)

(散文) prose ←→ verse (韻文)

(卸売り) wholesale ←→ retail (小売り)

(楽観主義) optimism ←→ pessimism (悲観主義)

(裕福) wealth ←→ poverty (貧困)

ちょっとやさしい反意語12語 〈動詞編〉

(攻撃する) attack ←→ defend (守る)

(建設する) construct ←→ destroy (破壊する)

(含む) include ←→ exclude (除外する)

(目が覚める) wake ←→ sleep (眠る)

(成功する) succeed ←→ fail (失敗する)

(ほめる) praise ←→ scold (叱る)

(信じる) believe ←→ doubt (疑う)

(貸す) lend ←→ borrow (借りる)

(受け入れる) accept ←→ refuse (拒絶する)

(抵抗する) resist ←→ obey (服従する)

(隠す) hide ←→ seek (探す)

(得る) gain ←→ lose (失う)

ちょっとむずかしい反意語12語〈動詞編〉

(登る) ascend ⟷ descend (降りる)

(生産する) produce ⟷ consume (消費する)

(慰める) console ⟷ afflict (苦しめる)

(隠す) conceal ⟷ reveal (あらわす)

(集める) gather ⟷ scatter (まき散らす)

(雇う) employ ⟷ dismiss (解雇する)

(許す) allow ⟷ forbid (禁じる)

(喜ぶ) rejoice ⟷ grieve (悲しむ)

(肯定する) affirm ⟷ deny (否定する)

(非難する) accuse ⟷ defend (弁護する)

(前進する) advance ⟷ retreat (後退する)

(尊敬する) respect ⟷ despise (軽蔑する)

ちょっとやさしい反意語12語〈形容詞・副詞編〉

(厚い) **thick** ↔ **thin** (薄い)

(甘い) **sweet** ↔ **bitter** (苦い)

(速い) **fast** ↔ **slow** (遅い)

(徐々の) **gradual** ↔ **sudden** (突然の)

(容易な) **easy** ↔ **difficult** (困難な)

(勤勉な) **diligent** ↔ **lazy** (怠惰な)

(強い) **strong** ↔ **weak** (弱い)

(特別の) **special** ↔ **general** (一般の)

(重い) **heavy** ↔ **light** (軽い)

(丸い) **round** ↔ **square** (四角い)

(すでに) **already** ↔ **yet** (まだ)

(しばしば) **often** ↔ **seldom** (まれに)

ちょっとむずかしい反意語12語〈形容詞編〉

（精神的な）**mental** ←→ **physical**（肉体的な）

（積極的な）**positive** ←→ **negative**（消極的な）

（液体の）**liquid** ←→ **solid**（固体の）

（保守的な）**conservative** ←→ **progressive**（進歩的な）

（鋭い）**sharp** ←→ **dull**（鈍い）

（田舎の）**rural** ←→ **urban**（都会の）

（簡単な）**simple** ←→ **complicated**（複雑な）

（優れた）**superior** ←→ **inferior**（劣った）

（顕著な）**conspicuous** ←→ **obscure**（あいまいな）

（本物の）**genuine** ←→ **fake**（偽りの）

（水平の）**horizontal** ←→ **vertical**（垂直の）

（人工的な）**artificial** ←→ **natural**（自然の）

第14章 単語の覚え方には、大きく分けて二つある

①語数をこなす……この方式は、覚える単語の数をいかに増やすかが問題の核心だ。当然、陥るのが「1単語1訳語」主義である。一つの単語について、一つの意味しか覚えない。だから当然、覚えた単語の数は次から次へと増えていく。しかし、実社会に出て、英語と真剣に向き合うようになると、1語に1訳語では用が足せない。

②単語の中身を深める……ビジネス社会の中でも堂々と生きていくには、せっかく手に入れた英単語をさらに使い勝手のよいものにしなければならない。そのためにも1語について最低二つ以上の訳語は覚えたい。ならば、1語で多くの意味を持ち、かつ、現実に使われている多義語を狙いたい。

頭をゆるめるコラム

happyには「幸せな」という以外に、意外な意味が……

一般的には、確かに、
a happy home (幸せな家庭)
a happy couple (幸せなカップル)
a happy ending (ハッピーエンド)
など、「幸せな」という意味だ。
でもhappyには、「適切な」という意味もある。
a happy suggestion (適切な助言)
a happy phrase (適切な言い回し)
a happy guess (的を得た推量)
「幸せな」という訳しか知らないと、最後のa happy guessなどは、的はずれな意味になってしまう。ご用心を。

多義語を狙え
～様々な意味を持つ多義語～

【初級】

- □will ……… ①意思　②遺言
- □well ……… ①よく　②井戸
- □bank ……… ①銀行　②堤防
- □fit ………… ①適する　②適した　③発作
- □room ……… ①部屋　②余地
  —— There is no room for reconsideration.
  （再考の余地はない）

- □fortune …… ①幸運　②財産
- □pain ……… ①苦痛　②（〜s）骨折り
- □book ……… ①本　②予約する
- □face ……… ①顔　②直面する
- □plant ……… ①植物　②工場
  —— We constructed a chemical plant in Thailand.
  （われわれはタイに化学工場を一つ建設した）

- □fire ………… ①火事　②解雇する
- □stand ……… ①立つ　②我慢する
- □right ……… ①正しい　②右　③権利　④ちょうど
- □pretty ……… ①かなりの　②かわいらしい　③かなり
- □word ……… ①言葉　②話　③約束
  —— He always keeps his word.（彼はいつも約束を守る）

Order

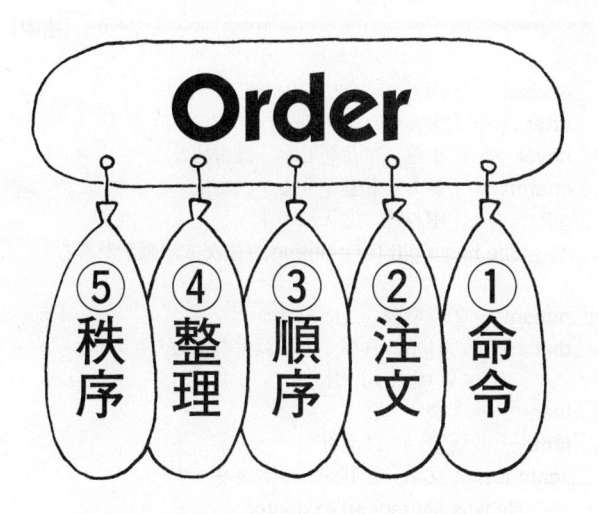

① 命令
② 注文
③ 順序
④ 整理
⑤ 秩序

Soldiers should always obey **orders.**
(兵士は常に**命令**に従わなければならない)

【中級】

- □abroad … ①海外へ ②広く
- □utter …… ①全くの ②言う
- □novel …… ①小説 ②目新しい ③奇抜な
- □charm … ①魅力 ②魅了する ③魔法
- □gift ……… ①贈り物 ②天賦の才
──── She has a gift for painting.（彼女には画才がある）

- □patient … ①我慢強い ②患者
- □diet …… ①日常の食事 ②（減量のための）ダイエット
　　　　　　③（the D-）国会
- □tear …… ①裂く ②（~s）涙
- □firm ·…… ①堅い ②会社
- □sentence ①文章 ②判決 ③判決を下す
──── He was sentenced to death.
　　　（彼は死刑の判決を受けた）

- □trade …… ①商売 ②貿易 ③職業 ④貿易する ⑤交換する
- □figure…… ①数字 ②姿 ③人物
- □party …… ①パーティー ②一行 ③当事者 ④政党
- □letter …… ①手紙 ②文字 ③（~s）文学
- □address ①住所 ②宛名 ③講演する ④（~に）取り組む
──── They finally decided to address the troublesome
　　　problems.
　　　（彼らは遂に、頭の痛い問題に取り組むことを決めた）

469　第7編　正攻法で単語を増やす　PART I

Charge

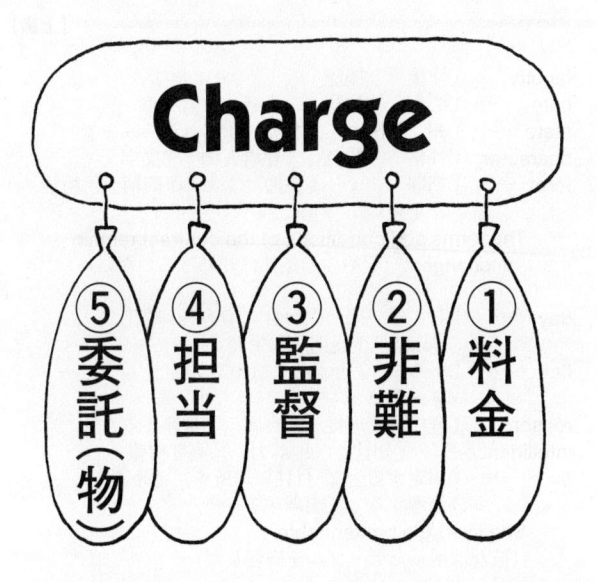

① 料金
② 非難
③ 監督
④ 担当
⑤ 委託(物)

He is in **charge** of this project.
(彼はこのプロジェクトを担当している)

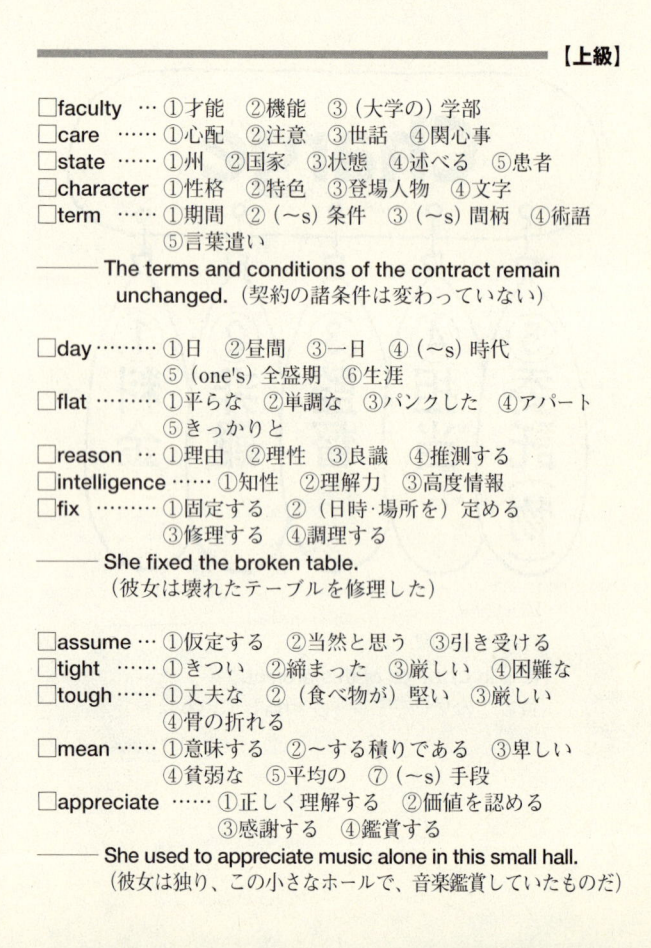

【上級】

- □faculty … ①才能 ②機能 ③(大学の)学部
- □care …… ①心配 ②注意 ③世話 ④関心事
- □state …… ①州 ②国家 ③状態 ④述べる ⑤患者
- □character ①性格 ②特色 ③登場人物 ④文字
- □term …… ①期間 ②(~s)条件 ③(~s)間柄 ④術語
  ⑤言葉遣い
—— The terms and conditions of the contract remain unchanged.(契約の諸条件は変わっていない)

- □day ……… ①日 ②昼間 ③一日 ④(~s)時代
  ⑤(one's)全盛期 ⑥生涯
- □flat ……… ①平らな ②単調な ③パンクした ④アパート
  ⑤きっかりと
- □reason … ①理由 ②理性 ③良識 ④推測する
- □intelligence …… ①知性 ②理解力 ③高度情報
- □fix ……… ①固定する ②(日時・場所を)定める
  ③修理する ④調理する
—— She fixed the broken table.
(彼女は壊れたテーブルを修理した)

- □assume … ①仮定する ②当然と思う ③引き受ける
- □tight …… ①きつい ②締まった ③厳しい ④困難な
- □tough …… ①丈夫な ②(食べ物が)堅い ③厳しい
  ④骨の折れる
- □mean …… ①意味する ②~する積りである ③卑しい
  ④貧弱な ⑤平均の ⑦(~s)手段
- □appreciate …… ①正しく理解する ②価値を認める
  ③感謝する ④鑑賞する
—— She used to appreciate music alone in this small hall.
(彼女は独り、この小さなホールで、音楽鑑賞していたものだ)

account

⑤ 理由　④ 重要性　③ 報告　② 口座　① 計算

The baseball game was put off on **account** of bad weather.
(野球の試合は悪天候のため延期された)

単語の頭にはちゃんと法則がある 〜代表的な接頭語を狙って単語の数を増やそう

正攻法で単語の数を増やそうと思えば、代表的な接頭語をおさえることがもっとも効率的である。

頭を整理する意味で、代表的な接頭語をいくつか紹介しよう。

「否定」を表す un-が頭にくる有名な接頭語に、unkind（不親切な）がある。正確に数えたことがないので断定的なことはいえないが、un-のつく語は3000語ぐらいあるだろう。僕が持っている分厚な The New Oxford Dictionary でざっと計算すると間違いなく2000語は越えている。

単純計算でいくと、un-の帽子をかぶった3000語を狙い撃ちして覚えれば、後から un-を取り除くと、3000足す3000でいっきに6000語おさえることになる。実際には、こんなことをやる人はいないだろうが、手持ちの辞書の中から200語ぐらい選び出し、電車の中で少しずつ覚えれば、何往復かで簡単に征服できると思う。"呼び水" として、代表的な「接頭辞」と「接頭語」を紹介しよう。

- 「否定」を表す接頭辞

  un- dis- non-
  in- (ig-, il-, im-, ir-)

- 「反対」を表す接頭辞

  anti- counter-
  contra- with-

- 「超」を表す接頭辞

  ultra- super- extra-

- 「善」と「悪」(間違い) を表す接頭辞

  wel- bene- (beni-)
  mal- mis-

- 「全」を表す接頭辞

  omni- pan-

- 接頭数詞 (1〜10)

「否定」を意味する接頭語の代表例

un-

- [ ] **un**kind　　　　　　　　　（不親切な）
- [ ] **un**desirable　　　　　　　（好ましくない）
- [ ] **un**fortunate　　　　　　　（不幸な）
- [ ] **un**fold　　　　　　　　　（[たたんだものを]開く）
- [ ] **un**comfortable　　　　　　（心地がよくない）
- [ ] **un**fair　　　　　　　　　（不公平な）
- [ ] **un**like　　　　　　　　　（〜と異なって）
- [ ] **un**favorable　　　　　　　（好ましくない）

―――**They sued their employer because of unfair labor practices.**

（彼らは雇い主を不当労働行為で訴えた）

dis-

- [ ] **dis**honest （不正直な）
- [ ] **dis**like （嫌う）
- [ ] **dis**agree （意見を異にする）
- [ ] **dis**advantage （不利）
- [ ] **dis**armament （軍備縮小）
- [ ] **dis**approve （賛成しない）
- [ ] **dis**continue （中止する）
- [ ] **dis**grace （不名誉）

―――Disarmament is indispensable to world peace.
（軍縮は世界平和にとって不可欠だ）

「否定」を意味する接頭語の代表例

non-

- [ ] **non**profit　　　　　　　　　（非営利的な）
- [ ] **non**sense　　　　　　　　　（無意味な）
- [ ] **non**smoker　　　　　　　　（非喫煙者）
- [ ] **non**flammable　　　　　　　（不燃性の）
- [ ] **non**stop　　　　　　　　　（無停車の）
- [ ] **non**existent　　　　　　　　（存在しない）
- [ ] **non**negotiable　　　（話し合いの余地のない）
- [ ] **non**violent　　　　　　　　（非暴力の）

―― **This is a nonstop flight to Cairo.**
（この便は、カイロ行き直航便です）

in-

☐ **in**active	（不活発な）
☐ **in**adequate	（不適当な）
☐ **in**accurate	（不正確な）
☐ **in**convenient	（不便な）
☐ **in**consistent	（一貫性のない）
☐ **in**controllable	（制御できない）
☐ **in**credible	（信じがたい）
☐ **in**convertible	（交換できない）

――**She visited us at a rather inconvenient time.**
（彼女は少し都合の悪い時間に、われわれのところにやってきた）

「否定」を意味する接頭語の代表例
~inが変形したもの~

ig-, il-, im-, ir-

- ignoble (下品な)
- illiterate (読み書きのできない)
- illogical (非論理的な)
- illegal (不法な)
- illegitimate (違法な)
- impossible (不可能な)
- imbalance (不均衡)
- immature (未熟の)
- irregular (不規則な)
- irresponsible (無責任な)

――― Illiterate people often lose their jobs.
(読み書きができないと、仕事を失うことが多い)

「反対」を表す接頭語の代表例

anti-

- [ ] **anti**democratic　　　　　（反民主主義の）
- [ ] **anti**malarial　　　　　　（マラリア予防薬）
- [ ] **anti**authority　　　　　　（反権威の）
- [ ] **anti**aging　　　　　　　（老化を防ぐ）
- [ ] **anti**theft　　　　　　　（盗難防止の）
- [ ] **anti**viral　　　　　　　（抗ウイルス性の）
- [ ] **anti**speculation　　　　（投機規制の）
- [ ] **anti**trust　　　　　　　（独占禁止の）

——**Antiviral treatments are employed for HIV carriers.**
（HIVキャリアーに対して抗ウイルス性治療が採用されている）

「反対」を表す接頭語の代表例

counter-

- [ ] counteraction (反作用)
- [ ] counterpart (対応する人)
- [ ] counterespionage (防諜)
- [ ] countermeasures (対抗策)
- [ ] counterrevolution (反革命)
- [ ] countermissile (迎撃用ミサイル)
- [ ] counterpropaganda (逆宣伝)
- [ ] counteroffensive (反撃)

——He was engaged in counterespionage.
(彼は防諜活動に従事していた)

contra-

- contradict （反論する）
- contraception （避妊）
- contravene （反対する）
- contraposition （対置）
- contrarily （反対に）

―― His theory contradicts established ones.
（彼の理論は、確立された理論に対して異議を唱えている）

with-

- withstand （抵抗する）
- withhold （差し控える）

―― She withstood temptation.
（彼女は誘惑に負けなかった）

「超」を表す接頭語

ultra-

- ultraconservative (超保守的な)
- ultrasound (超音波)
- ultramodern (超現代的な)
- ultraviolet (紫外線の)

──Strong ultraviolet rays cause skin cancer.
（強い紫外線は皮膚がんの原因となる）

super-

- supercomputer (スーパーコンピューター)
- supersonic (超音速)
- superconductive (超伝導性の)
- superpower (超大国)

──No one can solve the intricate problems without supercomputers.
（スーパーコンピューターがなければ、その複雑な問題は解けない）

extra-

- **extra**territoriality （治外法権）
- **extra**judicial （法廷外の）
- **extra**sensory （超感覚の）
- **extra**terrestrial （大気圏外の）

―Extrajudicial movements sometimes influence sentences in court.
（法廷外の運動は、ときどき判決に影響することもある）

「善」を表す接頭語

wel-

- welcome (歓迎する)
- welfare (福祉)

―― Low-interest loans are welcomed.
(低金利の貸付は歓迎される)

bene-

- beneficial (有益な)
- beneficent (慈悲深い)
- benign (優しい)

―― Walking is beneficial to one's health.
(歩くことは健康によい)

「悪」と「間違い」を表す接頭語

mal-

- **mal**practice　　　　　　　　（医療過誤）
- **mal**nourished　　　　　　　（栄養不良の）

―― Most of the people in the region are malnourished.
（その地域の人々はほとんど、栄養不良だ）

mis-

- **mis**lead　　　　　　　　　　（指導を誤る）
- **mis**address　　　　　　　　（宛名を間違える）

―― This letter must have been misaddressed.
（この手紙は宛先が間違っているはずだ）

「全」を表す接頭語

omni-

- [ ] omnipotent　　　　　　　　　（全能の）
- [ ] omniscient　　　　　　　　　（全知の）
- [ ] omnivorous　　　　　　　　　（雑食の）
- [ ] omnifarious　　　　　　　　（種々雑多な）
- [ ] omnipresent　　　　　　　　（偏在する）
- [ ] omnicompetent　　　　　　（全権を持った）
- [ ] omnicide　　　　　　（[核戦争による]生物全滅）
- [ ] omnifocal　　　　　　　（[レンズが]全焦点の）

―― Muslims believe that God is omnipotent.
（イスラム教徒は、神が全能であると信じている）

pan-

- [ ] panacea (万能薬)
- [ ] pandemic ([病気が]全国的に流行する)
- [ ] **Pan-African** (全アフリカの)
- [ ] panorama (全景)
- [ ] panoptic (一目で全部を見渡せる)

——**This report reveals the panorama of his R&D.**
(この報告書は彼の研究開発の全体像をあらわしている)

ラテン語系、ギリシャ語系接頭数詞をかぶせた単語

ラテン語系

UNI-
unicycle
一輪車

BI-
bicycle
二輪車

TRI-
tricycle
三輪車

QUADRI-
quadrilingual
四カ国語を用いる

QUADRU-
quadruplet
四つ子の1人

QUINQUE-
quinquepartite
五人組の

SEX(I)-
sextant
六分儀

SEPT(I)-
septet
7重奏

OCT(O)-
octopus
たこ

NONA-
nonagon
9角形

DECI-
decimal
10進法の

ギリシャ語系

MONO-
monorail
モノレール

DI-
dialogue
対話(二人の間)

TRI-
tricycle
三輪車

TETR(A)-
tetrapod
テトラポッド（護岸用）

PENTA-
Pentagon
[米]国防総省

HEXA-
hexagon
6角形

HEPTA-
heptagon
7角形

OCT(A)-
octagon
8角形

ENNEA-
enneagon
9角形

DECA-
decade
10年

その他の代表的な接頭語

auto- 自身の
autonomy (自治体)

bio- 生命
biotechnology (バイオテクノロジー)

by- 副次的
by-product (副産物)

co- 共に
coexistence (共存)

ex- 前の
ex-boyfriend (前のボーイフレンド)

hemi- 半分の
hemisphere (半球)

homo- 同一の
homogeneous (同質の)

ill- 悪い
ill-treat (虐待する)

micro- 微小な
microscope (顕微鏡)

mid- 中間の
midnight (夜半)

multi- 多様な
multinational (多国籍の)

over- 過度の
overestimate (過大に見積もる)

poly-	多い	**polygamy**（一夫多妻）
post-	後の	**postwar**（戦後の）
pre-	前の	**prewar**（戦前の）
re-	再び	**reconstruct**（再建する）
retro-	後方の	**retrospect**（回想）
self-	自分自身	**self-defense**（自己防衛）
semi-	半分	**semiconductor**（半導体）
sub-	下	**submarine**（潜水艦）
trans-	横切って	**transcontinental**（大陸横断の）
under-	下に	**underestimate**（過小評価する）
vice-	副	**vice-president**（副大統領）

第8編 正攻法で単語を増やす PART II

第15章 もっと、もっと「正攻法」

単語のお尻にもちゃんと法則がある～代表的な接尾語を狙って単語の数を増やそう～

接尾語のうち日常的にもっとも目にするのは、お尻に -tion のついたものであろう。あり過ぎて覚える気にもなれない。nation, relation, negotiation ぐらいは、さっと出てくるのだが、白い紙とボールペンを用意されて、「では、お尻に -tion のつく単語を30ほど書いてください」といわれても、四つか五つ書いたところでペンは止まる。辞書の中から、目で確かめながら書いていけば、果てしなく綴れるのだが、頭の中の記憶装置から引き出すとなると、あまり書けないものである。

接頭語の場合、英和辞典を引けば、何語でもすぐ引き出すことは可能だが、接尾語となると普通の辞書では、1語1語辞書から拾っていかなければならない。結構、大変な作業だが、時間つぶしにやってみるのも、案外、面白いかも知れない。

書店の英語の辞書売り場に行くと逆引き辞典が売られている。しかし、英語を専門

■ -less   ■ -some   ■ -tion
■ -proof ■ -like   ■ -ment

にしない者にとって、そんな特殊な辞書をわざわざ買い込むことはないだろう。日常、英和辞典を引くときに、気になるものを系統的に書き溜めておくのも悪くない。

ここでは代表的なものを紹介しておこう。

この中で、一番ドラマチックなのは、何といっても -less である。尾っぽに -less がつく単語は、un- が帽子につく単語のように、3000語はあるだろう。普通に辞書を引いていても、頻繁に目に入ってくる。逆引き辞典を使わなくても、簡単に200〜300語ぐらいは抜き出せそうだ。頭に浮かぶ単語（主に名詞）に、片っ端から -less を付けてみる。信じられないほど高い確率で、立派な単語が現われる。実際に試してみると、あるわあるわ……。

ないないづくしの -less の世界

careless 不注意な

sunless 日当たりが悪い

harmless 無害の

aimless 目的のない

friendless 友だちのいない

voiceless 無声の

reasonless 理性を欠いた

nameless 無名の

valueless 価値のない

purposeless 目的のない

第8編 正攻法で単語を増やす PART II

profitless 利益のない
groundless 根拠のない
endless 終わりのない
artless ごまかしのない
wordless 無口の

ceaseless 絶え間ない
flawless 無傷の
worthless 価値のない
truthless 真実でない
termless 期限のない

He spent an aimless life after retirement.
(退職後、彼は目的のない生活を送った)

防いで耐える -proof の世界

waterproof　防水の
fireproof　防火の
heatproof　耐熱の
shockproof　（時計・機械などの）耐震性の
soundproof　防音の

smokeproof　防煙の
oilproof　耐油性の
quakeproof　耐震性の
dustproof　ごみよけの
rustproof　錆を防ぐ

bulletproof 防弾の

crashproof 衝突に耐える

flameproof 難燃性の

mothproof 虫のつかない

wrinkleproof (服地などが) 皺にならない

theftproof 盗難防止の

dampproof 防湿の

foolproof 絶対故障しない

runproof (靴下などが) 伝染防止加工をした

recessionproof 不景気に強い

> This line of business is recessionproof.
> (この手のビジネスは不況に強い)

連想上手な -some の世界

troublesome 面倒な

flavorsome 豊かな風味のある

tiresome 退屈な

gladsome 楽しませてくれる

handsome ハンサムな

venturesome 冒険的な

lonesome 寂しい

wholesome 健康な

quarrelsome けんか好きの

wearisome 疲れさせる

worrisome 厄介な

burdensome 耐え難い

irksome 退屈な

gruesome ぞっとする

laborsome 骨の折れる

longsome 長ったらしい

bothersome 厄介な

toothsome おいしい

toilsome つらい

meddlesome お節介な

They only give us laborsome work.
(彼らはわれわれに、骨の折れる仕事しか紹介しない)

「みたいな？」 -like の世界

springlike　春のような

homelike　わが家のような

childlike　子供のような

businesslike　てきぱきした

warlike　好戦的な

dreamlike　夢のような

starlike　星のような

lamblike　おとなしい

doglike　忠実な

courtlike　優雅な

clocklike 時計のように正確な

machinelike 機械のような

lifelike 生き写しの

godlike 神のような

fishlike 冷淡な

deathlike 死に似た

catlike すばしっこい

seamanlike 船の操縦が上手い

nymphlike 妖精のような

dovelike 優しい

After his great success in the peace talks, he became a godlike figure on the island.
(和平会談が大成功を収めた後、彼はその島のなかで、神のような存在になった)

名詞ばっかり -ment の世界

improvement 改善
amendment 訂正
settlement 解決
development 開発
management 経営

commitment 約束
enjoyment 楽しみ
entertainment 娯楽
amusement 楽しみ
investment 投資

argument 論争

measurement 測定

environment 環境

embarrassment 困惑

requirement 要求

postponement 延期

confinement 監禁

basement 地下室

assignment 割当

instrument 器具

Chemical pollutants are particularly detrimental to the environment.
(化学物質の汚染物が環境にとって特に有害である)

名詞ばっかり -tion の世界

cooperation 協力

negotiation 交渉

construction 建設

restoration 回復

evaluation 評価

solution 解決

resolution 決議

satisfaction 満足

admiration 賛美

promotion 昇進

discrimination 差別

malfunction 不調

contamination 汚染

pollution 汚染

deterioration 悪化

destruction 破壊

deforestation 森林伐採

annihilation 全滅

globalization グローバリゼーション

condemnation 非難

Computer malfunction will seriously threaten the management of the institute.
(コンピューターが正常に作動しないため、研究所の運営は深刻な影響を受けるだろう)

その他の代表的な接尾語

-able ～できる
　　　　　　　　　　　　　　breakable（壊すことができる）

-age 行動または結果
　　　　　　　　　　　　　　　　　　package（包装）

-craft 乗り物
　　　　　　　　　　　　　　　　　　aircraft（航空機）

-crat 支配階層
　　　　　　　　　　　technocrat（技術畑の高級官僚）

-dom ～である状態
　　　　　　　　　　　　　　　　　　freedom（自由）

-free ～でない
　　　　　　　　　　　　　　　　　　duty-free（免税で）

-friendly ～にやさしい
　　　　　　　　　　　　eco-friendly（環境にやさしい）

-hood ～である状態、ないし時
　　　　　　　　　　　　　　　neighborhood（近所）

-icide ～殺し屋、ないし殺すこと
　　　　　　　　　　　　　　　　　　pesticide（殺虫剤）

-ics ～科学
　　　　　　　　　　　　　　　　　　physics（物理学）

-ing 動詞の行動、ないし過程
　　　　　　　　　　　　　　　　　　talking（話すこと）

-ism 主義
　　　　　　　　　　　　　　　　　　socialism（社会主義）

接尾辞	意味	例
-logue	話すこと	**dialogue**(対話)
-monger	売る人	**fishmonger**(魚屋)
-most	~に一番近い	**southernmost**(最南端の)
-ness	~の状態、質、度合い	**kindness**(親切さ)
-phobia	嫌悪	**xenophobia**(外国人嫌い)
-smith	作る人	**goldsmith**(金細工師)
-sphere	球	**hemisphere**(半球)
-ship	~であるという位置、状態	**sponsorship**(スポンサーであること)
-tude	~である状態、程度	**altitude**(高度)
-ward	ある方向または場所に向かって	**southward**(南方へ)
-ware	特定の材料で作られたもの	**glassware**(ガラス製品)

同意語をセットで覚える

1語1語覚えるのも決して悪い方法ではない。1度で何語も覚えようとすると続かない人がいるからだ。各人それぞれ脳の働く回路が違うのだから強制は禁物である。でも、時には自分のこれまでの方式と違ったことをやってみよう。

反意語の場合は、相反する意味の単語を2語セットで覚えることをすすめた。しかし、同意語については、次の「セット主義」をすすめたい。

2語をセットで、
3語をセットで、
4語をセットで。

2語で捉える同意語（名詞編）

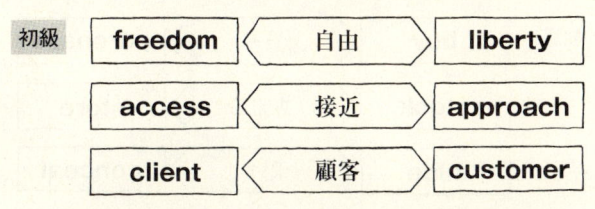

初級

freedom	自由	liberty
access	接近	approach
client	顧客	customer

Customer satisfaction is essential to service industries.
（顧客満足はサービス産業にとって不可欠である）

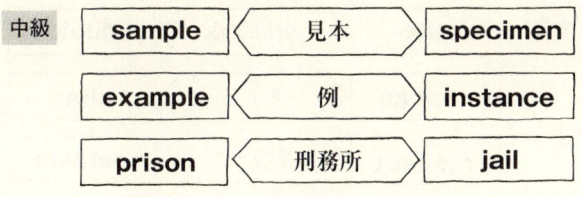

中級

sample	見本	specimen
example	例	instance
prison	刑務所	jail

The castle was once used as a jail.
（その城はかつて刑務所として使われた）

上級

famine	飢餓	starvation
heritage	遺産	inheritance
aspect	局面	phase

The political situation in the Middle East has entered a new phase.（中東の政治情勢は新しい局面に入った）

2語で捉える同意語（動詞編）

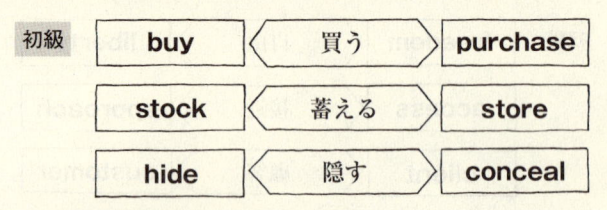

初級

buy	買う	purchase
stock	蓄える	store
hide	隠す	conceal

We should not conceal the truth under any circumstances.
（いかなる状況下においても、真実を隠蔽してはならない）

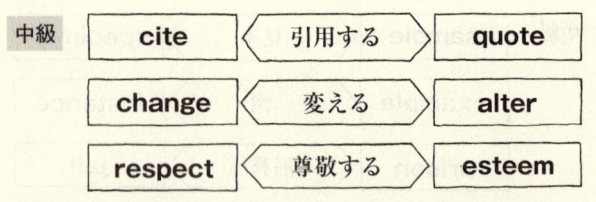

中級

cite	引用する	quote
change	変える	alter
respect	尊敬する	esteem

They highly respected him for his longtime NGO activities.
（彼らは彼の長いNGO活動に対して深い尊敬の念を持っていた）

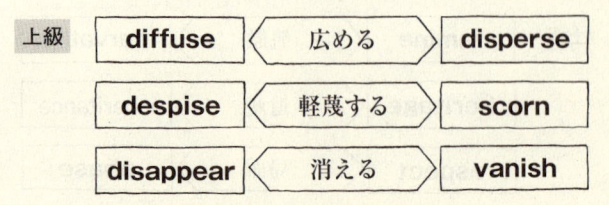

上級

diffuse	広める	disperse
despise	軽蔑する	scorn
disappear	消える	vanish

He vanished into the deep forest.
（彼は深い森の中に消えて行った）

2語で捉える同意語（形容詞編）

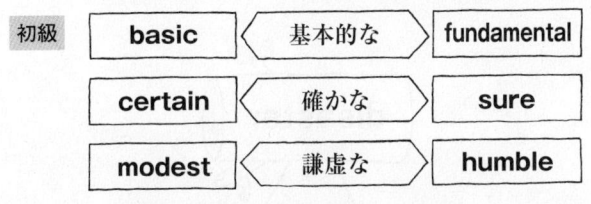

初級

basic	基本的な	fundamental
certain	確かな	sure
modest	謙虚な	humble

She is always humble in her manner.
（彼女はいつも態度が控えめである）

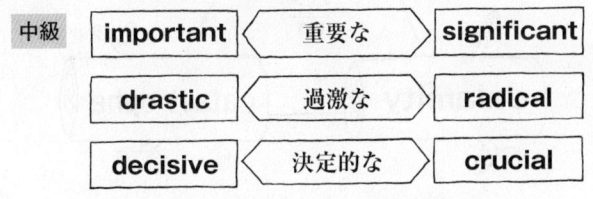

中級

important	重要な	significant
drastic	過激な	radical
decisive	決定的な	crucial

This issue is crucial to our organization.
（この問題はわれわれの組織にとって極めて重大だ）

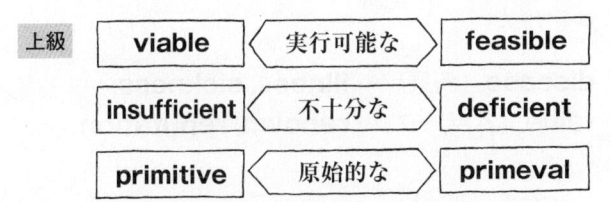

上級

viable	実行可能な	feasible
insufficient	不十分な	deficient
primitive	原始的な	primeval

The mountain is covered with a primeval forest.
（その山は原始林で覆われている）

3語で捉える同意語（名詞編）

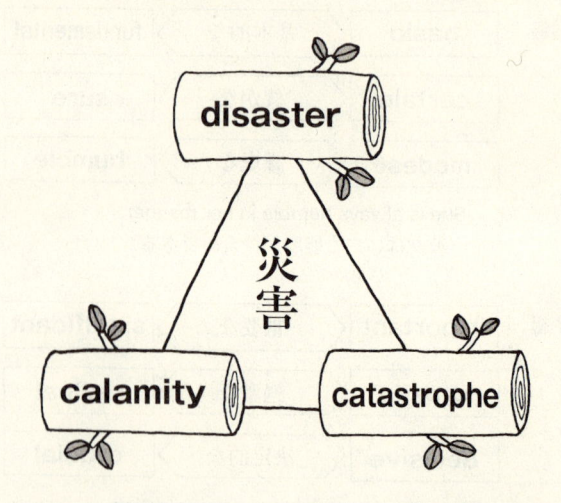

disaster / **calamity** / **catastrophe** —— 災害

We cannot control all natural disasters in spite of scientific progress.（科学が進歩しても、すべての天災を抑え込むことは不可能だ）

disease（病気）… illness, sickness
fame（名声）……… renown, reputation

3語で捉える同意語（動詞編）

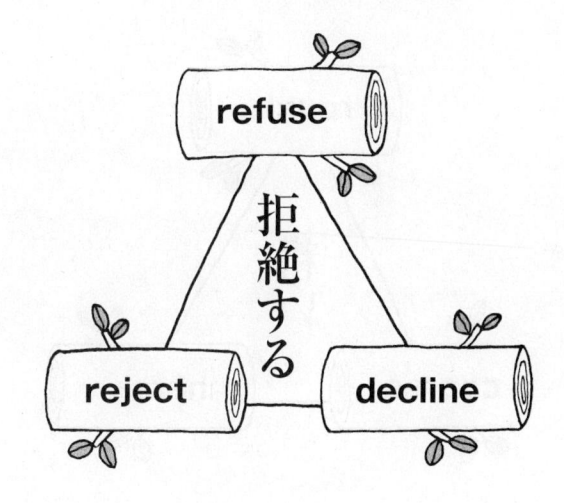

refuse / reject / decline — 拒絶する

I declined his proposal.
（彼の申し出を断った）

excuse（許す） …… **pardon, forgive**
ignore（無視する） … **neglect, disregard**

3語で捉える同意語（形容詞編）

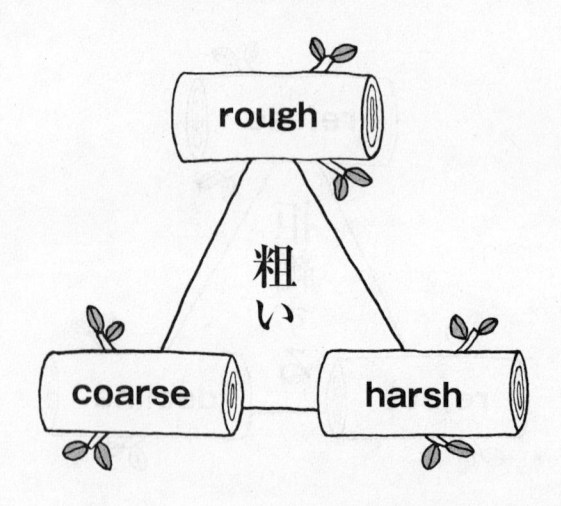

rough / **coarse** / **harsh** 粗い

They were looking for coarse cloth for bags.
（彼らはカバン用の粗い布地を探していた）

far（遠い） ………… distant, remote
tired（疲れた） …… exhausted, weary

4語で捉える同意語（名詞編）

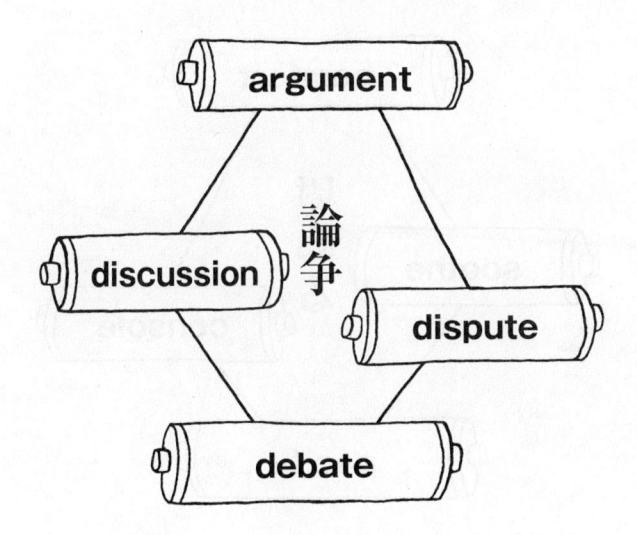

- argument
- discussion
- dispute
- debate

論争

There are always severe trade disputes between Japan and the U.S.
（日米間ではいつも厳しい貿易摩擦が存在する）

pay（報酬） ……… salary, wage, fee
fortune（運命） … destiny, fate, doom
region（地域） …… area, district, zone

4語で捉える同意語（動詞編）

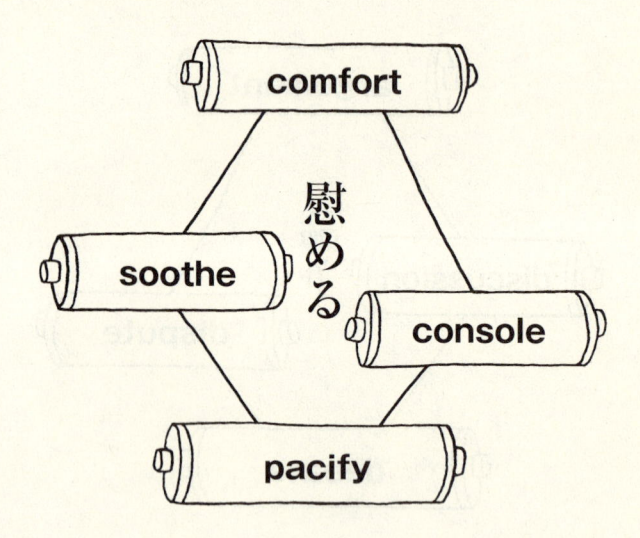

comfort / **soothe** / **console** / **pacify** — 慰める

A young mother was trying to soothe the crying baby with soft words.（若い母親が泣き叫ぶ赤ちゃんを優しい言葉を掛けながらなだめていた）

pretend（ふりをする）… assume, affect, feign
train（訓練する）……… practice, discipline, exercise

4語で捉える同意語（形容詞編）

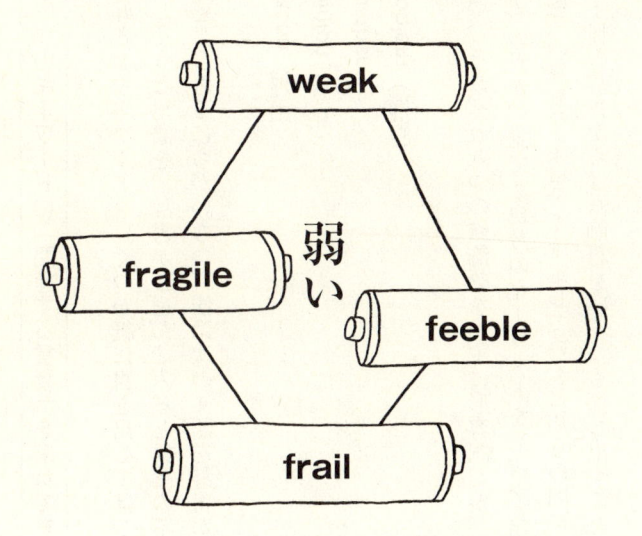

弱い: weak / fragile / feeble / frail

This vase is very fragile.
(この花瓶はとてもこわれやすい)

proper（適当な）… adequate, appropriate, suitable
healthy（健全な）… wholesome, sound, well

一つのキーワードに「関連する言葉」を束ねて覚えよう!

自分の好きなキーワードをいくつか紙に書き出してほしい。そして、そのキーワードを修飾しそうな単語を、辞書から選んでみると言葉の不思議というか、威力のようなものを感じられるにちがいない。僕は次の4語を辞書から引き出してみた。

1) reason (理由)
2) opinion (意見)
3) weather (天気)
4) problem (問題)

その上で、それぞれ八つの修飾語を、主に形容詞だが、選んだ。次に挙げるのは僕が選んだものだが、誰でも自分のキーワードを辞書から引き出し、覚えやすい個数(5〜8個)の修飾語を自分で確定していくと知らぬ間にかなりの数の単語を覚えてしまう。1冊の辞書からは修飾語をいくつも探し出すことは難しい。図書館に行くか、

友人に何種類かの英和辞典ないし和英辞典を借り受けてやると楽しい。もちろん英英辞典も使ってほしい。自分が作る自分のための英単語帳になっていくに違いない。単語を覚えるもっとも有効な手段は、単語の綴りと意味を手で書いてみることである。

「キーワードを修飾する言葉」を抜き出し、その修飾語を束で覚えるのは実に楽しいことだ。

（参考文献　島岡丘編著『語源で覚える英単語飛躍増殖辞典』創拓社　1998年）

一つのキーワードに「関連する言葉」を一挙に覚えよう！

●キーワード reason（理由）を修飾する言葉

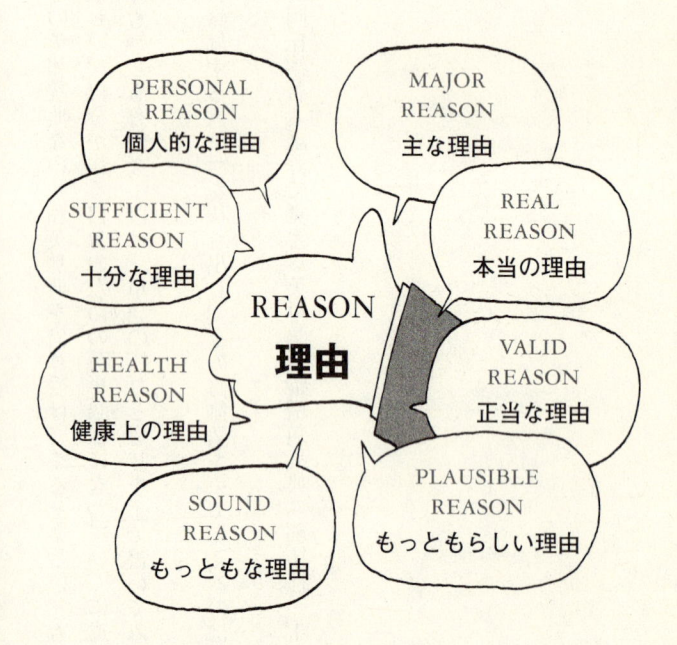

- PERSONAL REASON 個人的な理由
- MAJOR REASON 主な理由
- SUFFICIENT REASON 十分な理由
- REAL REASON 本当の理由
- REASON 理由
- HEALTH REASON 健康上の理由
- VALID REASON 正当な理由
- SOUND REASON もっともな理由
- PLAUSIBLE REASON もっともらしい理由

He resigned for health reasons.
（彼は健康上の理由で辞職した）

●キーワード opinion（意見）を修飾する言葉

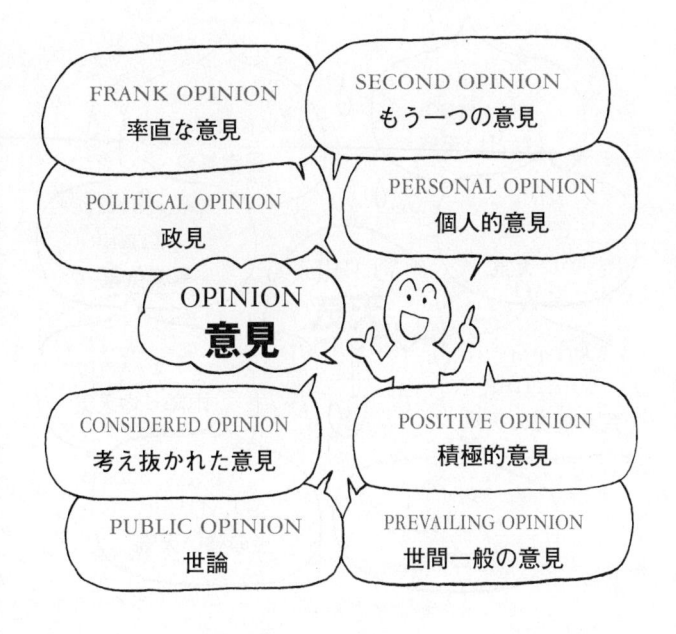

- FRANK OPINION 率直な意見
- SECOND OPINION もう一つの意見
- POLITICAL OPINION 政見
- PERSONAL OPINION 個人的意見
- OPINION 意見
- CONSIDERED OPINION 考え抜かれた意見
- POSITIVE OPINION 積極的意見
- PUBLIC OPINION 世論
- PREVAILING OPINION 世間一般の意見

Public opinion is against the policies taken by the present regime.
（世論は現政権の政策に反対している）

●キーワード weather（天気）を修飾する言葉

- TERRIBLE WEATHER ひどい天気
- UNUSUAL WEATHER 異常気象
- NICE WEATHER いい天気
- ABNORMAL WEATHER 異常気象
- WEATHER 天気
- STORMY WEATHER 荒れ模様の天気
- WET WEATHER 雨降りの天気
- FOUL WEATHER 悪い天気
- WINDY WEATHER 風の強い天気

The XYZ Marathon will be held in fine or foul weather.
（天候の良し悪しに関係なく、XYZマラソンは催される）

●キーワード problem(問題)を修飾する言葉

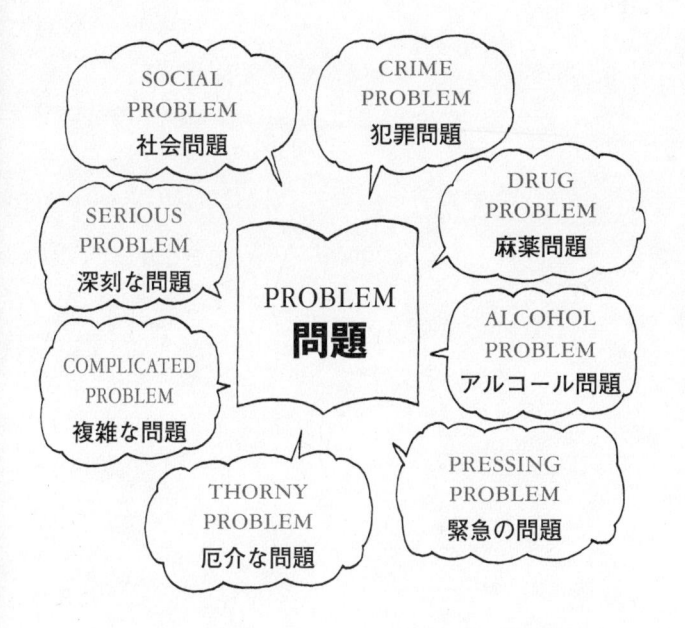

- SOCIAL PROBLEM 社会問題
- CRIME PROBLEM 犯罪問題
- DRUG PROBLEM 麻薬問題
- SERIOUS PROBLEM 深刻な問題
- PROBLEM 問題
- ALCOHOL PROBLEM アルコール問題
- COMPLICATED PROBLEM 複雑な問題
- THORNY PROBLEM 厄介な問題
- PRESSING PROBLEM 緊急の問題

Too much drinking could cause an alcohol problem.
(大量飲酒はアルコール[中毒]問題を引き起こすことになりかねない)

第9編 微細な単語の世界にもぐり込む

第16章 頭にtheを必要とする単語のドラマ

> 総務省が発表した「環境省」の英文表記は間違いだった――誰もその間違いに気付かず新聞発表されてしまった

2001年1月、「環境庁」は省庁再編により「環境省」に格上げされた。当然、英文名称も変更になった。発足前、総務庁が発表した英文名はMinistry of Environmentだった。この英文名は明らかに間違っていた。environmentは自然環境を表すとき必ず**the**を伴う。国際的な交渉の場が極めて多い官庁が、間違った英文表記で他国と交渉の場につくことは、恥ずかしいというよりは、相手から馬鹿にされること間違いない。それを恐れた僕は、お節介だとは思ったが、まだ「環境庁」の表札を掲げているときに、自分の名前と勤務先をきちんと名乗って電話をかけ、訂正するように求めた。ところが何の反応もなかった。無視されたかなと思った僕は、たまたま「サンデー毎日」にコラム

の連載を持っていたので、当時、環境庁長官だった川口順子氏（現外務大臣）宛として、次のような手紙形式の評論を書いた。コラムのタイトルが「拝啓　川口順子・環境庁長官殿」であった。「theの物語」の始まり始まり！

「拝啓　川口順子・環境庁長官殿」

拝啓
　誌面でお手紙を差し上げるご無礼をお許しください。
　来年早々スタートする「環境省」の英文名称について、一言申し上げたいと思い、ペンをとりました。
　一見些(さ)細(さい)なことのようですが、実は緊急で、かつ重要なことだと考えたからであります。
　結論から先に申し上げますと、新発足の「環境省」の英文名称を、次のように変更してくださることを、日本人の一人として切望致します。

["Ministry of Environment" から、the をつけた "Ministry of the Environment" へ]

中央省庁の再編で1府12省庁の英文名が、10月末決まりました。新聞発表された記事を興味深く拝見させていただきました。

建設省や運輸省や経済企画庁などよく聞き慣れた省庁も消えていきました。一方、外務、法務、農林水産の各省や防衛庁はそのまま残りました。また、まったく新しい名称を持って登場したところもあります。

省庁の統廃合のドラマを観察していく中で私が、いちばん強く存在感を覚えたのは、実は「環境省」でした。

理由は、二つあります。

一つは、21世紀を俯瞰(ふかん)するとき、環境問題の解決こそが人類の生存を保障するもっとも重要な課題だと思うからです。

二つには、「庁」から「省」に格上げになった異質の存在として浮上してきたからです。

環境省で働く皆さんには地球的規模の環境問題に立ち向かうため、非常に多くの国

う。

 11月末、オランダのハーグで地球温暖化防止のルールを決める第6回締結国会議（COP6）が開かれました。残念ながら、日米とEUの対立で、二酸化炭素など温室効果ガスの排出量削減について、具体的合意が得られず、交渉は事実上決裂してしまいました。

 結果の善悪はともあれ、日本側の所轄官庁は環境庁で、長官自ら会議に出席され、閣僚級の全体会議でも積極的な発言をされておられました。
 ところで来年1月に発足する「環境省」は、21世紀の日本を代表する組織になるだろうと思います。しかし、その【英文名称】は再検討の余地がありそうです。
 そもそも「環境」に相当する英語は、一般にはenvironmentを使います。ただ「環境」といっても、さまざまな「環境」があります。
 自然環境、社会環境、教育環境、家庭環境などです。
 とくに「自然環境」を表す場合には、私は必ず**the**をつけて**the** environmentとして使ってきました。

国際会議の講演を聴いたり、英文の学術論文を読む限り、**the**は必ず使用されています。また、OxfordやWebsterの辞書類を見ても、まったく同じことがいえます。

1998年発行の最新版『The New OXFORD Dictionary of ENGLISH』では、わざわざ"**the** environment"と表示し、

"**The** natural world, as a whole or in a particular geographical area, especially as affected by human activity."

(全般的に『自然界』を指す場合もあれば、あるいは特に人間活動によって影響される特定の地域における『自然界』を指すこともある)

としています。

また、『Webster's New World College Dictionary Fourth Edition 1999』では、通常environmentに**the**をつけて次のような意味合いを持たせています。

"all of the conditions, circumstances, etc. that surround and influence life on earth, including atmospheric conditions, food chains, and the water cycle (usually with the)"

(地球上で生命を保つものを包み込み、かつそれに影響を与えるすべての条件や状況などを指す。その中には気象とか、食物連鎖とか、水の循環といったものが含まれる

[通常、theを伴なう]

要するに、「自然環境」を考えるときには、environmentではなく、the environmentにすべきだということです。

もちろん環境庁側から、次のような反論も予想されます。

「世界の国々で、『環境省』にあたる英文として、『theをつけている国もあれば、つけていない国もある』」

しかし、英語をきちんと理解している国、例えば英語を公用語とし、かつ、内閣の中に「環境省」の名称をもっているシンガポールのような国の場合には、Ministry of the Environmentを使っています。

残念ながら、アメリカには、「環境省」はなく「環境保護局」がありますが、英文表示はEnvironmental Protection Agencyを使っているので、ここでは比較の対象にはなりません。

また仮に、Ministry of the Environmentというようにofの次にtheが来ることは見慣れないという説をお持ちでしたら、アメリカの省庁名が参考になるかと思います。例えば、

Department of **the** Interior
(内務省)
Department of **the** Treasury
(財務省)

いずれにいたしましても、「自然環境」を中心に考える日本の「環境省」は、英語の常識に従って、theをつけMinistry of **the** Environmentに早急に訂正すべきだと考えます。果敢なご決断を期待するものです。

敬具

拝復 守 誠様

この手紙形式のコラムにたいして、長官から次のようなファックスによる回答があった。

来年1月6日、庁から省となる環境行政に関心をお寄せ頂き、貴重なアドバイスを頂きましたことを本当に嬉しく存じます。誠にありがとうございました。

お手紙を拝読し、担当部署に確認しましたところ、環境省の英語名につきましては、当初は「Ministry of Environment」としておりましたが、11月下旬に先生からお電話でご指摘を受け、「Ministry of the Environment」が適切と判断し、その後、外務省など関係省庁での手続きを経て、12月初めに変更させていただきました。

お手紙の中で、この件につき様々な角度から解説していただいていますが、大変明快でよく理解できました。同時に先生の緻密な考察に感服した次第です。大変遅くなりましたが、この場を借りて改めてご報告と御礼を申し上げます。

環境問題の取り組みは、いずれも、国民一人ひとり、企業の一つひとつが問題を良く理解し、考え、行動していただくことが不可欠です。言いかえれば国民のライフスタイルそのものを変革していく大きな流れをつくりあげていくことが求められていま

環境省
Ministry of the Environment

す。そのために、課題をいち早く発見し、情報を発信し、効果的な施策をスピーディーに実施していくことが環境省（庁）に課せられた役割だと考えています。

その意味で、私は、現場に足を運び、関係者の方々とおおいに議論し、お互いの情報を交換しあうことが活動の基本にあるべきと考え、本年7月の長官就任以来、常に現場感覚を大切にしながら行政に取り組んできました。

有珠山の噴火被災地、大阪西淀川や東京板橋区の大気汚染現場、北九州のエコタウン、三番瀬の干潟等々、現場を訪問し、ダイレクトな情報収集・交換に努めてきました。また、11月には京都において、地球温暖化をテーマにした第1回のタウンミーティングを実施したのをはじめ、市民・NGO・産業界との直接対話の機会を積極的に開催してきました。

環境問題は国境を超えた地球規模の課題でもあり、問題意識

を共有する世界の国々と連携していくことも重要です。私はオランダのハーグで開催された「地球温暖化防止国際会議」をはじめ、計4回の国際会議を通じ、各国の環境大臣と親交を深めつつ交渉を重ねるなかで、日本の考えを十分に理解していただくことにも全力を挙げてきました。

今後も、官・民・国の内外を問わず多くの方々と積極的に交流して、環境問題に取り組む各分野の人々のネットワークを作り上げながら、その支援のもとに政策を立案・実行していく所存です。

環境省への昇格を機に、国民の皆様のご期待に応える(こた)べく、今まで以上に全力をあげて取り組む決意を新たにしております。

先生のますますのご活躍をお祈り申し上げますとともに、これを機により一層のご支援・ご指導をお願い申し上げます。

取り急ぎ、ご報告かたがた御礼申し上げます。

2000年12月14日

環境庁長官　川口順子

敬具

たかがtheぐらいなくても通じればいい、重箱の隅をつつくようなことなど、余り賛成しないという意見が僕の周辺にもあった。しかし、environmentという単語で、自然環境を表したかったらthe environmentとしなければならない。まして、21世紀は環境問題が国際的に頻繁に論じられ、具体的な施策が取られなければならない時代である。

本を英語でいえばbookである。これをhouseとはいえない。bookはbookなのである。同じように、environmentという単語を使って自然環境を表したいと思ったら、世界で共通的な理解を得るためには、the environmentといわなければならない。定冠詞のtheは一見どうでもいいように思われがちだが、environmentという一つの単語を、強く規制するのである。

> 頭にtheを必要とする単語の数々…the sun, the moon, the earth, the Amazon, the Holy

「太陽」は the sun、「月」は the moon、「地球」は the earth といった具合に、単語を独立して覚えるのはよくないという考え方がある。僕もその考え方に反対ではない。しかし、いろんな理屈を言っていたのでは、なかなか埒（らち）があかない。腕力で無理やりに覚えるときもあるだろうし、智恵（ちえ）を絞って科学的に論理的に覚えていくことも必要だろう。あるいは遊び感覚で単語と戯（たわむ）れながら覚えるのもよい。いろんなやり方があってもよいはずだ。要は、結果を出すことだ。それならば、頭にtheをつけて覚えるとする単語は、非常に限られているので、その限られた単語についてtheを必要とする単語だけの話である。

the sun, the moon, the earth とくれば、天体に浮かぶ星も当然、the がつくと思ってしまう。

僕の友人で、高校の英語の教師をしている英語の達人から、質問を受けた。
「木星の Jupiter には the が頭に付くんですか？」

正直な話、僕は迷った。

「ウーン、よくわからないな。太陽や月や地球には**the**がつくんだから、断定はできないが、木星にも**the**がいるんじゃあないかな」

相手は目前に迫った授業の中で「木星」を何らかの形で使おうとしていたようである。僕は曖昧ではあったが、**the**の使用が必要だろうというニュアンスの返事をしてしまった。明らかに間違って教えてしまったのである。何日かたって、教育学の博士号を持った米国人にきいたところ、「**the**は要らない、ただ**Jupiter**でいい」僕にとっては残酷な回答であった。早速、高校の先生に電話したが留守だった。「**Jupiter**には**the**は要りません」そう留守電に伝言を残した。恥ずかしかった。何十年も英語と関わってきながら、こんな初歩的なことを知らない自分が情けなかった。また数日して辞書を引いてみた。**sun, moon, earth**の項を引くと、「通例**the~**」となっていた。そこで、恐る恐る**Jupiter**を引いてみた。特に何の注釈もなく、ただ「木星」とだけあった。**the**が要るとも要らないとも書いてなかった。そこで、**Mars**を引いてみても単に「火星」とあるだけだった。では次に**Mercury**を引いてみたが、単に「水星」とあった。**the**はいずれも要らなかったのである。整理してみよう。

他の例にも当たってみよう。

the sun	(太陽)
the moon	(月)
the earth	(地球)
Jupiter	(木星)
Mars	(火星)
Mercury	(水星)

1) ホテルの場合（**the**が必要である）
   - ■ the Teikoku Hotel…帝国ホテル
   - ■ the Hilton Hotel…ヒルトンホテル
   - ■ the Sheraton Hotel…シェラトンホテル

2) 川、河の場合（**the**が必要である）
   - ■ the Amazon……アマゾン川
   - ■ the Mississippi……ミシシッピー川
   - ■ the Nile……ナイル川

3) 山脈の場合（**the**が必要である）
   - ■ the Rockies……ロッキー山脈
   - ■ the Rocky Mountains……ロッキー山脈
   - ■ the Himalayas……ヒマラヤ山脈
   - ■ the Himalaya Mountains……ヒマラヤ山脈

4) 運河の場合（**the**が必要である）
   - ■ the Suez Canal……スエズ運河
   - ■ the Panama Canal……パナマ運河

5) 神の場合（theが必要である）
   - the Holy……神
   - the Almighty……神

6) 湖の場合（theが必要なときもあり、また、必要でないときもある）
   - the Lake of Biwa……琵琶湖
     (ofを使うときは、theが要る)
     - Lake Biwa……琵琶湖
       (ofを使わないときは、theが要らない)
       - Lake Michigan……ミシガン湖

7) 駅の場合（theは必要でない）
   - Tokyo Station……東京駅
   - Nagoya Station……名古屋駅

8) 空港の場合（theは必要でない）
   - Haneda Airport……羽田空港
   - Narita Airport……成田空港

第10編 文学と超難語の世界をのぞく

第17章 ヘミングウェイが好んだ『老人と海 (The Old Man and the Sea)』の中の単語

「行ったらきっと感動するよ」

英米文学研究家として、また翻訳家として名高い平尾圭吾氏の案内で、僕は、フロリダ州のマイアミから4時間ほどバスに揺られて米国本土最南端の地キーウェスト (Key West) に足を踏み入れた。7年ほど前のことである。そこで、ヘミングウェイ (Ernest Hemingway 1899〜1961、1954年ノーベル文学賞受賞) がかつて住んでいた家で、現在、ヘミングウェイ博物館になっている場所を訪ねることになった。

彼に対する僕の知識は極めて限られたものだった。作品といえば、新潮文庫で出ている福田恆存訳の『老人と海』をかろうじて1冊読んだくらいである。それと、ヘミングウェイがノーベル文学賞を受賞し、自殺によって自らの文学活動に終止符を打った——この程度の知識しか持ち合わせていなかった。

しかし、ヘミングウェイがメキシコ湾を眺めながらどんな思いで、『老人と海』の執筆に打ち込んでいたのかを、自分なりに追体験したいという小さな夢は持っていた。いま手許(てもと)に、彼に関する2冊の本と1冊の雑誌がある。

① 福田恆存訳 『老人と海』 新潮文庫　1998年
② 『老人と海 (ルビ訳)』 講談社インターナショナル　1998年
③ 『ユリイカ [詩と批評]』 (ヘミングウェイ　生誕100年記念特集)　1999年8月号

①は、僕がヘミングウェイに関心を持つきっかけを作ってくれた本である。②はルビの日本語を参考にしながら、原文で『老人と海』を読む契機になった本である。③は僕にヘミングウェイ理解を深めさせてくれた雑誌である。

特に③の中で、文芸評論家の川本三郎氏はヘミングウェイを「移動する作家」と捉(とら)え、評論の頭の部分で、次のように書いている。

「ヘミングウェイは世界各地を旅している。また、各地で暮らしてもいる。その足跡

はいたるところに残っている。パリはいうに及ばず、第1次世界大戦中のイタリア、内乱時代のスペイン、40年代から約20年住んだというキューバ、それにフロリダのキー・ウェスト。さらにアフリカにも出かけているし、第2次大戦中は中国も訪れている。そして最期はアイダホ州ケチャムで亡くなっている」

僕がヘミングウェイに惹かれるのは、彼が"移動し続けた"作家だったからである。これまでに僕は41カ国を旅したが、まだまだこの先、残りの国にできるだけ足を運びたいと思っている。だから、どうしても"動き回る"人間に興味を持ってしまう。

川本三郎氏は『老人と海』に触れながら、彼の評論を次のように締めくくる。

「そして最後にたどり着くのが『老人と海』の大海原の世界。それはアメリカ中西部の大草原の風景とも重なっている。この感動的な小説は老いた漁師とマカジキの戦いの物語だが、私にはその老人のそばにいつも少年が寄り添っているのが印象に深い。もう人生に関わらなくていい老人と、まだ関わらなくていい少年。ふたつのイノセンスが海の光に輝いている」

『老人と海』は比較的平易な文章で綴(つづ)られている。少し英語の素養があれば、少し辞書の助けを借りれば、原文でも十分、読み切れるであろう。しかし、一見、やさしそ

うに見えて、細かく点検しながら読み進んでいくと、なかなか日本語に訳しにくい箇所にぶつかる。

そこで、登場するのが②である。理解しづらい単語には要所々々、訳をつけている。いちいち辞書を引かなくても通読できるようになっている。原書で小説を読むには極めて都合がよい。ぜひおすすめしたいシリーズものだ。

> この小説に出てくるdolphinは「いるか」ではなく「シイラ」という魚である

『老人と海（ルビ訳）』は、僕が最も好きなタイプの本である。辞書を引かなくても原文でスイスイ読めたので、とても爽快であった。

ただし、この本には一つ大きな誤訳があった。公の場で他人の間違いを指摘するのは、本来、僕の趣味ではないし、またそんな実力もないのだが、今回だけ例外中の例外として許していただきたい。幸い、ルビを振った人の名前が本に出ていないので、正直いって指摘しやすいのと、間違いを放置しておくと、『老人と海』の理解を完全

に曲げてしまう恐れがあると思ったから、渋々、触れることにした次第である。dolphinを「いるか」と訳すのは間違いだ。「いるか」とすると『老人と海』は死んでしまう。確かに日本人にとって、dolphinとくれば、「いるか」になってしまう。しかし、少し分厚な英和中辞典を引くと、2番目の訳として「シイラ」が載っている。『老人と海（ルビ訳）』でdolphinが最初にでてくるのは12頁だ。「いるか」とルビが振られている。あとから出てくるdolphinには何のルビもない。従って、すべて「いるか」という解釈になってしまう。しかし、『老人と海』の中で使われているdolphinはすべて、「シイラ」であって「いるか」ではない。

福田恆存訳でも、dolphinは「シイラ」になっている。実際には難しい漢字をあてているが。福田訳はdolphinを少しでも避けるために、水産関係の専門家の協力を仰ぎながら訳出されているので、dolphinを「いるか」とはしなかった。

また、dolphinが「シイラ」であることは、本文の中でも、少し注意して読めば気付くはずである。

ルビ訳本の65頁の原文を見てみよう。

The dolphin looks green, of course, because he is really golden. But when he comes to feed, truly hungry, purple stripes show on his sides as on a marlin.

（シイラは実際には金色をしているので緑色に見える、それはわかる。だが、腹がへってきてなにか食いはじめると、まかじきとおなじに紫色の縞が横腹にできる。……福田訳）

ここでは、dolphinはまず「金色」をしている魚であることがわかる。さらにdolphinの正体を、より明確にしている説明文がつづく。

Its jaws were working convulsively in quick bites against the hook and it pounded the bottom of the skiff with its long flat body……

（激しく鉤にかみつき、腭をがちがちふるわせている。長い平べったい胴体が……
……福田訳）

dolphinの正体は、「金色」で、「長い平べったい胴体」が特徴の魚である。これは

紛れもなく、「シイラ」という魚だ。「いるか」のイメージとは程遠い。ここで一言断っておきたい。参考にした『老人と海（ルビ訳）』は初版本なので、改訂版が出ていれば、すでに「シイラ」に訂正されているかも知れない。また、単なる誤植であった可能性も十分にありうるので、「間違い」と決めつけるのは少し言い過ぎだったかも知れない。

『老人と海』の中でヘミングウェイが好んだ単語群

『老人と海』を英文で読み終えたとき、僕は一瞬、考え込んでしまった。これまで自分が言い続けてきたことが、間違っていたのではないかと。英文を急いで読む必要があるときは、僕はいつも拾い読みする。キーワードとおぼしきものを感覚的に選んで、大意をつかもうとする。時間がほとんどないときは、キーワードの中からさらに名詞だけを拾って、読み進む。長年、このやり方で、ほとんど用をたしてきた。

ところが、ヘミングウェイの『老人と海』を英文で読み終えたとき、僕の気持ちは

いつもとはどこか少し違っていた。名詞だけの拾い読みでは、味も素っ気もないことに気付いたからである。名詞よりも動詞、形容詞、さらに副詞までもが必要だという気持ちにさせられた。

『老人と海』の中でヘミングウェイが好んだ釣り環境の名詞

- **stream** ------ 海流
- **current** ------ 潮流
- **coral** -------- サンゴ
- coast ……… 海岸
- cape ………… 岬
- surface ……… 海面
- surge ………… うねり
- breeze ……… 微風
- buoy ………… ブイ
- glow ………… 真っ赤な輝き
- glare ………… ぎらぎらする光
- phosphorescence ….. 燐光

───小説家の力量は何といっても表現力である。その表現力の源は、語彙力である。ヘミングウェイは大脳のどこかに貯えられた言葉をさらっと使う。少しでも彼の世界を僕なりに表現しようと、手書きで大きい字、小さい字を適当に混ぜてイラストレーターに表現してもらった。いたずらである。遊びである。特別な意味はない。

『老人と海』の中でヘミングウェイが好んだ釣り関係の名詞

bows --- 舳先（へさき）
skiff --- 小舟
stern --- 船尾

float …… 浮き
tiller …… 舵（かじ）の柄
harpoon … もり
cord …… 綱（つな）
fisherman …… 漁師

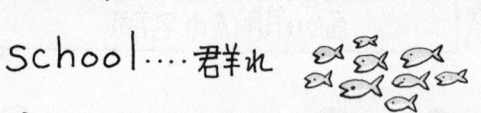

strip .... 切り身

school .... 群れ

fin .... ひれ

bait .... 餌

plummet .... おもり

sole .... 足の裏

―――「漁師」のことを英語では、**fisherman**という。**man**が語尾についているので、典型的な性差別語だ。今日の米国では、性別のわかる言葉は避ける。ところが**fisherman**は、いまのところ攻撃対象にはなっていないようだ。

第10編 文学と超難語の世界をのぞく

『老人と海』の中でヘミングウェイが好んだ釣りに関係するチョット不吉な名詞

slant ……… 傾き
peril ……… 危険
nausea …… 吐き気

caution ……… 警戒
traitor ……… 裏切り者
temptation …… 誘惑
dignity ……… 威厳
emergency …… 緊急事態
trace ……… 痕跡(こんせき)
cramp ……… 痙攣(けいれん)
tension ……… 緊張
prayer ……… 祈り
harshness …… 苛酷(かこく)
storm ……… あらし
turn ……… 方向転換
altitude ……… 高度

───── ほとんど日常、顔を出す単語だ。でも、あまり見ない単語もある。ずっと上の単語を眺めていると、だんだん不吉なものを覚えるようになる。

『老人と海』の中でヘミングウェイが好んだ動詞

steer ……… 舵を取る
slit ……… 切り裂く
knot ……… 結びつける

lean ……… 憑(もた)れかかる
furl ……… 巻く
loop ……… 輪にして巻く
fade ……… 色褪せる
escape ……… 逃げる
trade ……… 交換する
bleed ……… 出血する
accomplish … やり遂げる
lash ……… 激しく打つ
chew ……… 咀嚼(そしゃく)する
stab ……… 刺す
promise ……… 約束する
swallow ……… 飲み込む

——— 一度はどこかで見たことのあるような単語である。

『老人と海』の中でヘミングウェイが好んだ非日常的な動詞

- **urinate** ------ 小便をする
- **submerge** --- 水中に潜る
- **drift** ---------- 押し流される
- jerk .... 急に引っ張る
- haul .... 強く引っ張る
- subdue .... 服従させる
- club .... 棍棒で殴る
- blur .... (風景が)かすむ
- annul .... 取り消す
- bet .... (金を)賭ける
- shrug .... (肩を)すくめる
- shiver .... 震える
- abuse .... 酷使する
- ruin .... 破滅させる
- teeter .... 上下にゆする
- vomit .... 吐く
- quarter .... 右往左往する
- bulge .... 膨れ上がる
- sever .... 分離する

―― 作家の、一つの単語に秘める思いのようなモノが滲み出る。

『老人と海』の中でヘミングウェイが好んだ
いかにも作家らしく見せるハイフンのついた長い形容詞

sun-bleached --- 陽にあせた
full-blooded ----- 血気盛んな
square-rigged -- 横帆を張った

sweet-smelling………… 甘い匂いを漂わせた
sturdy-fibered……… 丈夫な繊維の
bullet-shaped… 弾丸の形をした

hand-forged…………… 手作りの
blood-mashed……… 血でぬるぬるする
good-tasting…………… おいしい

all-swallowing………… すべてを飲み込む
hard-feeling………… 強い手応えがある
long-winged…………… 長い翼をした

wedge-shaped………… 楔形の
shovel-pointed.. シャベルの先のような形をした
shovel-nosed……… 幅広で平たい鼻をした
panic-stricken…… 狼狽(ろうばい)した

『老人と海』の中でヘミングウェイが使った否定的意味をもつ接尾語や接頭語がついた形容詞

① −lessを語尾にもつ形容詞

useless… 役に立たない

heartless… 無情な

windless…… 無風の

thoughtless… 思いやりのない

motionless… 静止している

fearless… 恐れを知らぬ

② dis- を頭につけた形容詞

disgraceful …… 恥ずべき

③ un- を頭につけた形容詞

unclear ………… 不明瞭な
unavoidable …… 避け難い
unpleasant …… 不愉快な
unintelligent …… 愚かな
unbearable …… 耐え難い
unarmed …… 武器のない

―― 案外単純な単語であっても、ヘミングウェイが使うと、不思議と風格というか何か価値のあるものに変っていく。小憎らしいほどだ。ともあれ大作家の文章が威力を発揮し始めるには、「形容詞」の働きがいかに大きいかを思い知らされた。

『老人と海』の中でヘミングウェイが文章を引き立たせるために使った副詞

ヘミングウェイが頻繁に使った副詞

steadily -- 着実に
aloud ------- 大声で
astern ----- 船尾に

finally … 遂に
slowly … ゆっくりと
gently … やさしく
carefully .. 注意深く
truly ..… まったく
badly …… ひどく

asleep ..… 眠って
sometimes .. 時々
ahead ..… 前方に
again ……… 再び
quietly …… 静かに
cautiously . 注意深く

いかにもヘミングウェイらしい副詞

solidly ……… しっかりと
sluggishly …… のろのろと
awash …… 波に洗われて

definitely …… 確実に
desperately …… 必死になって
skillfully …… 上手に
perceptibly …… それとわかるように
absolutely …… 完全に
unbelievably …… 信じられないほど
grudgingly …… 嫌々ながら
comfortably …… 快適に
alternately …… かわるがわる

――― 副詞が演じる美学をヘミングウェイ文学の中で見せつけられた。

565　第10編　文学と超難語の世界をのぞく

『老人と海』の中でヘミングウェイが登場させた魚類など

- dolphin　しいら
- porpoise　いるか
- flying fish　とびうお
- marlin　カジキマグロ

tuna .... まぐろ
bonito .... かつお
squid .... いか
shark .... 鮫 (さめ)
swordfish .... めかじき
albacore ..... びんながまぐろ
sardine .... 魚弱 (いわし)
turtle .... かめ
barracuda .... かます
shrimp .... 小えび

──── dolphinを「シイラ」だとすると、「いるか」は何というのだろうか。いるかはメキシコ湾にも姿を見せる。ヘミングウェイはdolphinの代りに、porpoiseを使っている。

第18章 天文学的に難しい「タイム」の中の超難語

～実力日本一を目指す人だけ読んで下さい～

3年前、信じられないほど超難語「タイム」1001ワード』(SSC編 SSコミュニケーションズ 2000年)というタイトルの本が出た。題して、『究極の超難語「タイム」1001ワード』(SSC編 SSコミュニケーションズ 2000年)。

本の帯には『『タイム』はやっぱり難しい!」と、「難しい」英単語が詰っていますよといわんばかりの、初心者を寄せ付けない高慢ちきなコピーが走る。

僕には挑戦的なところがあるので、こうも「難」を押しつけられると、絶対征服してやろうという欲求が湧いてくる。"征服のドラマ"を実践したい人は購入されたい。

僕も挑発的な題名にそそのかされて、ついつい買ってしまった。

読者対象を、「英検1級、TOEIC900点超、TOEFL600点をめざす人」に限定している。しかし、それ以下の人でも、理屈を言わずゲーム感覚で、真正面からぶつかり、1語500回ぐらい繰り返し書き連ね、猛烈に覚え込むのもチョッとスリルがある。

海外の英字新聞の記事の中で、"高踏的な"エッセイは別として、普通の記事は自分の持っている単語の知識と少し辞書の助けを借りれば、大体、読めるものである。

英検1級、TOEIC900点以上となると「英語マニア」に近い。普通に英語ができるという範疇を越えている。そのレベルに達したいという願望はあっても、なかなかできるものではない。しかし、現実には英検1級、TOEIC900点以上の実績を持つ者が結構いる。でも、諦めることはない。たとえいま初心者であっても、志だけは大きく、常に高い水準を目指す心意気があってほしい。目標を下げてしまうと、上昇思考は完全に萎えてしまう。「あなたにできるはずがない」とせせら笑われても、心に秘めた思いは、でっかい方がいいに決まっている。自分が志す大きさ・高さが、征服できるレベルである。

「タイム」を読んでいる者は、世界には大勢いる。自分もその中の1人になるぐらいの意気込みは持ってほしい。そこで『究極の超難語「タイム」1001ワード』の中の45語を、「名詞」「動詞」「形容詞」の三つに分類し、さらにそれぞれを初級・中級・上級に自分なりに再分類してみた。どれだけ知っているか? 実力日本一を目指す人は、ぜひとも試してみていただきたい。

MISSION 1

1.「タイム」の中の超難語「名詞」編

《初級》
① **atrocity** ……… 残虐行為
② **detriment** ……… 損害
③ **pitfall** ……… 落とし穴
④ **segregation** … 分離
⑤ **scrutiny** ……… 精査

《中級》
⑥ **incoherence** ……… 支離滅裂
⑦ **reparation** ……… 賠償
⑧ **ultimatum** ……… 最後通牒
⑨ **conflagration** …… 大火
⑩ **nepotism** ……… 縁者びいき

《上級》
⑪ **quagmire** ……… 苦境
⑫ **ramification** ……… 分岐
⑬ **juggernaut** ……… 怪物
⑭ **demise** ……… 死
⑮ **dearth** ……… 不足

MISSION 2

2.「タイム」の中の超難語「動詞」編

《初級》
① **avert** ……………… 避ける
② **deplore** …………… 嘆く
③ **besiege** …………… 包囲する
④ **disconcert** ………… 狼狽させる
⑤ **ambush** …………… 待ち伏せする

《中級》
⑥ **exacerbate** ……… 悪化させる
⑦ **pollinate** ………… 受粉させる
⑧ **moonlight** ……… 副業を持つ
⑨ **quash** …………… 鎮圧する
⑩ **fortify** …………… 補強する

《上級》
⑪ **parry** …………… 避ける
⑫ **nix** ……………… 拒否する
⑬ **entrench** ……… 定着させる
⑭ **epitomize** ……… 〜の縮図である
⑮ **extol** …………… 激賞する

MISSION 3

3.「タイム」の中の超難語「形容詞」・「副詞」編

《初級》
① **resentful** ……… 憤慨している
② **stagnant** ……… 停滞している
③ **versatile** ……… 用途の多い
④ **plausible** ……… もっともらしい
⑤ **opaque** ……… 不透明な

《中級》
⑥ **headstrong** ……… 頑固な
⑦ **frivolous** ……… 軽率な
⑧ **audacious** ……… 無謀な
⑨ **belligerent** ……… 好戦的な
⑩ **infallible** ……… 誤りのない

《上級》
⑪ **enigmatic** ……… 不可解な
⑫ **squeamish** ……… 気むずかしい
⑬ **cataclysmic** ……… 大変動をもたらす
⑭ **freewheeling** … 自由奔放な
⑮ **subservient** ……… 従属する

おわりに

単語を記憶するには、様々な方法があるであろう。

① まず、単語の数を増やしたいという情念を持つ。
② いつも小型の英和辞典を持ち歩き、何か分からない単語が出てきたら直ぐ辞書を引いてみる。
③ 半ば遊び感覚でいいので、本書に載せた「現代英語を読み解くための単語100 0語」をとりあえず、全部覚えてほしい。

本書のアイデアが浮かんでから、新しい単語が登場した。

□ 狂牛病……BSE (bovine spongiform encephalopathy)
□ サーズ (重症急性呼吸器症候群) ……SARS (severe acute respiratory syndrome)

これらは、新しい時代状況をそれぞれ反映しており、その時代の一つのキーワードとして素直に受け止められる。国際協調の中で問題を一つ一つ解決していけばいいという明るい展望が成り立ちうる。しかし、次の2語は国際協調を無視した言葉なので、耳にすると限りなく悲しい。

□一国主義……unilateralism
□フライドポテト……freedom fries

アメリカの国際協調を無視した「ユニラテラリズム・一国主義・unilateralism」は悲しい。イラク戦争をめぐる米仏の感情のもつれが反フランス感情として、アメリカの中で盛り上がり、遂には米国国会議事堂の中の売店から、一つの言葉が消えていった。「フライドポテト」をあらわす米語は、これまでFrench friesであった。それが、反フランス感情の高まりにより、Frenchを削除し、freedomに変え、freedom friesに変身した。空しさを覚える。現実は非情である。時代と共に言葉は変わり、また新しい言葉が誕生していく。だが時代が変わっても、基本的な単語が大きく消えていくことはないだろう。基本になる単語をきちんと覚えながら、いま生まれつつある新しい言葉に対しても、目を向けていきたい。

この「おわりに」は初校のゲラが出来上がってから書きたした。初校ゲラを見て感じたのは、《楽単》は、著者の筆力をはるかに超える次の三つの力の結晶によって生まれた〉ということだった。

①編集者の中村睦さんの「構想力」

②デザイナーの大杉征儀さん（株式会社ゾーン）の「構成力」
③イラストレーターの田原則子さん（株式会社ゾーン）の「描写力」

正直いって、筆者の僕の存在は、小さなものになった。本書の誕生には、さらに次の友人知人の協力を仰いだ。友人の高橋徹さん、英検1級合格者の番井文枝さん、愛知学院大学の教員のグレゴリー・ロウさん、愛知学院大学大学院生の紀藤裕子さん、英文翻訳家のロウ・恵子さん、フリージャーナリストのブライアン・コバートさん、英文毎日編集部長で「毎日ウィークリー」編集長の田嶌徳弘さん、フリージャーナリストのジェフ・ボッティングさん、それに娘の守舞子。

さらに忘れてはならないのは、本書の出版に賛同してくださった新潮社出版部部長の佐藤誠一郎さん、それに同社の校閲、装幀デザイン、営業、広告宣伝、発送等々にかかわってくださる皆さんに心から感謝の言葉を申し上げたいと思います。ありがとうございました。

二〇〇三年九月

守　誠

本書はオリジナル文庫です。

¥300

楽単
〜楽しく・覚える・英単語〜

新潮文庫　　も - 27 - 1

平成十五年十二月　一日発行

著者　守　　誠

発行者　佐藤隆信

発行所　株式会社 新潮社
　　　郵便番号　一六二─八七一一
　　　東京都新宿区矢来町七一
　　　電話　編集部(〇三)三二六六─五四四〇
　　　　　　読者係(〇三)三二六六─五一一一
　　　http://www.shinchosha.co.jp
　　　価格はカバーに表示してあります。

乱丁・落丁本は、ご面倒ですが小社読者係宛ご送付ください。送料小社負担にてお取替えいたします。

印刷・錦明印刷株式会社　製本・錦明印刷株式会社
© Makoto Mori 2003　Printed in Japan

ISBN4-10-128721-X C0182